高等院校“十三五”
经济管理类实验实训丛书

企业经营仿真实习教程

Business Simulation Practice Course

郭银华　贺嫦珍　魏　攀　等编著

经济管理出版社
ECONOMY & MANAGEMENT PUBLISHING HOUSE

图书在版编目（CIP）数据

企业经营仿真实习教程/郭银华，贺嫦珍，魏攀等编著．——北京：经济管理出版社，2018. 8
（2020.8重印）
ISBN 978－7－5096－5845－1

Ⅰ．①企…　Ⅱ．①郭…②贺…③魏…　Ⅲ．①企业经营管理—高等学校—教材　Ⅳ．①F272. 3

中国版本图书馆 CIP 数据核字（2018）第 136315 号

组稿编辑：王光艳
责任编辑：王光艳　李红贤
责任印制：司东翔
责任校对：董杉珊

出版发行：经济管理出版社
（北京市海淀区北蜂窝 8 号中雅大厦 A 座 11 层　100038）
网　　址：www. E－mp. com. cn
电　　话：（010）51915602
印　　刷：三河市延风印装有限公司
经　　销：新华书店
开　　本：787mm×1092mm/16
印　　张：16. 75
字　　数：376 千字
版　　次：2018 年 8 月第 1 版 2020 年 8 月第 3 次印刷
书　　号：ISBN 978－7－5096－5845－1
定　　价：58. 00 元

联系地址：北京阜外月坛北小街 2 号
电话：（010）68022974　　邮编：100836

导　论

一、跨专业综合仿真实习平台建设的背景

广东财经大学华商学院是一所全日制本科学校。成立于2005年，从2006年起开始招收国家任务生，迄今为止已培养了3万余名毕业生。华商学院是一所以经济与管理学科为主体的商科学校，主要为广东地区中小企业和社会机构培养应用型人才。

在培养经济管理类本科生的实践过程中，我们强烈地感受到，我国经济管理类本科生培养长期沿袭的教学模式突出存在以下三大问题：一是未能妥善解决知识传授与能力、素质培养的矛盾，片面强调知识传授，忽视知识整合和将知识内化为学生的能力与素质；二是未能妥善处理理论教学与实践的矛盾，片面强调理论教学，忽视实践教学与理论的实际应用；三是未能妥善处理教与学的矛盾，教学活动的设计与组织强调以教为中心，而不是以学为中心，忽视学生的主体地位，忽视学生的自主性、主动性与创造性的发挥。

为了解决上述矛盾，我们不断进行教学改革的探索，例如，将案例教学法、讨论式教学法、微课、翻转课堂等引入课堂教学中。同时加强学生的实践教学环节、增加实践教学课时数。以会计学专业为例，实践性课程包括手工实训、财务会计分岗实训、会计信息系统、ERP软件（财务管理系统）、会计学专业综合实验、毕业实习、毕业论文等课程。这些实践教学环节，大大提高了学生的实操能力和知识应用能力。然而，一方面，服务于各专业技能培养的现有实验课程，其知识体系与业务流程相对于真实的市场经济运行而言，存在体系割裂与流程难以贯通等问题；另一方面，现有的毕业实习课程存在大部分学生难以进入企业的正式岗位，难以获得真正有效的企业运作和市场体验。因此，搭建起一个能够适合经管类所有专业学生共同参与，协同配合，促进专业知识相互融合，业务能力取长补短的跨专业综合仿真实习平台，对于推动学院实验实践教学水平的跨越式发展、提升经管类人才培养质量意义重大。

经过不懈努力，我院进一步明确“以实践教学改革为突破口，进行应用型人才培养模式创新”的努力方向，逐步形成经管类专业实践教学改革的基本思路：以先进教育理念为指导，以现代教育技术为支撑，科学构建实践教学内容体系，系统搭建实验教学软硬

件平台，着力抓好专业实验教学、跨专业仿真综合实习、校内创新创业实践三个重要环节，推动经管类应用型人才培养模式创新，培养高素质经管类应用型人才。

二、跨专业综合仿真实习平台的建设目标

为了实现上述目标，2014 年初，我院进一步做出了“大力推进经管类实验实践教学改革，建设校内仿真综合实习基地”的部署。按照这一部署，2014 年学院累计投入 1000 万元对原有经管类实验室进行拓展与整合，建成了总面积约 3000 平方米，融原有 ERP 实验室、企业行为模拟实验室、经管类专业综合实验室和校内仿真实习平台、校内创新创业基地于一体的综合实验实践教学基地。同时，我们调整了人才培养方案，在经管类专业设置沙盘模拟、ERP 财务软件等选修课程，同时将毕业实习分为毕业实习 1（校内仿真综合实习）和毕业实习 2（校外实习基地实习）。

我院经管学科跨专业综合仿真实习平台，旨在模拟和构建一个纵向包括产品设计与研发、原材料采购、产品生产与制造、成品营销与推广、物资仓储与运输、人才招聘与培养等环节完整的供应链体系，横向模拟六年的经营活动周期，使经济学、金融学、会计学、市场营销、物流管理等多个相关专业，数以千计的学生在同一仿真实习平台同时进行实习。在此实习平台上，不同专业的学生组成若干个公司和社会中介机构，他们密切合作、各尽其责，通过亲身实验与实践活动，在复杂的仿真市场环境中，切实运用专业知识与技能，进行科学的经营决策与管理运行，依靠团队合作参与市场竞争并树立竞争优势，进而赢得在真实企业中可能面对的各种挑战。

该实习平台的建设与运作，将重点提升学生以下能力。

1. 提高专业知识与综合实践能力

综合仿真实习平台所模拟的行业市场，体现了明确而详细的专业分工，每一位参加仿真实验平台实习的学生，均将根据其专业属性安排具体工作岗位，最大限度地运用专业知识与技能，方能完成使命，否则将成为整个合作团队的羁绊。

2. 增进跨学科、跨专业知识复合运用能力

综合仿真实习平台上诸多业务岗位呈现“链”与“网”的特色，担当其职责的同学除了“专”之外，还必须深入了解上下游相关岗位的业务知识，洞悉行业市场规则、竞争对手动态。

3. 增强市场竞争意识与能力

综合仿真实习平台以公司为运作单位，无论是产品研发、生产制造，还是网站设计、物流服务，仿真市场环境中诸多业务环节，均体现多家运营商符合市场规律下的竞争与合

作关系，能够帮助学生熟悉市场竞争环境，掌握市场竞争技巧。

4. 锻炼团队组织与协作能力

在综合仿真实习过程中，学生们将体会到发挥团队整体力量的重要性，所有成员必须一方面最大限度地施展个人才智，另一方面积极响应团队其他成员的需求，善于沟通，相互信任，彼此激励，为了共同的目标携手前行。

5. 拓展创新与创业能力

综合仿真实习平台训练的不仅仅是标准化业务流程，更注重培养学生面对复杂瞬息万变经济环境时的应变与创新能力，以及制定与实施商业战略及战术的能力。经管类专业学生经过该平台的学习过程，自主创业能力将显著提升。

6. 提升语言与文字表达能力

综合仿真实习平台上的商业团队，在实习过程中将积极参与公司 CI 设计大赛、营销方案大赛、CEO 论坛、实习总结会演等多种形式的活动，锻炼学生的语言与文字表达能力，以及商业洽谈能力。

三、跨专业综合仿真实习平台的搭建与运行

1. 以制鞋产业为背景的仿真市场环境

中国是全球最大的产鞋国和出口国。近几年，中国每年生产各种鞋超过 100 亿双，占全球制鞋总量的 66%，是世界最大的鞋类制造基地，也是世界上最大的鞋类出口国。2012 年，中国鞋类出口超过 110 亿双，出口量占世界出口总量的 53% 以上。制鞋业作为我国具有传统优势的劳动密集型产业，原材料市场、生产商竞争市场、国内外销售市场等整个产业链条运行平稳，具有较强代表性。

以制鞋产业链构建经管学科跨专业综合仿真实习平台，既贴近学生日常生活，又能够充分展现产业链相关主体之间的分工、合作与相互竞争等市场全貌。仿真市场将依托资金流、物流、信息流三条主线贯穿起制鞋产业的诸多经济主体，并协调超过 20 个相互分工协作的具体实习岗位。

2. 仿真市场运行规则设计

为了全面仿真现实市场，需要在对现实的鞋业生产与市场竞争环境熟悉的基础上，设计出一套与之相关的市场竞争规则，包括：宏观经济市场与具体产品市场参数、原材料市场运行规则、生产商竞争市场规则、渠道商竞争市场规则、产品消费者终端市场规则、物

流市场规则、金融市场（资金市场、资本市场）规则、人力资源市场规则、电子商务市场规则等。科学合理的市场运行规则的设计，是仿真市场有效运行的基本保证。

3. 仿真市场各类经营主体相关岗位业务流程与规则设计

因为学生在仿真实习平台上要扮演各种不同的角色，履行不同的岗位职责，为保证各个公司与机构能够有条不紊的运行，需要为各类公司与机构设计出与之相匹配的岗位业务流程与规则。包括：生产商会计岗、财务岗、生产运营岗、营销管理岗等职位流程与规则；品牌渠道商会计岗、财务岗、门店管理岗、营销管理岗等职位流程与规则；仿真市场信息管控中心流程与规则；人力资源市场流程与规则；工商税务部门相关岗位与业务流程，等等。

除此之外，还要进行仿真市场环境数据设定、测算与可行性分析等。

4. 综合仿真实习的组织

2014 年 8 月，由会计学、财务管理、国际经济与贸易、国际商务、物流、市场营销等六个不同专业的 850 名学生组成的 48 家生产制造公司、24 家渠道公司以及工商、税务、海关、物流、审计等若干个外围机构，在 18 名专业教师的指导下，分 A、B 两区在该基地进行大规模仿真实习。由不同学科、不同专业的学生组成的公司，在同一类产品市场上进行竞争。在实习的同时，还组织学生进行了 CI 设计大赛、品牌广告设计大赛、CEO 论坛等活动。通过这些活动的开展，极大地调动了学生学习的主动性和积极性，培养了学生的动手能力、知识综合运用能力、市场竞争能力、决策能力和团队合作能力。

四、跨专业综合仿真实习的效果

从 2014 年至今，我校共组织了 15 期经管类专业学生的跨专业综合仿真实习，前后共有 13000 余名学生参加，涉及会计学、财务管理、审计学、物流管理、市场营销、人力资源管理、国际经济与贸易、国际商务、信息管理与信息系统九个专业。这些学生通过 4～5 周的仿真综合实习，不仅巩固和加深了对专业知识的理解，增强了知识应用能力，而且提高了市场竞争意识与竞争能力、综合决策能力、逻辑思维能力、语言表达能力以及团队合作意识与合作能力等，还了解了企业经营与决策的基本过程，对以后无论是进入企事业单位就业还是自主创业，都是一个不可多得的锻炼。

2011 级国际贸易 5 班的陈媛娟担任实习公司的 CEO，经过实习，她的体会是："首先，通过本次实习，让我大体熟悉了整个公司的运作流程，基本上清楚了作为公司的决策者所必须具备的素质。这对于我以后的工作来说，可以说是一笔无形的财富。其次，我的沟通交流能力得到了提高，作为公司的 CEO，除了要管理好内部事务之外，还要跟形形色色的外部机构打交道，自己的沟通交流能力也因此得到不断的提升。再次，我分析问题、解决问题的能力得到了提高，使自己能够真正地做到理论和实践相结合。在工作开展中，难免会遇到棘手的问题，甚至有可能关系整个公司的生存发展，所以在做出重大决策前都必须谨慎思考，努力去寻求解决问题的方案。在这个不断遭遇问题、不断解决问题的过程当中，个人的能力也无形之中得到了提高。最后，因为这是一次模拟实习，虚拟的时间单位为大概平均一个半星期就代表一年，而每一年的工作任务都必须按时按质完成，因此工作量很大，在无形当中，我们的抗压力能力得到了提高，这对于我们以后工作是十分有利的。”

2012 级国际贸易 7 班的郑家琪同学在实习过程中担任银行柜员，一份再普通不过的工作，她在实习总结中写道：“回首过去的三个星期，每一天都是在忙碌中度过，从一开始的好奇、不熟练，到现在的熟练掌握。在适应这个工作的时候，真的有时会晚上做梦梦见自己输入数据，制作对账单。一开始遇到问题的时候还是会慌，遇到单据多的时候还会埋怨一下，但是，后来就很淡定了，一堆单据就慢慢录，埋头苦干。对不上账的时候，也会冷静地和企业沟通，一起找出对不上账的原因。认真对待每一个业务，因为我觉得既然做了这个职务就要好好做，负责任地对待自己接到的每一张单据，每一份表格，虽然有时候会出错，但总体还是可以的。当然，我也会争取做到完美，妥善处理所遇到的问题。有时候挺喜欢这样的感觉，冷静工作，不被别的情绪左右，做好自己的工作，颇有两耳不闻窗外事的节奏。很喜欢埋头努力，然后能把事情做好的感觉，很有成就感。”

2013 级财务管理 3 班的杨春靖同学担任的是制单会计工作，她在实习总结中写道：“感谢学校提供的仿真实训，让我更好地了解自己的不足，了解会计工作的本质，让我可以更早地做好职业规划，更好地适应社会。我也变得更有耐心去完成自己的工作，了解到现实是残酷的，只有自己更加强大，视野更加广阔，严于律己、宽以待人，才能够更好地在社会上立足。同时，也要提升自己的随机应变能力，毕竟生活处处有惊喜，你要做好出现意外的准备，懂得未雨绸缪，这样自己才能真正成长。”

2014 级国际经济与贸易 2 班的黄燕怡同学在实习公司担任市场总监，她说：“在仿真综合实习中，将不同专业的学生置身于仿真的虚拟环境中，这首先给我们设定了一个小社会的前提。虽然是在虚拟的环境中模拟活动，但由于仿真性，常迫使我们做出预见和正确的反应，完成彼此关联的一系列决策，并为此承担责任。在此过程中，我不仅认识体验了企业经营管理活动过程和主要业务流程及其相互之间的关联关系，促进了知识的整合与融会贯通，还真切地感受到成功与失败，体验到竞争意识、团队精神、职业素养的意义。企业运作仿真综合实习可以提高学生的综合素质，为我们以后的工作实践打下基础。在每一次的例会上，总结工作与讨论计划之时，我总觉得是一种学习，学习他们为人处世的方法和领导决策的能力。在平时工作中，没有谁高谁低，每一位都是好学者，在一次次的合作中，感觉团队的力量真伟大。总之，在实习中所做的每一件事情，不论大小，都是可以学到东西的，因此都要留心观察，用心付出。因为，综合素质这座大厦就是从一点一滴中积累、通过一砖一瓦建立起来的。”

4～5 周的综合仿真实习，是经管类各专业整个实践教学体系中一个重要的环节。在此基础上，各专业将进一步遴选出一批专业基础较扎实、实践能力较强、综合素质较高、创新创业意识较强的学生，通过创新创业强化班、创新创业俱乐部等途径，继续进行创新创业实践活动，为学生毕业后创新创业打下基础。

按照这一思路推进的实践教学改革，使经管类各专业基本形成了包括课程实验、专业综合实验、校内跨专业综合仿真实习、创业训练、校外毕业实习、毕业论文（毕业设计）等一个完整的实践教学体系，使学生在校期间就能够获得多种实践机会，动手能力、知识应用能力及综合素质大大提高，从而增强学生在就业市场的竞争能力。

目　录

第1篇　企业经营仿真实习业务规则

第2篇　企业经营仿真实习岗位职责与业务流程

第3篇 企业经营仿真实习表单

第4篇 企业经营仿真实习组织管理与成果

第 1 篇
企业经营仿真实习业务规则

第❶章
企业经营仿真实习概述

1.1 企业经营仿真实习平台架构

企业经营仿真实习是一门跨专业的、大型综合性实践课程，由会计学、财务管理、经济学、金融学、国际贸易、市场营销、物流管理、人力资源等若干个专业的学生一起上课。不同专业的学生一起组建企业经营团队，根据各自的能力及专业背景，分别扮演企业的 CEO、CFO、CMO、物流主管、生产主管、采购主管、会计主管、制单会计、出纳等角色，承担相应的岗位职责，团队成员通过分工与合作共同完成任务。每一期的企业经营仿真实习组建 72 个企业经营团队，分别经营生产商制造企业（48 家）和品牌渠道商企业（24 家），各仿真企业之间通过激烈的角逐，一争高下。

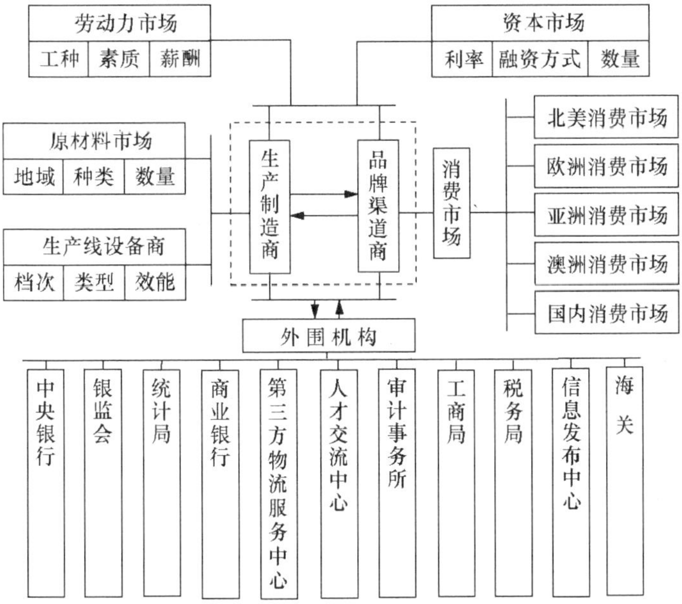

图 1－1　企业经营仿真实习平台架构

企业经营仿真实习围绕仿真企业设置了原材料市场、消费市场、劳动力市场、资本市场等复杂的仿真市场环境。还设置了中央银行、银监会、统计局、商业银行、第三方物流服务中心、人才交流中心、审计事务所、工商局、税务局、信息发布中心、海关等仿真外围机构，辅助仿真企业完成相关的业务。仿真外围机构的设置既增加了企业经营仿真实习的真实性，又增加了学生之间的互动性。整个企业经营仿真实习的平台架构如图 1－1 所示。

1.1.1 企业经营仿真实习中的机构部门简介

1.1.1.1 仿真企业

企业经营仿真实习平台中的仿真企业是股份制企业。指导老师扮演企业的大股东，是委托人；学生团队扮演企业经营团队，是企业的代理人。股东监督经营团队的行为，并根据经营团队的整体表现给予股权激励。仿真企业是企业经营仿真实习平台的核心，分为生产制造商和品牌渠道商。

1.1.1.1.1 生产制造商

生产制造商的主要业务是通过采购原材料、辅料及生产设备，并招聘工人，通过不同生产要素的组合及搭配生产产品。并将产品销售给品牌渠道商。建立一家生产制造企业需筹集初始资金 1000 万元。

1.1.1.1.2 品牌渠道商

品牌渠道商的主要业务是通过开设店铺、招聘销售人员，以及投放广告等策略将从生产制造商处采购的产品在终端市场进行销售。建立品牌渠道商初始资金需 3000 万元。

1.1.1.2 仿真外围机构

企业经营仿真实习平台的生产商和渠道商需要独立核算，是仿真实习平台的主角。为使企业的仿真实习和演练更真实、更精彩，需要为其构建一些外围服务辅助企业。

1.1.1.2.1 中央银行

中央银行在企业经营仿真实习中的主要职责有三个：发布存贷款基准利率，作为商业银行给企业发放贷款时的利率基础；通过调整货币供给量影响信贷市场的货币供求关系，调节整个仿真经济环境的总需求；当银行产生流动性危机时，充当最后贷款人的角色，给商业银行发放贷款。

1.1.1.2.2 银监会

银监会在企业经营仿真实习中的主要职责是监督和管理商业银行。对商业银行的经营行为进行监督，避免商业银行在发放贷款和制定利率水平时的随意性，接受仿真企业对商业银行的违规行为的投诉；统计商业银行业的整体经营数据。

1.1.1.2.3　统计局

统计局在企业经营仿真实习中的主要职责是核算整个仿真实习平台的生产总值，方便从整体上了解仿真实习的运营情况以及对不同时期的仿真实习进行对比分析。

1.1.1.2.4　商业银行

企业经营仿真实习平台上的商业银行拥有完整的对公服务体系，能够进行开户、存取款、信贷、国际结算等各种商业银行业务。商业银行之间存在竞争关系，需要争夺客户资源。

1.1.1.2.5　第三方物流服务中心

企业经营仿真实习平台上的第三方物流服务中心，为企业经营提供物流和仓储服务。具体包括提供国内外公路、铁路、航空、海运等集装箱运输的货运服务，车辆租赁服务，仓库、厂房、店铺租赁服务等，并收取相关的费用。

1.1.1.2.6　人才交流中心

企业经营仿真实习平台上的人才交流中心，作为人才服务的中介，为生产制造企业和品牌渠道企业提供人才招聘的服务。企业经营过程中需要的车间管理人员、营销人员、店铺员工、车间工人等虚拟的员工都由人才交流中心负责招聘，企业需支付相应的招聘费用。

1.1.1.2.7　审计事务所

企业经营仿真实习平台上的审计事务所，对平台上的生产商和渠道商进行年度报表的审核与评估，并承担着监督和审查生产商和渠道商在经营过程与会计核算过程是否存在违反业务活动规则情况的职责。

1.1.1.2.8　工商局

企业经营仿真实习平台上的工商局，主要负责工商注册登记、工商变更登记、企业购销合同的备案和企业购销合同的变更等业务，并对企业的经营行为进行市场监管，对企业的不合规行为进行行政执法。

1.1.1.2.9　税务局

企业经营仿真实习平台上的税务局，是主管税收工作的直属机构。主要负责企业申报和缴纳增值税、出口退税、企业所得税、个人所得税等各种税费的征收。

1.1.1.2.10 信息发布中心

企业经营仿真实习平台上的信息发布中心，是平台上诸多外围机构发布信息的平台。信息发布中心还扮演着原材料与设备供应商的角色。

1.1.1.2.11 海关

企业经营仿真实习平台上的海关，是生产制造企业和品牌渠道企业之间进行进出口贸易的辅助机构，办理进出口报关、报检业务。

1.1.2 企业经营仿真实习中的产品

企业经营仿真实习选取男士皮鞋为目标市场，模仿真实男士皮鞋制造企业的生产流程、工序及其用料，并模仿男士皮鞋的市场价格体系，虚拟10种分别处于高、中、低三个档次的男士皮鞋产品，分别编号为P1至P10，其中P1和P2为低档产品，P3到P6为中档产品，P7到P10为高档产品。10种同类产品之间存在产品特性、质地档次、材料构成、制造工艺等方面的差异，可满足不同地区、不同购买力的消费者的需求。以男士皮鞋产品设计为例，为了能够更好地支持企业经营仿真实习平台的运作，10种男士皮鞋的产品设计将依据表1-1中的参数设定，参数值尽可能与鞋业设计理念相贴近。

表1-1中所有生产要素的出厂指导价与零售指导价均为人民币价格，当生产制造商与品牌渠道商发生进出口业务时，应将出厂指导价按照现行汇率水平进行折算，填写相应外贸业务单证。品牌渠道商在国外区域市场销售商品，直接以人民币零售指导价计算，即外汇汇率仅作为外贸业务的支撑数据。无论生产制造商还是品牌渠道商，在会计核算、报表编制时均使用人民币价格为记账货币。

表1-1 产品生产要素需求及指导价格

产品编号	档次	材料（单位：平方英尺）						出厂指导价（元）	零售指导价（元）
		面料	耗量	里料	耗量	鞋底	耗量		
P1	低档	PVC革	2	PVC革	1	TPR底	1	92	141
P2		PU革	2	PVC革	1	PVC底	1	102	157
P3	中档	合成皮	2	PVC革	1	PVC底	1	105	161
P4		二层牛皮	2.5	合成皮	1	橡胶底	1	139	214
P5		猪皮	2.3	猪皮	1.2	PU底	1	155	238
P6		羊皮	2.7	羊皮	1.2	PU底	1	180	277
P7	高档	国产头层牛皮	2.5	二层牛皮	1.2	MD底	1	175	270
P8		进口牛皮	2.6	二层牛皮	1.2	进口PU底	1	291	448
P9		鳄鱼皮	2.8	二层牛皮	1.2	进口真皮底	1	433	667
P10		鹿皮	2.8	二层牛皮	1.2	进口真皮底	1	515	793

1.2 仿真企业经营的目标

仿真企业经营的最终目标被定为在“12 个经营周期内通过竞争获得更好的企业排名”。企业经营仿真实习设定了 12 个连续的仿真经营周期，每个周期模拟经营一个季度的业务，共运营三年，12 个季度。在经营结束时，仿真企业排名高低取决于仿真实习结束时仿真企业估值的大小。仿真企业想要获得较高的估值，最重要的是获取足够多的净利润，同时要避免出现合同无法正常履行、资金断流等现象，并且能够尽可能提升年度排名，年度排名的提升有利于仿真企业估值时获得更高的市盈率。

仿真企业经营目标——决定因素关系图如图 1－2 所示。在仿真企业经营的过程中，仿真企业如何实现更高的净利润、更少的经营出错和更快的年度排名增长这三个中间目标呢？该问题是企业经营仿真课程的核心所在，其决定因素是一个复杂的系统问题。对仿真实习的参与者而言，简单地完成仿真实习的任务并不难，但是要想获取好的经营成绩，就需要组建一个优秀的经营团队，团队成员之间要有互补的技能，要为实现共同的目标做出承诺，并彼此负责；需要有分工明确的组织结构，细分不同的权力层次，实行岗位制；需要不同岗位之间做好沟通与协调，保证业务流程有序进行；需要做好准确的资本预算，避免出现资金断流；需要有稳定的企业合作伙伴，保证能够获取稳定的订单；需要有较强的学习能力，鼓励员工快速掌握实习规则，学习新的技能；需要企业的 CEO 有较强控制力，

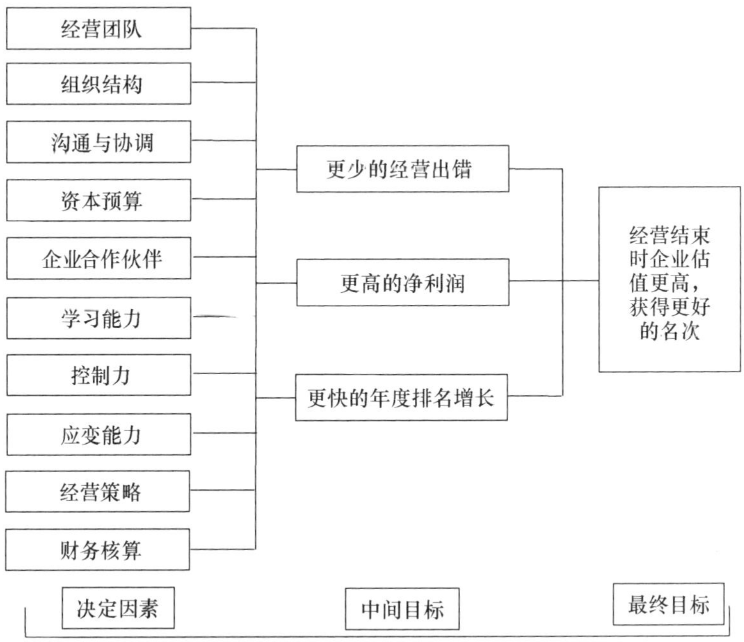

图 1－2 仿真企业经营目标——决定因素关系图

即在专业化分工和岗位明确的基础上，控制员工有效的工作；需要团队有快速应变的能力，即保证企业的高速运转，迅速对客户的需求做出反应，迅速应对经营过程中的突发状况；需要企业有清晰的经营策略；需要准确的财务核算，快速地完成财务报表。

第❷章 生产制造商业务规则

企业经营仿真实习平台中的所有生产制造企业都是初创企业，初始注册资金为1000万元，在经营初期可向商业银行申请300万元的短期贷款。

企业经营仿真实习平台中的生产制造企业是非上市股份制公司，本公司所在教室的指导老师是企业的大股东，在初始阶段持有公司80%的股份，由学生组成的企业经营团队，在初始阶段持有公司20%的股份。企业经营团队的各个成员如何分配20%的企业股份、每个成员持股多少由企业CEO在团队构建过程中根据团队成员能力及选择承担的岗位进行合理分配，这一过程需要所有成员沟通协商。大股东在每个经营年度结束时，会根据企业经营团队的整体表现，以赠与的形式进行股权激励。

生产制造企业的设置遵循专业镇布局，即所有生产制造企业位于广东省，而生产制造商所需要的原材料产地则分散在全国，产品的消费者群体位于世界各大洲。各生产制造企业在科学设定的宏观经济环境参数下，制定和选择发展战略，树立核心的企业竞争力，每一家生产制造商同本区其他生产制造商相互竞争，最终对其经营能力进行综合评价。

2.1 生产制造商的企业组织架构

要经营好公司，首先要搭建公司的组织架构。每家生产制造商的组织机构和岗位的安排，在CEO招聘团队成员时自行商定。企业的CEO可由任何专业的学生担任，但需要参加仿真实习平台统一举行的CEO招聘，一般要求CEO具有较强的组织才能，具有良好的沟通能力和协调能力等。当CEO确定之后，由企业CEO负责招聘经营团队成员，CEO在招聘团队成员时，除了要考察其态度和能力外，还要尽量考虑其专业特长，发挥其专业优势。

企业经营仿真实习平台中的生产制造企业一般分设行政部门、财务部门、生产部门、采购部门和营销部门，各部门根据工作业务量，配置1~3名相关专业学生，部门间各尽其职、彼此协作，共同完成高度仿真的连续3年共12个季度的企业运作过程。生产制造企业的组织架构和主要岗位职责可参考表2-1，各仿真企业根据团队中的学生人数，可相应增减岗位，并对岗位职责进行合理的重新分配。

表 2－1　生产制造企业组织架构和主要岗位职责参考表

部门	职位	主要职责	人数（人）
行政部门	CEO	制定发展战略、企业章程等	1
	行政秘书	信息管理、部门协调等	1
	人事主管	招工计划、薪酬分配、培训等	1
财务部门	CFO	编制预算、筹资、投资决策、成本预测、账表复核等	1
	财务主管	成本计算、会计核算、登记账簿、编制报表等	1
	制单会计	填制凭证、纳税申报、纳税业务核算、财务档案装订与报管、财务辅助性工作等	1
	出纳	资金结算、登记银行存款日记账、编制现金流量表、财务辅助性工作等	1
生产部门	生产主管	生产预算、排程、作业管理等	1
采购部门	采购主管	原材料采购计划、合同、预算等	1
	物流主管	仓储管理、运输排程、预算等	1
营销部门	市场总监	营销规划、客户管理、合同等	1

2.2　生产制造商的企业经营规则

2.2.1　生产商与渠道商之间订单的获取

原材料与设备供应商、生产制造商、品牌渠道商、最终消费者表现为从上至下的供应链关系。在本企业经营仿真实习平台上，生产制造商与品牌渠道商由学生组队担任，而原材料与设备供应商、最终消费者作为系统参数量，直接赋予或由教师根据要求进行调整。

将生产制造商和品牌渠道商联系起来的是订单，各个品牌渠道商直接面对消费者，根据商品市场容量及市场拓展情况，拟订各种产品于各区域市场及各时段的订单需求表，生产制造商通过设定价格折扣、收款方式、供货响应速度等与品牌渠道商洽谈，获取单笔或数笔订单。

渠道商与生产制造商通过“需求发布与订单响应系统”进行订单业务的接洽，各渠道商季度初期发布本季度订单，在需求订单截止发布时间前可以发布、修改、删除；查看本公司当前季度采购需求，以及其他渠道商提交的订单，每张订单的最后交货期不得超过次季度末，订单价格可在出厂指导价 ±10% 的范围内浮动（出场指导价见第 1 章中的表 1－1）；并且渠道商当季度发布需求所订购的商品不得在当季度进行销售，否则均以违规论处。对以上所有违规行为，信息中心将对企业进行查处。

品牌渠道商订单发布表如表 2－2 所示。

表 2－2　品牌渠道商第　年第　季度订单发布表

产品名称	区域市场	需求数量	最高出价	交货期限

注：需求数量的最小单位为千件，价格最小单位为元。

各生产制造商在渠道商发布需求的时间段内可以查看渠道商已经提交的所有采购订单，并在响应时间内根据自身生产能力、原材料存储调度、员工队伍情况，响应订单需求。生产制造商订单响应汇总表如表 2－3 所示。

表 2－3　生产制造商订单响应汇总表

产品名称	区域市场	可响应数量	最低出价

注：可响应数量的最小单位为千件，价格最小单位为元。

在“需求发布与订单响应系统”中，当生产商完成对需求订单的响应后，将会出现以下两种情况：其一，生产商响应数量合计超出渠道商订单购货数量，在此种情况下，渠道商可根据生产商所提出的价格折扣、可交货数量等条件，选定供货商，并进行相应的订购操作。其二，生产商响应数量合计小于渠道商订单购货数量，在此种情况下，渠道商必须订购所有响应订单，并且对于渠道商的剩余需求将强制进行第二轮响应，如果有生产商响应，渠道商同样必须进行相应的订购操作，若出现渠道商不订购的情况，信息中心将对此种情况进行查处。

在“需求发布与订单响应系统”中确立订单交易的渠道商必须在系统订购截止时间后的 30 分钟内找到响应该订单的生产商拟定并签署购销合同，双方成功签订购销合同后应到工商局进行备案，工商局负责核对购销合同的签订情况，工商局合同备案核对的重点如下：合同的签订日期、合同的买方卖方、产品的品名及规格、合同销售数量、合同单价（外币及人民币）、合同金额、交货期、装运港及目的地。如在合同核对过程中出现合同与系统订单不一致等违规情况（除合同单价），工商局将对此种情况进行查处。

2.2.2　原材料采购、物流与库存管理

生产制造企业为实现订单产品的生产，必须按照生产排程制订采购计划、物流计划与

库存调度，一方面保证生产环节的原材料充足，另一方面尽可能降低采购成本、物流成本与仓储成本。为此，生产制造企业要选择适当的物流运输工具，将原材料仓储量控制在安全水平。原材料采购、物流与库存管理流程如图 2－1 所示。

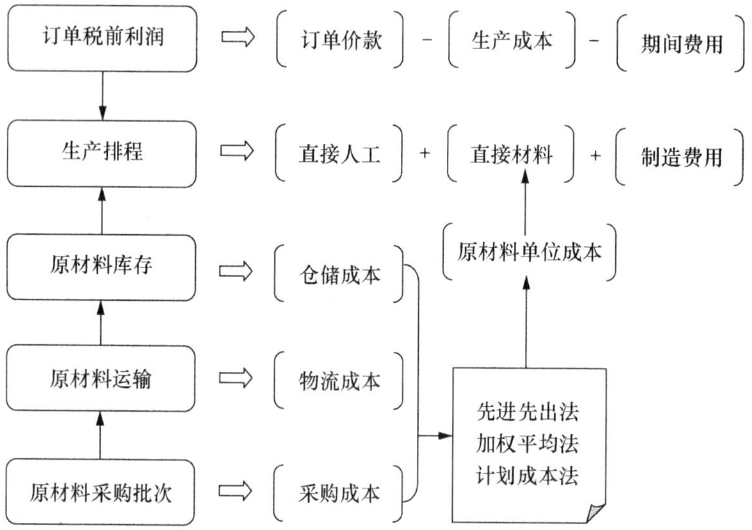

图 2－1　原材料采购、物流与库存管理流程示意图

2.2.2.1　原材料市场及原材料单位价格确定

生产制造企业的主营产品为男士皮鞋，原材料主要包括鞋面材料、鞋底材料和辅料。

（1）鞋面和鞋底材料的产量及价格。鞋面材料的季产量及价格如表 2－4 所示，所有鞋面材料的基准价格均为不含税价。

表 2－4　鞋面材料种类、区域及价格

序号	种类	产地	季产量（平方英尺）	基准价格（元/平方英尺）
1	PVC 革	当地	6006093	10
		邻地	9009141	9.9
		远地	15015233	9.8
2	PU 革	当地	2457038	13
		邻地	3685557	12.9
		远地	6142595	12.8
3	合成皮	当地	3276051	15
		邻地	4914076	14.9
		远地	8190127	14.8

续表

序号	种类	产地	季产量（平方英尺）	基准价格（元/平方英尺）
4	二层牛皮	当地	4654722	18
		邻地	6982083	17.9
		远地	11636806	17.8
5	国产头层牛皮	当地	5239691	25
		邻地	7859536	24.9
		远地	13099227	24.8
6	进口牛皮	当地	1197806	52
		邻地	1796709	51.9
		远地	2994515	51.8
7	羊皮	当地	4258866	23
		邻地	6388299	22.9
		远地	10647165	22.8
8	猪皮	当地	3822059	20
		邻地	5733089	19.9
		远地	9555148	19.8
9	鳄鱼皮	当地	955515	78
		邻地	1433272	77.9
		远地	2388787	77.8
10	鹿皮	当地	955515	100
		邻地	1433272	99.9
		远地	2388787	99.8

鞋底材料的季产量及价格如表2-5所示，所有鞋底材料的基准价格均为不含税价。

表2-5 鞋底材料种类、区域及价格

序号	种类	产地	季产量（双）	基准价格（元/双）
1	TPR底	当地	1228519	3.5
		邻地	1842779	3.4
		远地	3071298	3.3
2	PVC底	当地	2320536	6
		邻地	3480804	5.9
		远地	5801340	5.8
3	PU底	当地	2184034	15
		邻地	3276051	14.9
		远地	5460085	14.8

续表

序号	种类	产地	季产量（双）	基准价格（元/双）
4	橡胶底	当地	1092017	13
		邻地	1638026	12.9
		远地	2730043	12.8
5	MD 底	当地	460695	25
		邻地	691042	24.9
		远地	1151737	24.8
6	进口 PU 底	当地	460695	36
		邻地	691042	35.9
		远地	1151737	35.8
7	进口真皮底	当地	682511	60
		邻地	1023766	59.9
		远地	1706277	59.8

（2）辅料及水电费。男士皮鞋的辅料种类繁多，功能各异。高档皮鞋的辅料材质较好，低档皮鞋的辅料材质较差，在成本控制上与鞋面和鞋底的档次呈现相关性。为简便易行，本企业经营仿真实习中的所有皮鞋辅料的成本计算一律按照表 2－6 中的价格执行。表中的辅料单价为不含税价格。

表 2－6　辅料成本及水电费价格表

产品编号	档次	材料与耗量	
		辅料单价（不含税价，元）	水电费单价（含税价，元）
P1	低档	2	0.6
P2		2.6	0.78
P3	中档	3	0.9
P4		4.5	1.35
P5		4.6	1.38
P6		6.21	1.86
P7	高档	6.25	1.88
P8		13.52	4.06
P9		21.84	6.55
P10		28	8.4

在皮鞋加工的过程中需要耗费水、电、油等各种能源，为简便易行，本企业经营仿真实习中对各种能源不做类别细分，亦无须采购、运输与仓储。在生产制造环节，水电费一律按照表 2－6 中的价格计算，进行成本核算，计入水电费开支。表中的水电费单价为含

税价格。

（3）原材料基准价格浮动规则。价格浮动与供求状况的关系见表 2 –7。

表 2 –7　某地某类原材料价格浮动与供求状况的配比

序号	供求比	价格浮动系数
1	1∶（0.5 以下）	下浮 10%
2	1∶0.5～1∶0.7	下浮 5%
3	1∶0.7～1∶0.8	基准价格
4	1∶0.8～1∶0.9	上浮 5%
5	1∶（0.9 以上）	上浮 10%
6	超限额	异地购买

（4）原材料采购总量、批次规模与商业折扣规则。生产制造企业每季度初提交一次原材料采购清单。按照各生产商采购清单发布的时间先后，确定累计的采购量占总供给比例，确定每家生产商采购某原材料的采购价格。每季度采购额可要求安排发货。对于任一种原材料，企业如果采购总量与单位批次达到一定规模，可享受商业折扣优惠，如表 2 –8 所示。

表 2 –8　原材料采购与商业折扣

序号	条件	比值	商业折扣（%）
A	采购总量/当地季产量	20%～30%	1
		30% 以上	2
B	单位批次/当地季产量	10%～20%	1
		20%～50%	2
		50% 以上	3
享受商业折扣合计			A + B

注：原材料每季度产出一次，不考虑生产周期对供货的影响。

当全部买家季度总采购量超出该材料总供给限额时，超出部分作为超限额配给，采购价格按照基准价格上浮 20%。

原材料单位采购价格确定公式：某原材料单位采购价格 = 基准单价 ×（1 ± 供求浮动系数）×（1 – 商业折扣系数）。

恶意囤积原材料行为将受到惩罚，仓储任一种原材料的最大数量为其拥有全部生产线 3 个季度的最大产能所需理论原材料数量。超出此数量的原材料须以进价的 80% 退回产地，但相应的增值税进项税额需 100% 转出。

原材料与辅料单价均为不含税的人民币价格，分批次入库时，按照不含税价做暂估入库，季末统一前往信息中心进行原材料及辅料的采购结算业务，按照会计核算做相应的分录。

水电费价格均为含税价，每季度缴纳一次，由第三方物流服务中心代为收取。

2.2.2.2 原材料运输价格确定

各种鞋面的体积重量存在较大差异，校内仿真综合实习平台为简化计算标准，假定所有鞋面材料的规格均为每张 20 平方英尺，每张鞋面重量统一为 2.5 千克，20 尺货柜可装运 1000 张，40 尺货柜可装运 2000 张，AMA 货柜可装运 250 张。

各种鞋底简化计算标准，100 双鞋底包装为 1 纸箱，计重为 30 千克，体积为 0.25 立方米。20 尺货柜可装运 100 箱，40 尺货柜可装运 200 箱，AMA 货柜可装运 20 箱。

同单位的原料可以拼箱计算。

原材料运输可采取外包第三方物流公司或本企业自建车队运输两种方式，两种方式耗费运费有所差异。

2.2.2.2.1 不同运输工具的最大运输数量

公路、火车及航空的最大运输数量如表 2 -9 所示。

表 2 -9 公路、火车及航空的最大运输数量

运输工具	公路	火车	航空
货柜标准	20 尺货柜	40 尺货柜	AMA
鞋面容量	1000 张	2000 张	250 张
鞋底容量	100 箱	200 箱	20 箱

2.2.2.2.2 外包第三方运输费用

关于表 2 -10 还要注意以下三个方面的内容。

表 2 -10 外包第三方的运输费用

序号	地区	运输方式	运输时长	20 尺柜单日运费（元）	小计（元）
1	当地	公路	2 日	1000	2000
2		公路加急	1 日	5000	5000
3	邻地	公路	3 日	1000	3000
4		公路加急	2 日	3000	6000
5	远地	公路	10 日	1000	10000
6		铁路	3 日	5000	15000
7		航空	1 日	20000/AMA	20000

其一，40 尺货柜、AMA，按与 20 尺货柜的容量之比，确定第三方运输费用。

其二，远地的 3 日铁路与 1 日航空仅是指到达火车站或飞机场的时间，到达当地需另加 2 日的公路运输，即用铁路运输需 5 日（3 日铁路 +2 日公路），用航空运输需 3 日（1

日航空 +2 日公路)。

其三，生产商若需租赁运输车辆，需要到第三方物流服务中心申请、登记和办理。

2.2.2.2.3 自建车队运输费用

自建车队运输费用包括两部分，其一是为购置运输车辆固定资产折旧费用，其二是运输相关变动成本。相关参数如下：

运输车辆每辆售价 30 万元，10 年直线法计提折旧，残值为零。生产商若需购置运输车辆，需要到信息中心进行登记和办理。

运输车辆可转让，转让价格为折余价值的 70% ~110%，通过拍卖进行。或直接以折余价值 70% 出售给信息中心。

运输变动成本 700 元/货柜/天（人工 400 元、油料 300 元），由第三方物流服务中心收取。

自建车队运输时长同委托第三方进行普通公路运输的时长相同，即如表 2 –11 所示。

表 2 –11 自建车队的运输费用

序号	地区	运输方式	运输时长	单柜单日运费（元）	小计（元）
1	当地	公路	2 日	700	1400
2	邻地	公路	3 日	700	2100
3	远地	公路	10 日	700	7000

2.2.2.3 原材料仓储方式及成本

原材料仓储可选择向第三方租赁仓库和自建仓库两种方式进行。生产商若需租赁仓库，须前往第三方物流服务中心进行申请、登记和办理；若需自建仓库，须前往信息中心进行登记和办理。仓库种类、容量与效能如表 2 –12 所示。

表 2 –12 仓库种类、容量与效能

序号	指标	平房仓库	楼房仓库	立体货架仓库
1	自动化程度	无	半机械化	机械自动化
2	最大容量（立方米）	5000	10000	15000
3	存储费（元/立方米 × 日）	1	0.5	0.5
4	备料出库时间	2 天	1 天	即时
5	建筑成本（万元）	330	770	1100

续表

序号	指标	平房仓库	楼房仓库	立体货架仓库
6	建设工期	1 个季度	2 个季度	3 个季度
7	折旧年限（年）	20	50	50
8	残值（万元）	30	70	100
9	租赁价格（元/季）	6 万	15 万	24 万

注：①备料出库时间实际上延长了原材料的仓储时间，即已经入库的原材料必须增加在库天数，方能完成备料，投入生产环节。②仓库无论租赁或者购买，都必须支付仓储费；存储费按照实际存放货物的体积数计算，空闲部分不计费。③鞋面每 40 张皮占用仓库空间 1 立方米；鞋底每纸箱占用仓库空间 0.25 立方米。产成品每 100 件/箱，占用仓库空间 1 立方米。④仓储费由第三方物流服务中心收取，其具体业务办理流程请参照规则。

2.2.3 生产排产与制造环节

2.2.3.1 生产线种类及要求

鉴于实习环境限制，生产排产设定相比实际制鞋厂家略显简单，常见生产排产要点见表 2－13。制鞋需要进行裁断、针车、夹帮、上胶、贴底、上光、包装等流程，以生产流水线方式顺序展开，生产线线数决定了设备数和工人规模，同时决定了产能水平。根据制鞋业常见生产模式，综合仿真实习设计了手工作坊生产线、传送半自动生产线Ⅰ代、传送半自动生产线Ⅱ代、智能全自动生产线Ⅰ、智能全自动生产线Ⅱ、数字化柔性多工位生产线等，并分别规定了生产线工人数量、熟练程度及单位小时产能，如表 2－13 所示。

表 2－13 生产排产要点

订单号	产品种类	备料时间	生产线编号	总工时	日工时	配工种

数字化柔性多工位生产线针对不同产品的生产转换零成本零耗时，其他系列生产线进行转换产品生产，须停工 2 天做相应调整和准备，每次转换生产产品类别，还须支付 5000 元产品线调试费。产品线调试费由信息中心收取。

生产线正常负荷为 16 小时/天，每超出 1 小时/天，增加额外维修费 300 元/工时，生产线每日的最大工作时间为 20 小时/天。

假定生产完工全部是产成品，没有在产品。

表2-14 要素配比及生产能力

产品号	生产线种类	配工层次及人数	生产能力（双/小时）
P1、P2	手工作坊生产线	初50人或中40人	36（初）；43（中）
	传送半自动生产线Ⅰ代	初60人或中45人	48（初）；58（中）
P3～P6	传送半自动生产线Ⅰ代	初60人或中45人	48（初）；58（中）
	传送半自动生产线Ⅱ代	初65人或中50人	60（初）；72（中）
	智能全自动生产线Ⅰ	中40人或高33人	60（中）；72（高）
	数字化柔性多工位生产线	中50人或高40人	66（中）；79（高）
P7～P10	智能全自动生产线Ⅰ	中40人或高33人	54（中）；65（高）
	智能全自动生产线Ⅱ	中45人或高36人	60（中）；72（高）
	数字化柔性多工位生产线	中50人或高40人	60（中）；72（高）

2.2.3.2 生产线设备相关规则

生产商可随时前往信息中心进行生产线的购买，生产线的购买价格为含税价格。手工生产线使用寿命为10年，其他生产线设备使用寿命为15年，直线法计提折旧，残值为0。企业可按当前设备折余价值的80%价格随时出售生产线给信息中心，亦可将生产线转让或租赁给其他团队，协议价格可在折余价值的80%～120%浮动，季度租金可按该设备季度折旧额的300%～380%费率浮动，具体金额由买卖或承租多方协商或竞价决定。

生产线转换厂家，须1个季度安装调试期，即当季转让或租赁，将于其后3个季度才能在新厂商投产。如若由租赁期满后转为出售生产线，并没有转换厂家，不需要二次安装调试。

每一条生产线只允许转让或租赁一次，被转让方或承租方必须实际持有并使用该设备1年或更长时间，才能以折余价值80%出售或退回原厂。须研发的半自动生产线Ⅱ、全自动生产线Ⅱ、柔性生产线不能在厂商之间转让，只能以折余价值80%的价格卖给信息中心。

2.2.3.3 生产线价格、研发升级与升级条件

手工生产线、半自动生产线Ⅰ、全自动生产线Ⅰ可直接购置，当季度可投入生产使用。半自动生产线Ⅰ和全自动生产线Ⅰ可通过投入研发费用，经一定建设期升级改造为性能更好的生产线Ⅱ。柔性生产线亦需一定条件研发后建造。生产线价格及研发条件如表2-15所示。

表2-15 生产线价格及研发条件

产品线类别	售价（万元）	1年后研发	研发期	研发后改造升级为	改造期
手工作坊生产线	200				
半自动生产线Ⅰ	500	50万元/季度	2个季度	半自动生产线Ⅱ	1个季度
全自动生产线Ⅰ	800	75万元/季度	2个季度	全自动生产线Ⅱ	1个季度

关于生产线的研发有以下几个方面的注意事项：

其一，生产企业模拟经营进入第三年，可研发柔性生产线，研发期为2个季度，每季度研发投入100万元。

其二，研发期届满后，可支付1000万元/生产线成本建造柔性多工位生产线，建设期为1个季度。

其三，生产企业对生产线进行升级及研发必须前往信息中心进行登记，按要求缴纳相应的研发费用。

其四，半自动生产线Ⅰ和全自动生产线Ⅰ在研发期具有生产能力。

其五，生产线处于改造期或建设期，不具备生产能力。

2.2.3.4 厂房租用与生产线容纳能力

生产商须在每季度初根据生产线建设计划，前往第三方物流服务中心进行厂房的租赁，其具体业务办理流程请参照本书7.6第三方物流服务中心的相关规则。

2.2.4 产成品仓储与运输

生产商每一笔订单加工完毕后，集中发货给渠道商。在订单产品发货前，陆续生产出的产成品须送至仓库存储，包装好的产成品按照体积而非重量计算仓储费与运费，具体规则如下：

2.2.4.1 产成品体积与仓储

生产商发配成品鞋前仅作简单包装，每100双为1箱，体积约为1立方米。仓储费用标准同原材料。不同类型仓库的容量、仓储费用及租赁价格如表2－16所示。

表2－16 不同类型仓库的容量、仓储费用及租赁价格

序号	指标	平房仓库	楼房仓库	立体货架仓库
1	自动化程度	无	半机械化	机械自动化
2	最大容量（立方米）	5000	10000	15000
3	存储费（元/立方米×日）	1	0.5	0.5
4	租赁价格（元/季度）	6万	15万	24万

注：仓库的建设、折旧等细节，同原材料仓储部分（不论是自建仓库还是租赁都要计算存储费）。

2.2.4.2 产成品运输方式

生产商与渠道商之间订单合约，国内运输费用由生产商支付；国际贸易采取离岸价格，生产商支付“厂——码头”或“厂——机场”运费，其余运费由渠道商支付。一律采取公路运输，外包第三方运费标准如表2－17所示。

表 2-17　外包第三方运费标准

序号	运输要求	运输方式	运输时长	20 尺柜日运费（元）	小计（元）
1	厂—码头（国外）	公路	1 日	1000	1000
2	厂—机场	公路	1 日	1000	1000
3	码头—码头	国内海运	5 日	50	250
4		至亚洲海运	6 日	100	600
5		至欧洲海运	15 日	100	1500
6		至美洲海运	10 日	100	1000
7		至澳洲海运	8 日	100	800
8	机场—机场	国内空运	1 日	10000/AMA	10000
9		至亚洲空运	1 日	12000/AMA	12000
10		至欧洲空运	1 日	30000/AMA	30000
11		至美洲空运	1 日	30000/AMA	30000
12		至澳洲空运	1 日	20000/AMA	20000

注：20 尺货柜，容量约 25 立方米，可容纳 25 箱产成品。

生产商亦可选择自建仓库与车队的方式，进行产成品的储存和运输，若自建车队运输，每日每标准箱运输费用 700 元，运输时长与外包方式相同。

产成品外销，送至港口等待集中发货，每标准箱堆存费加上租箱费合计仓储租金 20 元/日（注：1 标准箱表示一个 20 尺的货柜）。

2.2.5　生产商人力资源

2.2.5.1　员工种类与标准薪酬

生产制造企业的员工种类包括高级管理人员、技工、车间管理人员和销售人员，其中高级管理人员由参与仿真实习的学生团队成员扮演，技工、车间管理人员和销售人员是虚拟工人，技工根据熟练程度分为初级、中级和高级三种（见表 2-18）。

表 2-18　生产制造企业员工薪酬标准

序号	员工种类		标准薪酬	加班费标准	备注
1	高级管理人员		自拟	不加班	总额 6 万元/月
2	技工	初级	3500 元/月	35 元/小时	
3		中级	4300 元/月	45 元/小时	
4		高级	5000 元/月	60 元/小时	
5	车间管理人员		3000 元/月	不加班	人数不小于技工 5%（没提成）
6	销售人员		2000 元/月	不加班	销售额（不含税收入）提成 1%

生产制造企业员工薪酬的一些说明如下：

其一，车间管理人员不少于技术工人数的1/20，最少10人（技工加班时，不需要配备车间管理人员）。

其二，销售人员人数底薪2000元/月，提成为销售额的1%，每位营销人员可以承担的最高销售额为每季度270万元封顶（当月有确认主营业务收入的，当月就要计算销售员提成）。

其三，技术工人每周一至周六是正常工作日，工作时长为8小时，延长工作时间和周日安排上班均属于加班性质，需支付加班工资。法定休假日如安排加班，需支付双倍加班工资报酬（每位技工每日工作不得超过12小时）。

其四，企业须以员工的标准薪酬（不含加班费及提成的基本工资）为标准，支付“五险一金”，即住房公积金、养老保险、医疗保险、失业险、工伤险、生育险。标准如下：住房公积金个人支付比例为10%，公司缴纳比例为10%；养老保险个人支付比例为8%，公司缴纳比例为12%；医疗保险个人支付比例为2%，公司缴纳比例为10%。此外，公司单独按照员工标准薪酬的3%缴纳失业险、工伤险、生育险（即“五险一金”中，个人承担20%，公司承担35%，给员工计发工资时，就开始计算缴纳“五险一金”）。

其五，个人所得税为薪酬所得（含加班费，提成）扣除由个人承担的“五险一金”后，减去3500元起征点后为应纳税所得额，计算缴纳个税，税率标准按照国家现行规定执行。

2.2.5.2 员工招聘与解聘、培训与晋级

2.2.5.2.1 招聘与解聘

（1）人员招聘都是季初招，即每年招聘时间为1月1日、4月1日、7月1日及10月1日。

（2）生产商各类员工的招聘时间、培训时间、上岗时间以及每季末需支付的费用项目不尽相同，详见表2－19。

表2－19 生产制造企业员工招聘的相关规定

员工种类	招聘时间	培训时间	上岗时间	季末需支付的费用项目	
高级管理人员	无需招聘	无需培训	第一年第一季度	第一年第一季末	①三个月的标准月薪 ②按标准月薪总额计算的“五险一金”，需支付三个月
技工	第一年第一季度	无需培训	第一年第一季度	第一年第一季末	①三个月的标准月薪＋加班费 ②按标准月薪总额计算的“五险一金”，需支付三个月
	当季度	当季度	次季度	当季末	①50%的标准月薪，需支付三个月 ②按标准月薪总额计算的“五险一金”，需支付三个月
				次季末	①三个月的标准月薪＋加班费 ②按标准月薪总额计算的“五险一金”，需支付三个月

续表

员工种类	招聘时间	培训时间	上岗时间	季末需支付的费用项目	
车间管理人员	第一年第一季度	无需培训	第一年第一季度	第一年第一季末	①三个月的标准月薪 ②按标准月薪总额计算的“五险一金”，需支付三个月
车间管理人员	当季度	无需培训	次季度	次季末	①三个月的标准月薪 ②按标准月薪总额计算的“五险一金”，需支付三个月
销售人员	当季度	无需培训	当季度	当季末	①三个月的标准月薪+提成 ②按标准月薪总额计算的“五险一金”，需支付三个月

生产制造企业的技工、车间管理人员、销售人员在每季初招人时，需支付招聘广告费，每公开发布一次招聘广告，人才交流中心收取广告费 5000 元（广告费按次收取，不按区域、员工种类和月份计算）。

（3）已经聘用的员工聘期至少 1 年，聘期内解聘工人必须支付 3 个月基本月薪的补偿金；若聘期满 1 年，企业需要解聘员工需要在第 2 年的季度初，比如（2015 年 1 月 1 日招的人，就在 2016 年 1 月 1 日；2015 年 4 月 1 日招的人，就在 2016 年的 4 月 1 日）向人才交流中心提出解聘申请，超过次年季度初的第一天没有到人才交流中心提出解聘申请的，默认为继续聘用 1 年，续聘期间的任何 1 天解聘工人必须向人才交流中心支付 3 个月基本月薪的补偿金。

2.2.5.2.2 培训与晋级

（1）生产制造企业的高级管理人员、车间管理人员和销售人员不需要培训。

（2）技工在上岗前需要接受岗前培训，岗前培训费为技工标准月薪的 50%。技工在工作期间可接受能力提升培训，培训费为原技工级别标准月薪的 2 倍。培训后次季度可以作为高一等级技工上岗（培训费按次收取，不按月计算）。

（3）生产商的技工在参加能力提升培训时，为在职培训（边工作边培训）。在能力提升培训期间的三个月，生产商每个月应支付给技工能力提升培训前岗位 100% 标准月薪，并为其缴纳“五险一金”。

（4）为缩短新建企业的投产周期，生产商的技工及车间管理人员在第一年第一季度招聘后无需培训直接上岗工作。从第二季度开始，技工及车间管理人员需要在招聘后的下个季度才正式上岗。

2.3 生产制造商的规模经济规则

生产制造商专一经营某一种产品，当该产品产销量达到一定规模后，可获得规模经济带来的额外利得。生产商可以通过两种模式获得规模利得，而且模式 1 和模式 2 的规模经济利得效果可以叠加。具体的规模利得如表 2 – 20 所示。

表 2 – 20　生产商的规模经济

模式	条件	规模经济利得
模式 1	生产同一种产品的生产线达到或超过 3 条	相关生产线产能提升 1%
	生产同一种产品的生产线达到或超过 4 条	相关生产线产能提升 2%
	生产同一种产品的生产线达到或超过 6 条	相关生产线产能提升 3%
模式 2	手工生产线达到 8 条	相关生产线产能提升 5%
	半自动生产线Ⅰ达到 6 条	相关生产线能力提升 5%
	半自动生产线Ⅱ达到 4 条	相关生产线能力提升 2%
	全自动生产线Ⅰ达到 3 条	相关生产线能力提升 3%
	全自动生产线Ⅱ达到 3 条	相关生产线能力提升 3%

第❸章 品牌渠道商业务规则

企业经营仿真实习平台中的所有品牌渠道商与生产制造商相同，都是初创企业，注册资金为3000万元，在经营初期可向商业银行申请900万元的短期贷款。

企业经营仿真实习平台中的品牌渠道商与生产制造商相同，都是非上市股份制公司。本公司所在教室的指导老师是企业的大股东，在初始阶段持有公司80%的股份，由学生组成的企业经营团队，在初始阶段持有公司20%的股份。企业经营团队的各个成员如何分配20%的企业股份、每个成员持股多少由企业的CEO在团队构建的过程中根据团队成员承担的岗位职责及能力进行合理的分配，这一过程需要CEO与团队成员进行积极的沟通协商。大股东在每个经营年度结束时，会根据企业经营团队的整体表现，以赠与的形式对团队进行股权激励。

品牌渠道商连接生产制造商和最终消费者，其产业链价值在于营销，在于最大程度地挖掘各种产品的区域市场，扩大市场占有率，增强与生产商的议价能力，并从中谋取最大利润。

3.1 品牌渠道商的企业组织架构

要经营好公司，首先要搭建公司的组织架构。每家品牌制造商的组织机构和岗位的安排，在CEO招聘团队成员时自行商定。企业的CEO可由任何专业的学生担任。品牌渠道商与生产制造商相同，也是先由仿真实习平台统一招聘CEO，再由CEO招聘团队成员，并确定岗位分工。CEO在招聘团队成员时，除了要考察其态度和能力外，同样要尽量考虑其专业特长。

企业经营仿真实习平台中的品牌渠道企业一般分设行政部门、人事部门、财务部门、采购部门、物流部门和营销部门，各部门根据工作业务量，配置1~3名相关专业学生，部门间各尽其职、彼此协作，共同完成高度仿真的连续3年共12个季度的企业运作过程。品牌渠道企业的组织架构和主要岗位职责可参考表3-1，各企业可根据团队成员的人数相应增减岗位，并对岗位职责进行相应的调整。

表 3-1 品牌渠道企业组织架构和主要岗位职责参考表

部门	职位	主要职责	人数
行政部门	行政秘书	信息管理、部门协调等	1
	CEO	制定发展战略、店铺布局等	1
人事部门	人事主管	考勤、招聘计划、职员排班、个税申报等	1
财务部门	CFO	编制预算、筹资、投资决策、成本预测、账表复核等	1
	会计主管	成本计算、会计核算、编制凭证、登记账簿、编制报表等	1
	财务助理	资金结算、登记银行存款日记账、纳税申报、编制现金流量表、财务档案装订与报管、财务辅助性工作等	1
采购部门	采购主管	采购计划、订单管理、议价等	1
物流部门	物流主管	仓储管理、运输排程、预算等	1
营销部门	市场总监	区域市场销售计划、价格策略等	1
	营销策划	产品营销策划案、CI、广告等	1

3.2 品牌渠道商的企业经营规则

3.2.1 消费者购买能力与市场容量规则

3.2.1.1 各种产品在不同市场的潜在消费规模

企业经营仿真实习中的消费市场，分国内、亚洲、欧洲、美洲和澳洲五个大的区域市场，10 种产品在五大地区市场的潜在消费规模于仿真实习的开始阶段就发布，每种产品的指导销售价格不同，且根据市场供求变化进行浮动。表 3-2 是各种商品季度市场最大容量和指导零售价格。

表 3-2 最大市场容量及指导零售价格

序号	项目	国内	亚洲	欧洲	美洲	澳洲
P1	最大市场容量（季）	45 万双	60 万双	75 万双	90 万双	30 万双
	指导零售价格	141 元（不含税）				
P2	最大市场容量（季）	45 万双	60 万双	75 万双	90 万双	30 万双
	指导零售价格	157 元（不含税）				
P3	最大市场容量（季）	54 万双	72 万双	89 万双	107 万双	36 万双
	指导零售价格	161 元（不含税）				

续表

序号	项目	国内	亚洲	欧洲	美洲	澳洲
P4	最大市场容量（季）	54 万双	72 万双	89 万双	107 万双	36 万双
	指导零售价格	214 元（不含税）				
P5	最大市场容量（季）	54 万双	72 万双	89 万双	107 万双	36 万双
	指导零售价格	238 元（不含税）				
P6	最大市场容量（季）	54 万双	72 万双	89 万双	107 万双	36 万双
	指导零售价格	277 元（不含税）				
P7	最大市场容量（季）	25 万双	34 万双	42 万双	50 万双	17 万双
	指导零售价格	270 元（不含税）				
P8	最大市场容量（季）	25 万双	34 万双	42 万双	50 万双	17 万双
	指导零售价格	448 元（不含税）				
P9	最大市场容量（季）	25 万双	34 万双	42 万双	50 万双	17 万双
	指导零售价格	667 元（不含税）				
P10	最大市场容量（季）	25 万双	34 万双	42 万双	50 万双	17 万双
	指导零售价格	793 元（不含税）				

3.2.1.2 某一种产品的市场饱和度及售价浮动

各品牌零售商出售商品的实际价格与营销费用投入、市场饱和度及替代品进入市场相关。营销费用投入有助于将潜在消费者群体转变为现实消费者群体，进而为商品打开销路并增强议价能力。现实消费者群体与潜在消费者群体之和恒等于此商品在该地区的最大市场容量。当有更高档次的商品进入地区市场后，同一市场销售的初档商品价格会出现一定程度的下降。市场饱和度及价格浮动见表 3－3。

表 3－3 市场饱和度及价格浮动

序号	项目名称	项目参数	价格浮动
1	最大市场容量	A	—
2	初期现实市场容量	25%	—
3	产品广告费投入增加现实市场容量	X%	—
4	当前现实市场容量	25% ＋X%	—
5	所有商家销售规模合计数	B	—
6	市场饱和度 B/［A×（25% ＋X%）］	≥0，≤0.3	上浮 15%
7		>0.3，≤0.5	上浮 10%
8		>0.5，≤0.8	指导价格
10		>0.8，≤0.9	下调 5%
11		>0.9，≤1	下调 10%
12	高一档商品进入市场，在此前基础上	—	下调 5%
13	高二档商品进入市场，在此前基础上	—	下调 10%

根据前一季度的市场饱和度计算后一季度的商品基准价格浮动。

3.2.1.3 产品广告费用投入与现实市场容量拓展

产品广告费在不同区域市场上投放，所产生的市场容量扩展能力有所差异，具体关系如表3－4所示。

表3－4 产品广告投入及市场扩容

序号	区域市场	产品广告投入	现实市场容量变化	
			现实市场容量≤50%	现实市场容量＞50%
1	国内	310000	上升5%	上升2%
2	亚洲	410000	上升5%	上升2%
3	欧洲	520000	上升5%	上升2%
4	美洲	620000	上升5%	上升2%
5	澳洲	220000	上升5%	上升2%

产品广告费可持续性扩张产品的现实市场容量（当现实市场容量扩张至潜在市场容量，现实市场容量将不再扩张），渠道商累计投入的产品广告费还可长久地提升市场占有率，因此该费用投入实际增加了渠道商的商誉品牌价值，会计上应作为无形资产核算并摊销。本综合实训平台简化操作，与品牌广告投入会计处理相同，均作为期间营销费用。品牌广告与产品广告投入最小单位以千元计。

产品广告投放产生的现实市场容量变化于次一季度生效。

3.2.2 渠道商品牌专营店建设与转让

渠道商主要依靠在目标市场开设品牌专营店的方式促进销售和占有市场。品牌专营店有规模与档次上的差别，需要购买或租赁店铺，支付装修费用和广告费用，以实现单位店面的销售额最大化。具体说明如下：

3.2.2.1 品牌专营店的种类与效能

品牌专营店分为四个档次，分别是初档店、中档店、高档店和旗舰店四种类型，不同的门店搭配的店员种类不同，销售产品的类型和销售能力也不同。具体规则如表3－5所示。

表3－5 不同品牌专营店的销售能力

序号	品牌专营店种类	临店店员	销售产品类型	基准销售能力（万元/季）
1	初档门市店	2名初级	初、中档品	36
2	中档门市店	4名中级	初、中档品	84
3	高档门市店	5名高级	中、高档品	120
4	旗舰店	8名高级	中、高档品	240

注：基准销售能力所限销售额不含增值税。

3.2.2.2 品牌专营店的投资与升级

四种不同档次的品牌专营店有购入、租赁、升级改造三种获取方式，不同方式所需的费用如表 3 -6 所示。

表 3 -6 获得店铺的方式及费用

序号	获取条件	初档店	中档店	高档店	旗舰店
1	购入后装修	200 万元购入 10 万元装修	600 万元购入 20 万元装修		1100 万元购入 50 万元装修
2	租赁后装修	3.8 万元/季 10 万元装修	10 万元/季 20 万元装修	10 万元/季	20 万元/季 50 万元装修
3	升级改造			中档改造装修 50 万元费用	

渠道商只能购买或租赁初档和中档店铺。新购入和租入的店铺须耗费 1 个季度的装修期，方能配备店员进行营业；渠道商若需租赁店铺，须前往第三方物流服务中心进行申请、登记和办理；若需购买店铺，须前往信息中心进行登记和办理；店铺装修费及升级改造费由第三方物流中心代为收取。

中档店铺连续营业 3 个季度后，可通过升级改造，升格为高档店，升级改造期限为 1 个季度，改造完方能对外营业（即最快第一年第三季度申请，第二年第一季度升级改造，第二年第二季度方能对外营业）。

旗舰店开设的条件相对苛刻。要求该渠道商进入该区域市场满 2 年后，且任意连续 2 个季度所有产品的销售总量占该区域市场销售总量超过 25%，可购入或租入店铺，装修为旗舰店（即最快第三年第一季度才能购入或租入店铺进行装修）。装修旗舰店同样须等待 1 个季度，方能对外营业。

专营店的基准销售能力仅仅是理论值，具体销售状况与区域市场开发和占有情况，以及广告费投入情况相关。

购入的专营店属固定资产，按照 30 年使用年限直线法计提折旧，初档店残值为 10 万元，中档店残值为 20 万元，旗舰店残值为 50 万元。

四类店面，需要按季度支付不同额度的管理费。初档店 1800 元/季，中档店 4000 元/季度，高档店 5000 元/季度，旗舰店 10000 元/季度。装修期间必须缴纳管理费。中档店升级改造期间，按中档店缴纳管理费。

各类品牌专营店摊销期为 5 年，采用平均摊销法进行摊销；中档店升级为高档店的改造费在剩余摊销期内平均摊销。装修当季、改造当季开始摊销。

3.2.2.3 品牌专营店的转让

通过购入方式取得的店铺可以对外转让，可以折余价值的80%直接出售，亦可以折余价值的80%~120%价格转让给其他模拟经营的渠道商，具体转让价格经由协商或竞价确定。旗舰店不得转让。

购入方式取得的店铺只允许转让其他渠道商一次，转入店铺的渠道商若想放弃店铺，只能以折余价值的80%出售给市场。

租入的店铺，根据渠道商业务发展需要可以退租，但须提前一个季度告知物流中心。

3.2.2.4 品牌专营店的季度销售计划与限制条件

渠道商每季度初，需要设定并发布旗下各区域市场品牌专营店所销售的商品种类，以及各种商品的计划销售数量。各类商品计划销售的总额不得超过品牌专营店的最大销售能力；各类商品品牌专营店和网上专卖店计划销售各类商品总量，不得超过该渠道商在该区域对该商品的市场占有份额所限的数量。

3.2.3 品牌专营店数量、品牌广告与区域市场占有率

渠道商之间针对市场占有率的竞争，即是品牌专营店数量与质量、品牌与产品广告投入之间的竞争。

3.2.3.1 区域市场占有积分及市场占有率

将品牌专营店的数量与质量、品牌与产品广告投入折算为区域市场占有积分（见表3-7)，进而通过各家渠道商市场占有率积分的占比关系（见表3-8)，决定每家渠道商在该区域市场的实际控制份额。

表3-7 某渠道商在某一区域市场的市场占有积分计算表

序号	市场占有积分影响因素与计算方法	某区域积分合计	某渠道商区域积分
1	上季末初档品牌专营店数量×5		
2	上季末中档品牌专营店数量×15		
3	上季末高档品牌专营店数量×20		
4	上季末品牌旗舰专营店数量×50		
5	上季度品牌广告投入÷1000		
6	上季末累计产品广告投入÷3000		
7	合计	M中M亚M欧M美M澳	Mn中Mn亚Mn欧Mn美nMn澳

表 3－8　每家渠道商在某一区域市场的市场占有率

序号	渠道商	国内	亚洲	欧洲	美洲	澳洲
1	C_1	M_1 中/M 中	M_1 亚/M 亚	M_1 欧/M 欧	M_1 美/M 美	M_1 澳/M 澳
2	C_2	M_2 中/M 中	M_2 亚/M 亚	M_2 欧/M 欧	M_2 美/M 美	M_2 澳/M 澳
3	C_3	M_3 中/M 中	M_3 亚/M 亚	M_3 欧/M 欧	M_3 美/M 美	M_3 澳/M 澳
4	C_4	M_4 中/M 中	M_4 亚/M 亚	M_4 欧/M 欧	M_4 美/M 美	M_4 澳/M 澳
⋮	⋮	⋮	⋮	⋮	⋮	⋮
n	C_n	M_n 中/M 中	M_n 亚/M 亚	M_n 欧/M 欧	M_n 美/M 美	M_n 澳/M 澳
合计		1	1	1	1	1

3.2.3.2　每家渠道商在某一区域市场的理论最大销售额

渠道商在某一区域市场的最大销售额受专营店最大销售能力、区域市场占有率、各产品区域市场开发程度三因素的共同限制。以某渠道商在亚洲市场的理论最大销售额为例，如表 3－9 所示。

表 3－9　某渠道商在亚洲市场的理论最大销售额

序号	项目	计算方法	小计
1	所有品牌专营店销售能力	所有品牌专营店能力之和	H
2	第 1 种产品最大销售能力	$A_1 \times P_1 \times$（25% + X%）$\times M_1$ 亚/M 亚	G
3	第 2 种产品最大销售能力	$A_2 \times P_2 \times$（25% + X%）$\times M_1$ 亚/M 亚	
4	第 3 种产品最大销售能力	$A_3 \times P_3 \times$（25% + X%）$\times M_1$ 亚/M 亚	
5	第 4 种产品最大销售能力	$A_4 \times P_4 \times$（25% + X%）$\times M_1$ 亚/M 亚	
6	第 5 种产品最大销售能力	$A_5 \times P_5 \times$（25% + X%）$\times M_1$ 亚/M 亚	
7	第 6 种产品最大销售能力	$A_6 \times P_6 \times$（25% + X%）$\times M_1$ 亚/M 亚	
8	第 7 种产品最大销售能力	$A_7 \times P_7 \times$（25% + X%）$\times M_1$ 亚/M 亚	
9	第 8 种产品最大销售能力	$A_8 \times P_8 \times$（25% + X%）$\times M_1$ 亚/M 亚	
10	第 9 种产品最大销售能力	$A_9 \times P_9 \times$（25% + X%）$\times M_1$ 亚/M 亚	
11	第 10 种产品最大销售能力	$A_{10} \times P_{10} \times$（25% + X%）$\times M_1$ 亚/M 亚	
12	渠道商在亚洲市场的理论最大销售额为 H 与 G 的较小数，即 min（H，G）		

表 3－9 中，A_n 是第 n 种产品在区域市场的最大容量；P_n 为第 n 种产品的零售价格；X% 为第 n 种产品在区域市场的开发程度；M_n/M 亚为该渠道商在区域市场的市场占有率；G 为该渠道商在亚洲市场产品销售能力合计。

3.2.3.3　产品价格变动对品牌专营店最大销售能力的影响

根据前文所述，品牌专营店销售能力以销售额为计算单位，而非销售数量，因此即便销售数量不变，单位产品售价提高也可能令品牌专营店的销售额突破上限。为解决此问题，特做以下规定：

其一，渠道商在某一区域市场所销售的某一种或多种商品价格下降，将不改变该区域自有品牌专营店的最大销售能力，即销售额上限不变。

其二，渠道商在某一区域市场所销售的某一种或多种商品价格上涨，该区域自有品牌专营店的最大销售能力同步提升，计算方式如表 3－10 所示。

表 3－10　商品升价对最大销售能力的影响

<table>
<tr><th>序号</th><th>商品升价幅度</th><th>升价商品销售额占比</th><th>最大销售能力提升幅度</th></tr>
<tr><td>1</td><td>＜10%</td><td>任意比例</td><td>不做调整</td></tr>
<tr><td>2</td><td rowspan="3">≥10%，＜20%</td><td>＜20%</td><td>提升 2%</td></tr>
<tr><td>3</td><td>≥20%，＜50%</td><td>提升 4%</td></tr>
<tr><td>4</td><td>≥50%</td><td>提升 6%</td></tr>
</table>

若该渠道商有多种产品在某一区域市场价格上涨，则品牌专营店最大销售能力提升幅度可根据表 3－10 的每种升价商品对最大销售能力的影响情况进行累加。

3.2.4　品牌网上专卖店

企业经营仿真实习平台运营到第三周，将组织渠道商品牌网上专卖店网站设计大赛，由渠道商管理团队与计算机系在校学生组队开发，并于第四周末进行评比，获奖网站将赢得更广阔的网络销售空间。

3.2.4.1　品牌网上专卖店的商业价值与成本投入

品牌网上专卖店落成后，蕴含着巨大销售能力，并可同时承接五大区域市场的零售业务。当然，网站建设、运营及物流需要支付成本。具体规定如表 3－11 所示。

表 3－11　网上专卖店的建设、运营及物流成本

序号	项目	金额	备注
1	网上专卖店最大销售能力	3 万双/季/区域	单一产品最大 1 万双
2	网站建设与软硬件成本	500 万元	只能选择一个区域市场
3	投入新区域市场改造成本	250 万元/区域	
4	网站建设和改造费摊销期	10 年	残值为 0
5	运营费用	销售额×12%	
6	员工数量	10＋销售量÷3000	
7	员工基本工资	员工数×5000 元/月	

续表

序号	项目	金额	备注
8	五险一金	基本工资额×35%	
9	配送费用	15 元/双	含在售价中，即包邮
10	各项税费		计算方法同门店

渠道商每季度应该规划并发布同期网上专卖店在每一个区域市场对外销售的商品类别和商品数量。配送费用不包含待售商品从原产地发往各大洲的物流成本，亦不包括码头或机场到各区域市场配送中心的物流成本。

3.2.4.2　品牌网上专卖店的销售计划与限制条件

网上销售必须有足够的市场占有率支撑。若在同一区域市场，某渠道商全部品牌专营店和网上专卖店对某产品的销售量，超出该渠道商在该区域市场对此种产品的市场占有份额，则优先安排品牌专营店的销售，减少网络专卖店的销售数。

渠道商通过品牌网上专卖店在某一区域销售商品，前提是在该区域市场拥有物流配送中心，且配送中心具备充足的存货。

3.2.4.3　最早建店时间及流程

品牌网上专卖店的最早建店时间为第二年第一季度，建店周期为一个季度，正式销售时间为建店的次季度。

渠道商在建店当季前往信息中心填写《渠道商网店销售计划》表格。由信息中心进行审核，审核成功后方可开店；审核通过的当季须前往信息中心缴纳开店费用。

3.2.4.4　品牌网上专卖店设计大赛与奖励

跨专业综合仿真实习平台运营到第三周周末，举办所有渠道商参加的品牌网上专卖店设计大赛，由专家评审团打分和全校师生网上投票方式，评选出大奖、二等奖和三等奖若干名。并给予奖励，如表 3－12 所示。

表 3－12　网上专卖店设计大赛奖励

奖项	奖励
网上专卖店设计大奖	渠道商网店在各区域市场销售能力增加 1.5 万双/季
网上专卖店设计二等奖	渠道商网店在各区域市场销售能力增加 1 万双/季
网上专卖店设计三等奖	渠道商网店在各区域市场销售能力增加 0.5 万双/季

网站开发拓展费、运营费、人员数量、单一产品最大销量等不变。

3.2.5 营销创意大赛

渠道商的营销计划一季度一定，即各品牌商团队每季度编制并发布一期营销方案，对投入期的营销费用投入金额、投入市场区域、投入广告形式、预计效果等进行规划。营销广告的形式有两种，其一是具体产品广告，其二是品牌广告。产品广告用于某一产品在某一地区市场未饱和前，可促使潜在消费群体向现实消费群体转换，即增加现实市场容量；品牌广告作用于某一产品在某一地区市场饱和后，其当期投入额度占比决定了各品牌商所能分配的市场份额，当然该份额由于销售折扣政策的不同还会做进一步调整。

在历时 4 ~5 周的综合仿真实习过程中，将进行两次营销创意大赛。一次以十种产品为对象，进行产品营销方案设计大赛；另一次以渠道商品牌为对象，进行品牌营销设计大赛，其奖励如表 3 – 13 所示。

表 3 – 13　营销创意大赛奖励

奖项	奖励
产品营销设计大奖	该产品潜在市场容量增加 5%，为获奖者所独占
产品营销设计二等奖	该产品潜在市场容量增加 3%，为获奖者所独占
产品营销设计三等奖	该产品潜在市场容量增加 1%，为获奖者所独占
品牌营销设计大奖	该渠道商所有区域市场品牌专营店销售能力提升 10%
品牌营销设计二等奖	该渠道商所有区域市场品牌专营店销售能力提升 6%
品牌营销设计三等奖	该渠道商所有区域市场品牌专营店销售能力提升 3%

3.2.6 品牌零售商采购订单发布与落实

该部分同第 2 章 2.2.1 部分“生产商与渠道商之间订单的获取”。

3.2.7 渠道商商品物流与仓储

渠道商物流与仓储工作，涉及三个方面：一是港口—港口的运输；二是围绕品牌专营店设置配送中心；三是围绕港口、配送中心与品牌专营店之间进行产品运输与调配。

渠道商商品包装方式同生产商的产成品包装，即 100 双鞋为 1 箱，体积 1 立方米，1 标准箱可容纳 25 箱鞋。

3.2.7.1 港口—港口运输费用

生产商与渠道商之间签署销售合同后，生产商安排发货，由生产商支付“厂—码头”或“厂—机场”的运输费用，其余运输费用由渠道商支付；渠道商一律采取海运或空运的方式进行运输，外包第三方运费标准如表 3 - 14 所示。

表 3 - 14　第三方运输费用标准

序号	运输要求	运输方式	运输时长	标箱日运费（元）	小计（元）
1	厂—码头	公路	1 日	1000	1000
2	厂—机场	公路	1 日	1000	1000
3	码头—码头	国内海运	5 日	50	250
4		至亚洲海运	6 日	100	600
5		至欧洲海运	15 日	100	1500
6		至美洲海运	10 日	100	1000
7		至澳洲海运	8 日	100	800
8	机场—机场	国内空运	1 日	10000/AMA	10000
9		至亚洲空运	1 日	12000/AMA	12000
10		至欧洲空运	1 日	30000/AMA	30000
11		至美洲空运	1 日	30000/AMA	30000
12		至澳洲空运	1 日	20000/AMA	20000

成品在码头和机场无须等待，当天可外运。若人为安排等待，堆存费加上租箱费合计租金 20 元/标准箱/日。1AMA 约等于 1/5 标准箱，按容量为 5 立方米计算。

3.2.7.2　渠道商配送中心购建与租用

渠道商配送中心可选择向第三方租赁和自建两种方式；若需租赁配送中心，须前往第三方物流服务中心进行申请、登记和办理；若需自建配送中心，须前往信息中心进行登记和办理。配送中心种类与价格如表 3 - 15 所示。

表 3 - 15　配送中心种类与价格

序号	指标	小型配送中心	中型配送中心	大型配送中心
1	最大容量（立方米）	1000	3000	5000
2	运营费（元/立方米 × 日）	0.5	0.5	0.5
3	建筑成本（万元）	330	770	1200
4	建设工期	1 个季度	2 个季度	3 个季度
5	折旧年限（年）	20	20	20
6	残值（万元）	30	70	100
7	租赁价格（万元/季）	6	15	24

注：运营费只和实际仓储量相关，货物到达配送中心的次日开始计算运营费，空置仓储空间不计费。

3.2.7.3 渠道商自营或租赁车辆货物配送

渠道商货物配送包括两个环节的工作：其一是从港口将货物送至该区域的配送中心；其二是从配送中心将货物送至品牌专营店。

渠道商货物配送一律采取公路运输的方式，租赁车辆单日运费标准较高，自营车队日运营费用较低，但须购置车辆。若需租赁车辆，须前往第三方物流服务中心进行申请、登记和办理；若需自营车队，须前往信息中心进行登记和办理。

关于表3－16的内容，还要注意以下两点：其一，自营车队日费用按照5∶3比例分配为人工费和油料费。其二，配送中心设为品牌专营店的中心，假定配送中心为店铺送货，一车次可以连续为多家门店送货，配送时长为门店送货配送标准时长，运费为往返计费，货柜车和中型货车计算方式为所配送门店数×配送标准时长×0.25×单日运费×2（不包括小型车）。

表3－16 配送中心种类与价格

序号	运输环节	运输时长	车辆类型	容积	租赁车辆（元/日）	自营车队（元/日）
1	港口—配送中心	1日	货柜车	标准箱	1000	700
2			中型货车	10立方米	500	350
3			小型货车	5立方米	300	210
4	配送中心—店铺	不等（见表3－17）	货柜车	标准箱	1000	700
5			中型货车	10立方米	500	350
6			小型货车	5立方米	300	210

区域市场配送中心数量与货物配送时长的关系。货物配送时长与平均每个配送中心辐射的地理面积相关，同一区域上的配送中心数量越多，货物配送时长越短，反之则越长。具体规则如表3－17所示。

表3－17 配送中心数量与货物配送时长的关系

序号	同一区域拥有配送中心数	公路平均配送时长
1	≤5	单程3日
2	>5，≤10	单程2日
3	>10	单程1日

自建车队运输费用包括两部分，其一是为购置运输车辆固定资产折旧费用，其二是运输相关变动成本。相关参数如表3－18所示。

表 3－18　自建车队的费用

序号	车辆类型	容积	售价（万元）	折旧年限（年）	残值
1	货柜车	标箱	30	10	0
2	中型货车	10 立方米	18	10	0
3	小型货车	5 立方米	12	10	0

注：运输车辆可转让，转让价格为折余价值的 70% ~110%，通过拍卖进行。或直接以折余价值 70% 出售给信息中心。

运抵港口的货物，若不能立刻全部送至配送中心，须支付堆存费和租箱费。合计租金 20 元/标准箱/日。

货物运输，若装不满 1 车，费用仍按 1 车计收。

店铺与店铺之间不存在运输。

品牌专营店自带一定大小的存储空间，可以进行待售商品的临时存储。具体存储能力为：初级门店仓储空间为 3 立方米，即存放 300 双；中档门店仓储空间 5 立方米，即存放 500 双；高级门店仓储空间 8 立方米，即存放 800 双；旗舰门店仓储空间 15 立方米，即存放 1500 双。

品牌专营店的日商品销售是均匀的，当发生断货时，若后期提升销售量以达到预期销售总量，则形成促销，需缴纳促销费。

3.2.8　渠道商人力资源管理

3.2.8.1　渠道商人力资源类型与薪酬标准

渠道商人力资源类型与薪酬标准如表 3－19 所示。

表 3－19　渠道商人力资源类型与薪酬标准

序号	员工种类		标准薪酬	加班费标准	备注
1	高级管理人员		自定	不加班	总额 6 万元/月
2	店员	初级	2000 元/月	25 元/小时	销售额（不含税收入）提成 2%
3		中级	2500 元/月	30 元/小时	销售额（不含税收入）提成 2%
4		高级	3000 元/月	35 元/小时	销售额（不含税收入）提成 2%
5	一般管理人员		3500 元/月	不加班	不少于店员人数 5%
6	品牌网上专卖店员		5000 元/月	不加班	没有提成

渠道商员工薪酬的其他说明：

（1）一般管理人员不少于店员数的 1/20，最少 10 人（按区域市场所有门店总店员数作为基数计算，店员加班时不需要配备一般管理人员）。

（2）品牌网上专卖店员，基本需要员工数量为 10 人。

（3）店员的销售额提成比例为 2%。

（4）店员每月固定工作日为 22 天，店员在每月 8×22 小时工作日外的时间安排用工，日工作时间超过 8 小时或月工作时间超过 176 小时，即算作加班。每位店员每月累计最长加班时间不超过 88 小时。

（5）品牌专营店的营业时间统一规定为 9：00～21：00，周末不休息。

（6）企业须以员工的基本薪酬为标准，支付“五险一金”：养老保险、住房公积金、医疗保险。标准如下：养老保险个人支付比例 8%，公司缴纳比例 12%；住房公积金个人支付比例 10%，公司缴纳比例 10%；医疗保险金个人支付比例 2%；公司缴纳比例 10%。此外，企业单独按照员工标准薪酬的 3% 缴纳失业险、工伤险、生育险（即“五险一金”中，个人承担 20%，公司承担 35%，给员工计发工资时，就开始计算缴纳“五险一金”）。

（7）个人所得税为薪酬所得（含加班费，提成）扣除由个人承担的“五险一金”后，减去 3500 元起征点后的应纳税所得额，计算缴纳个税，税率标准按照国家现行规定执行。

3.2.8.2 员工招聘与解聘、培训与晋级

3.2.8.2.1 招聘与解聘

（1）人员招聘都是季初招，即每年招聘时间为 1 月 1 日、4 月 1 日、7 月 1 日及 10 月 1 日。

（2）渠道商各类员工的招聘时间、培训时间、上岗时间以及每季末需支付的费用项目不尽相同，如表 3－20 所示。

表 3－20 渠道商各类员工的招聘、培训、上岗时间以及费用项目

<table>
<tr><th>员工种类</th><th>招聘时间</th><th>培训时间</th><th>上岗时间</th><th colspan="2">季末需支付的费用项目</th></tr>
<tr><td>高级管理人员</td><td>无需招聘</td><td>无需培训</td><td>第一年第一季度</td><td>第一年第一季末</td><td>①三个月的标准月薪
②按标准月薪总额计算的“五险一金”，需支付三个月</td></tr>
<tr><td rowspan="2">店员</td><td rowspan="2">当季度</td><td rowspan="2">当季度</td><td rowspan="2">次季度</td><td>当季末</td><td>①50% 的标准月薪，需支付三个月
②按标准月薪总额计算的“五险一金”，需支付三个月</td></tr>
<tr><td>次季末</td><td>①三个月的标准月薪＋提成＋加班费
②按标准月薪总额计算的“五险一金”，需支付三个月</td></tr>
<tr><td>一般管理人员</td><td>当季度</td><td>无需培训</td><td>次季度</td><td>次季末</td><td>①三个月的标准月薪
②按标准月薪总额计算的“五险一金”，需支付三个月</td></tr>
<tr><td>品牌网上专卖店员</td><td>当季度</td><td>无需培训</td><td>当季度</td><td>当季末</td><td>①三个月的标准月薪
②按标准月薪总额计算的“五险一金”，需支付三个月</td></tr>
</table>

注：渠道商的店员和一般管理人员在每季初招人时，还需支付招聘广告费，每公开发布一次招聘广告，人才交流中心收取广告费 5000 元（广告费分区域、分次数收取，不分员工种类和月份计算）。

（3）渠道商网络专卖店的销售人员不需要支付招聘广告费和培训费，但需要支付工资和“五险一金”，当季直接上岗。渠道商网络专卖店的销售人员没有加班费和销售提成。

（4）已经聘用的员工聘期至少 1 年，聘期内解聘工人必须支付 3 个月基本月薪的补偿金；若聘期满 1 年，企业需要解聘员工需要在第 2 年的季度初，比如（2018 年 1 月 1 日招的人，就在 2019 年 1 月 1 日；2018 年 4 月 1 日招的人，就在 2019 年的 4 月 1 日）向人才交流中心提出解聘申请，超过次年季度初的第一天没有到人才交流中心提出解聘申请的，默认为继续聘用 1 年，续聘期间的任何 1 天解聘工人必须向人才交流中心支付 3 个月基本月薪的补偿金。

3.2.8.2.2　培训与晋级

（1）渠道商的高级管理人员和一般管理人员不需要培训。

（2）店员在上岗前需要接受岗前培训。岗前培训费为店员标准月薪的 50%；店员在工作期间可接受能力提升培训，培训费为原店员级别标准月薪的 2 倍。培训后次季度可以作为高一等级店员上岗（培训费按次收取，不按月计算）。

（3）渠道商的店员在参加能力提升培训时，为脱产培训（不工作专门培训）。在能力提升培训期间的三个月，渠道商每个月应支付给店员能力提升培训前岗位 100% 标准月薪，并为其缴纳“五险一金”。

3.3　品牌渠道商的规模经济规则

品牌渠道商专一经营某一种产品，当该产品产销量达到一定规模后，可获得规模经济带来的额外利得。品牌渠道商可以通过两种模式获得规模利得：一种是产品模式，另一种是市场模式。两种模式的规模经济利得效果可以叠加，具体的规模利得如表 3－21 所示。

表 3－21　渠道商的规模经济

模式	条件	规模经济利得
产品模式	某种产品销量占五大市场总销量超过 30%	该产品售价相比基准价上浮 3%
	某种产品销量占五大市场总销量超过 50%	该产品售价相比基准价上浮 5%
	某种产品销量占五大市场总销量超过 70%	该产品售价相比基准价上浮 7%
市场模式	所有产品总销量占同一市场总销量的 20%	该市场售价相比基准价上浮 5%
	所有产品总销量占同一市场总销量的 30%	该市场售价相比基准价上浮 7%
	所有产品总销量占同一市场总销量的 40%	该市场售价相比基准价上浮 9%

第4章 外围辅助机构业务规则

4.1 中央银行

企业经营仿真实习平台上的中央银行具有部分现实中央银行的职能。仿真平台上的中央银行是“银行的银行”，集中保管商业银行的准备金，并在必要的情况下对商业银行发放贷款，充当“最后贷款人”的角色。仿真平台上的中央银行是“国家的银行”，被赋予制定和执行货币政策的职能，对仿真经济环境进行宏观调控，对金融机构进行监督管理。

4.1.1 存贷款基准利率

中央银行发布初始的存贷款基准利率，可依据仿真宏观经济环境的运营情况，适当调整基准利率。存贷款基准利率的初始值如表4－1和表4－2所示。

表4－1 存款基准利率 单位:%

项　　目	年利率
一、活期存款	0.35
二、定期存款	
3个月	2.10
6个月	2.30
1年	2.50
2年	3.10
3年	3.75

表4－2 贷款基准利率 单位:%

项　　目	年利率
一、短期贷款	
6个月	5.35
1年（含1年）	5.35

续表

项　　目	年利率
二、中长期贷款	
1年至3年	5.75
1年至5年（含5年）	5.75
5年以上	5.90

当仿真企业亏损普遍较大时，而且企业资产负债较低时，央行可以降低存贷款基准利率；当企业盈利普遍较好，资金需求特别大，银行可贷资金紧张时，而且企业资产负债率较高时，央行可提高存贷款基准利率。

4.1.2 存款准备金

所谓存款准备金，是指金融机构为保证客户提取存款和资金结算需要而准备的在中央银行的存款。在现代金融制度下，金融机构的准备金分为两部分，一部分以现金的形式保存在自己的业务库，另一部分则以存款形式存储于央行，后者即为存款准备金。存款准备金分为“法定准备金”和“超额准备金”两部分。

初始的法定存款准备金率由中央银行发布，初始值为15%。可依据仿真宏观经济环境的运营情况，适当调整法定存款准备金率。当商业银行和仿真企业资金都比较紧张时，央行应放松流动性，降低法定存款准备金率；当商业银行和仿真企业资金都比较充裕时，央行应收紧流动性，提高法定存款准备金率。

4.1.3 中央银行再贷款

再贷款是指中央银行给商业银行的贷款。在企业经营仿真实习平台上，当商业银行资不抵债或出现流动性危机时可以向中央银行申请再贷款，中央银行再贷款的利率初始值为5%，期限为1年。

4.1.4 汇率中间价

在仿真企业正常运营阶段，央行每日发布人民币对美元、欧元、澳元和日元的汇率中间价。

4.1.5 货币供给量

货币供应量，是指一国在某一时点上为社会经济运转服务的货币存量，它由包括中央银行在内的金融机构供应的存款货币和现金货币两部分构成。中央银行一般根据宏观监测和宏观调控的需要，根据流动性的大小将货币供应量划分为不同的层次。我国现行货币统计制度将货币供应量划分为三个层次：流通中现金（M0）、狭义货币供应量（M1）和广义货币供应量（M2）。

在企业经营仿真实习平台上不存在流动中的现金，所以 M0 的值为 0。因此，中央银行在统计货币供给量时主要统计 M1 和 M2，M1 主要包括企业在商业银行的活期存款，M2 主要包括 M1 以及企业和个人在商业银行的定期存款。

4.1.6 企业信用体系建设

企业经营仿真实习平台上的中央银行通过与工商局、税务局、人力资源中心、信息中心、审计和商业银行等部门合作，将企业注册登记的工商信息、纳税信息、经营过程中的不合规信息、财务数据等纳入企业征信系统，建立企业信用体系。

4.2 银监会

企业经营仿真实习平台上的银监会通过审慎有效的监管，保护市场主体的利益，增进市场信心；通过宣传教育工作和相关信息披露，增进公众对金融的了解，努力减少金融市场的不合规行为。银监会应坚持以风险为主的监管内容，努力提高金融监管水平，改进监管的方法和手段。鼓励商业银行公平竞争，鼓励商业银行公平合理地发放贷款。

仿真实习平台中银监会的主要职责：①对商业银行的业务活动及风险状况进行监管；②负责统计并发布商业银行主要监管指标情况表和商业银行资产负债季度情况表，如表 4－3和表 4－4 所示。

表 4－3　商业银行主要监管指标情况表

项目＼时间	第一季度	第二季度	第三季度	第四季度
（一）信用风险指标				
正常类贷款				
关注类贷款				
不良贷款余额				
正常类贷款率				
关注类贷款率				
不良贷款率				
贷款损失准备				
拨备覆盖率				
贷款拨备率				

续表

项目 \ 时间	第一季度	第二季度	第三季度	第四季度
（二）流动性指标				
流动性比例				
存贷比				
人民币超额备付金率				
（三）效益性指标				
净利润				
资产利润率				
资本利润率				
净息差				
非利息收入占比				
成本收入比				
（四）资本充足指标				
核心资本充足率				
资本充足率				
杠杆率				

表 4－4　商业银行资产负债季度情况表

项目 \ 时间	20××年			
	第一季度	第二季度	第三季度	第四季度
总资产（元）				
比上季同期增长率（%）				
总负债（元）				
比上季同期增长率（%）				

4.3　统计局

企业经营仿真实习平台中的统计局，主要通过数据的搜集、计算并发布仿真实习整个经营活动的生产总值，即“国民经济核算”。

仿真实习的正常运行要求各部门比例协调，各环节相互适应，对仿真实习的科学的宏观经济管理离不开基本的经济数据和可靠的数据分析。为此，首先，必须确定切实可行的量化指标，这些目标应该可以实际操作；其次，掌握大量、翔实的客观资料，严密监测仿真实习的宏观运营情况，并运用宏观经济政策进行经济调控。显然，只有通过对仿真实习的经济统计来收集、整理并科学地组织大量丰富的数据资料，对其进行全面、深入的分析研究，才能合理地制定仿真实习的经济管理目标，正确把握仿真实习的经济运行情况和发展趋势，发现问题，提出对策，做到目标可行、判断有据、调控有度。

4.3.1 支出法核算生产总值

统计局根据仿真实习平台的具体情况，用支出法分别核算国内、亚洲、欧洲、美洲、澳洲的生产总值。支出法是从最终使用的角度反映一个国家或地区一定时期内生产活动最终成果的一种方法。用支出法核算生产总值时生产总值等于最终消费、资本形成总额和净出口。

最终消费指常住单位为满足物质、文化和精神生活的需要，从本国经济领土和国外购买的货物和服务的支出。它不包括非常住单位在本国经济领土内的消费支出。最终消费分为居民消费和政府消费。

资本形成总额指常住单位在一定时期内获得减去处置的固定资产和存货的净额，包括固定资本形成总额和存货增加两部分。固定资本形成总额指生产者在一定时期内获得的固定资产减处置的固定资产的价值总额。其计算公式为：固定资产形成总额 = 住宅 + 非住宅建筑物 + 机器和设备 + 土地改良支出 + 矿藏勘探费 + 计算机软件 + 其他。存货增加指常住单位在一定时期内存货实物量变动的市场价值，即期末价值减期初价值的差额，再扣除当期由于价格变动而产生的持有收益。存货增加可以是正值，也可以是负值，正值表示存货上升，负值表示存货下降。存货包括生产单位购进的原材料、燃料和储备物资，以及生产单位生产的产成品、在制品和半成品等存货。

货物和服务净出口指货物和服务出口减货物和服务进口的差额。出口包括常住单位向非常住单位出售或无偿转让的各种货物和服务的价值；进口包括常住单位从非常住单位购买或无偿得到的各种货物和服务的价值。由于服务活动的提供与使用同时发生，一般把常住单位从非常住单位得到的服务作为进口，非常住单位从常住单位得到的服务作为出口。货物的出口和进口都按离岸价格计算。

4.3.2 收入法核算生产总值

统计局根据仿真实习平台的具体情况，用收入法分别核算 A 区生产商、A 区渠道商、B 区生产商、B 区渠道商的生产总值。收入法从生产过程形成收入的角度，对常住单位的生产活动成果进行核算。国民经济各产业部门收入法增加值由劳动者报酬、生产税净额、固定资产折旧和营业盈余四个部分组成。

劳动者报酬指劳动者从事生产活动所应得的全部报酬。包括劳动者应得的工资、奖金和津贴，既有货币形式的，也有实物形式的，还有劳动者所享受的公费医疗和医药卫生费、上下班交通补贴及单位为职工缴纳的社会保险费等。对于个体经济来说，其所有者所获得的劳动报酬和经营利润不易区分，这两部分统一作为劳动者报酬处理。

生产税净额指生产税减生产补贴后的差额。生产税指政府对生产单位从事生产、销售和经营活动以及因从事生产活动使用某些生产要素，如固定资产、土地、劳动力所征收的各种税、附加费和规费，包括销售税金及附加、增值税、管理费中开支的各种税、应缴纳的养路费、排污费和水电费附加、烟酒专卖上缴政府的专项收入等。生产补贴与生产税相反，是政府对生产单位单方面的转移支付，因此视为负生产税处理，包括政策性亏损补贴、价格补贴等。

固定资产折旧反映了固定资产在当期生产中的转移价值。各种类型企业和企业化管理的事业单位的固定资产折旧指实际计提的折旧费；不计提折旧的单位，如政府机关、非企业化管理的事业单位和居民住房的固定资产折旧则是按照统一规定的折旧率和固定资产原值计算的虚拟折旧。

营业盈余指常住单位创造的增加值扣除劳动者报酬、生产税净额和固定资产折旧后的余额。

4.4　商业银行

4.4.1　商业银行概况

商业银行是企业经营仿真实习平台中生产商与渠道商融资的平台，商业银行拥有完整的对公服务体系，能够进行开户、转账、信贷、国际结算等各种商业银行业务。在生产运营之前，各生产商与渠道商均需要在选择一家商业银行柜台开户办理业务，各企业必须开立基本存款账户，一家企业只能开立一个基本存款账户，企业根据自身需求，自行决定是否在基本账户银行之外的其他银行开立一般存款账户，一般存款账户可开立多个。企业在开立存款账户之后根据具体的生产经营活动进行贷款、转账、国际结算等业务。

商业银行在企业经营仿真实习平台中扮演着资金融通的重要角色，兼备营利性和服务性的双重特征。商业银行在保证一定盈利水平的基础上要不断地提高服务质量和服务效率，依据平台规则，公平合理地办理贷款业务，高效地办理转账、国际结算等其他业务。此外，商业银行在办理业务的过程中，受到中央银行以及银监会对其合规性的监管，任何不合规的行为在责令改正的同时还可能面临处罚。

在企业经营仿真实习平台中设置4家商业银行。每家商业银行实收资本3000万元，有1亿元的外部定期存款，其中3个月定期存款1500万元，6个月定期存款1500万元，1年定期存款2000万元，2年定期存款2000万元，3年定期存款3000万元。当外部定期存款到期后，会以新的存款的形式再次存入各商业银行。假设每个商业银行初始网点数为1个，每个营业网点每季度的网点运营费为10万元；每新增一个网点，需支付网点建设费

100 万元，建设期为一个季度；每个网点有一个存款团队和一个贷款团队。每个存款团队吸收存款的能力为 3 亿元，每个贷款团队发放贷款的能力为 2.5 亿元，任一指标超出都需新增网点；每个网点每季度的工资支出为 50 万元；每招聘一个团队，支付 10 万元招聘费用。

4.4.2 商业银行业务规则

商业银行业务主要包括开户业务、负债业务、资产业务和中间业务。如图 4－1 所示。

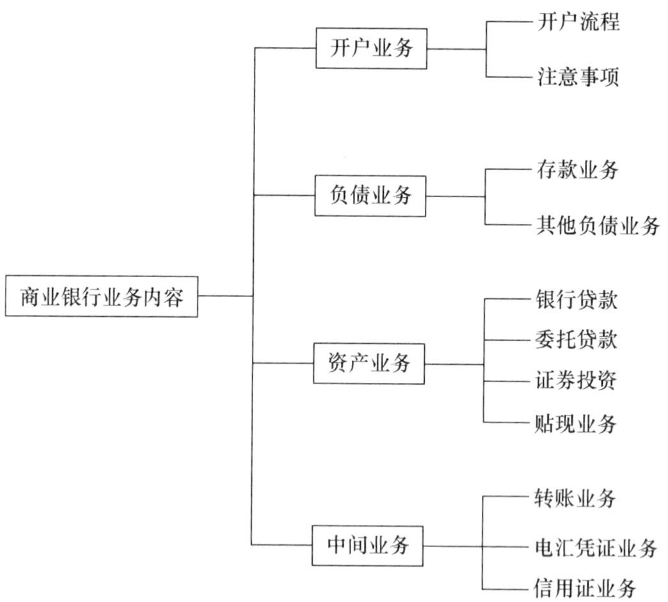

图 4－1 商业银行的业务内容

4.4.2.1 开户业务

开户业务是指企业开设银行账户。每家企业可开立的账户类型包括基本账户和一般账户两类。每家企业必须申请开立一个基本账户，用于企业日常收支业务以及贷款业务，开户完成后，企业初始资金（生产商 1000 万元、渠道商 3000 万元）立即到账，每家企业只能开立一个基本账户。

是否申请开立一般账户由企业自行决定，一般账户只能在基本账户开户行之外的其他银行申请开立，可在不同商业银行申请开立多个一般账户，一般账户只能用来贷款，不能在该账户内进行日常收支业务，所以一般账户贷款成功后需将资金转入基本账户。

4.4.2.2 负债业务

负债业务是商业银行通过对外负债的方式筹措日常工作所需资金的活动，是商业银行资产业务和中间业务的基础，主要由存款和借款构成。另外向中央银行借款、同业存款、同业拆入或发行债券等也构成银行的负债。

4.4.2.2.1 负债业务之存款业务

存款业务是商业银行的传统业务，也是银行的主要业务，约占银行资金来源的 85% 以上，银行存款数量的多少、期限的长短取决于存款人以及宏观经济形势的变化，因此商业银行的存款是一种被动的流动性很强的负债业务。

（1）个人存款。在企业经营仿真实习中，商业银行吸收的个人存款包括两部分，一部分是在银行运营初始阶段获取的外部个人存款，另一部分来自仿真实习中仿真企业发放工人工资形成的居民可支配收入。可支配收入转换成个人存款，其中 20% 为现金漏损，形成流通中的现金，40% 为活期存款，5% 为 3 个月定期存款，5% 为半年期定期存款，10% 为 1 年期定期存款，10% 为 2 年期定期存款，10% 为 3 年期定期存款。

（2）对公存款。对公存款是商业银行以信用方式吸收的企事业单位的存款。在仿真实习中主要包括仿真企业的存款以及其他外围机构的存款。在仿真实习中，商业银行需将吸收的部分存款作为法定准备金存放到中央银行，法定准备金率依据中央银行的政策确定。

（3）商业银行吸收存款的成本。商业银行的存款成本包括存款利息和营业成本。存款利息指银行按约定的存款利率与存款金额的乘积，以货币形式直接支付给存款者的报酬。存款利率有固定利率和浮动利率之分。固定利率是指在一定的存款期限内存款利率按约定利率计息并保持不变，我国的存款一般都是按固定利率计息；浮动利率是指在一定的存款期限内以中央银行发布的基准利率为基准并在一定范围内浮动计息。在企业经营仿真实习中，商业银行吸收的个人存款按照定期存款基准利率计息，吸收的企业存款中，定期存款利率由企业和银行在基准利率的基础上协商确定。

4.4.2.2.2 负债业务之其他负债业务

商业银行的其他负债主要包括：向中央银行借款、同业存款、同业拆入或发行债券等。在企业经营仿真实习中，其他负债业务的具体规则如下：

（1）商业银行流动性不足时可同业拆借，拆借利率由银行间自行决定。

（2）商业银行流动性不足时，央行可通过回购央行票据向市场提供流动性；当市场出现流动性过剩时，央行可向商业银行发行央票，央行票据初始利率为 4%。

（3）商业银行出现资金断流时，可向央行申请“再贷款”，再贷款金额不超过资金缺口的 110%，再贷款初始利率为 6%，商业银行按照再贷款次数扣分，每次扣期末经营成绩 5 分。央行为补充市场流动性而“主动”发放给商业银行的再贷款不扣分，再贷款初始利率为 4%。

4.4.2.3 资产业务

资产业务是商业银行最重要的核心业务，是商业银行利润的主要来源。一家商业银行的资产总额，代表了这家银行的经营规模，因此商业银行资产业务经营的状况、管理的优劣将直接影响其经济效益和银行未来的发展。银行的资产业务主要包括贷款业务、证券投资业务和贴现业务。

4.4.2.3.1 银行贷款业务

商业银行贷款指商业银行作为贷款人按照一定的贷款原则和政策，以还本付息为条件，将一定数量的货币资金提供给借款人使用的一种信用行为。这种信用行为由贷款的对象、条件、用途、期限、利率和方式等因素构成，而这些因素的不同组合，就形成了不同的贷款种类。从商业银行经营管理的需要出发，可以对银行贷款按照以下不同标准进行分类。

（1）银行贷款的分类。按贷款期限划分：长期贷款、中期贷款、短期贷款；按贷款的保障条件划分：信用贷款、担保贷款、票据贴现（特殊的贷款方式）；按贷款的目的划分：工商业贷款、农业贷款、个人贷款、其他金融机构贷款、房地产贷款和其他贷款；按贷款的质量划分：正常贷款、关注贷款、次级贷款、可疑贷款、损失贷款；按银行发放贷款的自主程度划分：自营贷款、委托贷款、特定贷款。

在企业经营仿真实习中，商业银行发放的贷款主要按照贷款期限分类，并根据企业的信用状况，按照贷款的质量对贷款进行五级分类。按照银行发放贷款的自主程度划分，银行的贷款主要是自营贷款，以及部分委托贷款。

（2）贷款的定价。贷款是商业银行主要的盈利资产，利润的高低与贷款的价格（即贷款利息）有着直接的关系。贷款利率高，利润就高，但对贷款的需求就会减少；贷款利率低，利润就低，但贷款需求会增加。因此合理确定贷款价格，既能为银行取得满意的利润，又能为客户所接受，这是商业银行贷款管理的重要内容。

对于银行而言，其用于发放贷款的资金是通过负债业务而获得的，银行必须为此付出代价，而且在信贷资金的发放过程中，银行还面临着各种风险，对此银行都要求得到回报，银行在发放贷款定价时要考虑融资成本、基准利率、预期利润、贷款的风险程度、资金的供求关系等。

（3）贷款的风险。我国商业银行从2002年1月1日开始实行贷款五级分类办法，从贷款偿还的可能性出发，将贷款分为五个档次，并且以此来评估贷款的质量，揭示贷款的风险以及真实价值。五级贷款分类为：正常贷款、关注贷款、次级贷款、可疑贷款、损失贷款。前两类贷款属于正常类贷款，后三类贷款属于不良贷款，风险依次逐渐增加。

在企业经营仿真实习中，商业银行贷款也采用上述五级分类来进行管理，并对每类贷款的内涵与特征进行了明确的界定。正常贷款：是指借款人能够履行合同，没有足够理由怀疑贷款本息不能按时足额偿还的贷款。关注贷款：表示借款人偶尔有未按时还款、拖欠逾期的情况出现，借款人按时还款的意识不强，但不是主观原因产生的，需要关注还款记录，需及时通知提醒。次级贷款：借款人的还款能力出现明显问题，完全依靠其正常营业收入无法足额偿还贷款本息，需要通过处分资产或对外融资乃至执行担保来还款付息，即使执行担保，也可能会造成一定损失。可疑贷款：借款人无法足额偿还贷款本息，即使执行抵押或担保，也肯定要造成较大损失，只是因为存在借款人重组、兼并、合并、抵押物处理和未决诉讼等待定因素，损失金额的多少还不能确定。损失贷款：借款人已无偿还本息的可能，无论采取什么措施和履行什么程序，贷款都注定要损失了，或者虽然能收回极少部分，但其价值也是微乎其微，从银行角度看，也没有意义和必要再将其作为银行资产在账目上保留下来，对于这类贷款在履行了必要的法律程序之后应立即予以注销。

根据财政部《金融企业准备金计提管理办法》（财金［2012］20号），在提取资产减值准备的基础上，设立一般风险准备用以部分弥补尚未识别的可能性损失，银行应按季计提一般风险准备。该一般风险准备作为利润分配处理，是所有者权益的组成部分，原则上不低于风险资产期末余额的1.5%，可以分年到位，原则上不得超过5年。

（4）企业信用评级。仿真实习中，商业银行对仿真企业的信用评级以定性分析为主导，辅之以定量分析，据此对客户做出全局性、整体性评价的方法。评级内容主要包括客户的经营绩效、财务质量、资本结构、偿债能力、获利能力、现金流以及其所处的宏观经济环境、行业状况及发展前景等。综合评级法既具有模型法效率高的优点，同时也兼具专家判断法灵活性的优势，目前已为国际上各主要评级机构及商业银行所采用，代表了当今商业银行信用评级方法发展的主流趋势。

根据《新巴塞尔资本协议》对信用评级的要求及2006年颁布的《中国人民银行信用评级管理指导意见》，结合企业经营仿真实习的特点，构建的商业银行对企业信用评级指标体系（含财务指标与非财务指标体系）如表4－5和图4－2所示。

表4－5 信用评级非财务指标体系（定性分析）

定性评价一级指标	定性评价二级指标	指标评分考虑的因素
企业不合规行为（分值用 X_2 表示	重大违规	按实训中界定的标准评分
	中等违规	性质以及影响程度中等
	一般违规	性质以及影响程度一般
贷款相关信息及行为（分值用 X_3 表示）	贷款时企业提供的信息	真实性、准确性、完整性
	贷款未按规定用途使用次数	资金挪作他用的原因及次数
履约情况（分值用 X_4 表示）	偿债能力、纳税情况	延迟期限以及次数
资金断流情况（分值用 X_5 表示）	资金断流金额、断流次数	断流金额大小以及次数

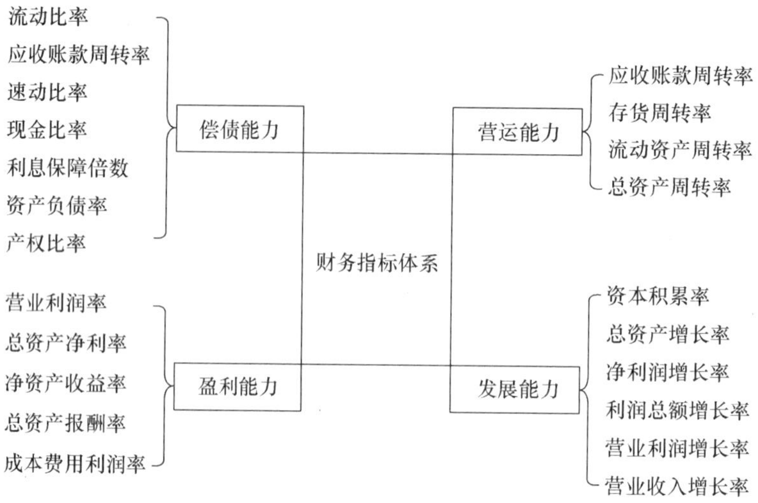

图 4-2 财务指标体系（定量分析）

最早的定量模型就是 Altman 于 1968 年提出的 Z 模型（Z-Score Model），以后学者对其不断改进与完善。Z 模型采用了从 22 个指标中挑选 5 个财务指标进行加权计算，对借款企业实施信用分析。Z 计分模型的核心是一个利用多元线性判别分析方法得出的线性判别方程，并区别于上市公司与非上市公司采用不同的计量模型，Z_1 适用于上市公司，Z_2 适用于非上市公司。通常情况下，Z 值越小，破产或违约风险的可能性就越大。含有 5 个基于企业财务比率指标的自变量（A_1、A_2、A_3、A_4、A_5）的 Z 值模型具体形式如下：

$$Z_1 = 1.2A_1 + 1.4A_2 + 3.3A_3 + 0.6A_4 + 0.999A_5$$

$$Z_2 = 0.717A_1 + 0.847A_2 + 3.107A_3 + 0.420A_4 + 0.998A_5$$

在借鉴上述实践中广泛采用的 Z 值模型评价企业信用的基础上，再结合企业经营仿真实习的特点同时增加了非财务指标，从财务指标与非财务指标两方面综合分析，重新构建了商业银行对企业的信用评级模型，如下式所示：

$$企业信用总得分 = 0.2 \cdot X_1 + 0.2 \cdot X_2 + 0.2 \cdot X_3 + 0.2 \cdot X_4 + 0.2 \cdot X_5$$

其中：X_1、X_2、X_3、X_4、X_5 分别代表各单项指标的分值。另外，各指标权重初始值均为 0.2，后期需要根据企业经营仿真实习中企业竞争的整体环境的变化不断地做出相应的调整。如表 4-6 所示。

表 4-6 企业经营仿真实习中企业信用评级计分表（范例）

某企业信用评级计分表			
评级指标	单项指标得分	权重	单项指标加权后得分
X_1：Z 值	75	20%	15
X_2：企业不合规行为	80	20%	16
X_3：贷款相关信息及行为	40	20%	8
X_4：延迟归还贷款情况	70	20%	14
X_5：资金断流情况	70	20%	14
该企业信用总得分	—	100%	67（C 级）

注：表中单项指标得分依据具体的评分标准计算得出，具体评分标准详见表 4-8。

在企业经营仿真实习中，商业银行从偿债能力、获利能力、经营管理、履约情况、发展能力与潜力五个方面进行评价，定期评定、适时调整，见表 4－7 和表 4－8。商业银行的信用评级方法和评级标准属于银行内部掌握的信贷工具，不向社会公布，仅为银行内部管理服务。

表 4－7　企业经营仿真实习中商业银行对企业信用等级的划分

信用等级划分	得分范围	等级性质
A＋级	得分＞90	优秀
A 级	80＜得分≤90	良好
B 级	70＜得分≤80	中等
C 级	60＜得分≤70	一般
D 级	得分≤60	不良

表 4－8　企业经营仿真实习中商业银行对企业信用的评分标准

五大信用评价指标体系	数值	得分
Z 值（X_1）	Z≤1.23	50
	1.23＜Z≤2.9	75
	Z＞2.9	100
企业不合规行为（X_2）	无	100
	一般违规	扣 10 分/次
	中等违规	扣 20 分/次
	重大违规	扣 30 分/次
贷款时企业提供的信息情况及贷款未按用途使用次数（X_3）	0 次	100
	1 次	70
	2 次	40
	3 次及以上	0
延迟归还贷款次数（X_4）	0 次	100
	1 次	70
	2 次	40
	3 次及以上	0
资金断流情况（X_5）	无	100
	较轻	70
	较重	40
	严重	0

注：当 Z≤1.23 时，企业破产可能性；当 1.23＜Z≤2.9 时，企业属于“灰色区域”，很难简单得出企业是否肯定破产的结论；当 Z＞2.9 时，公司财务状况良好，破产可能性极小。

4.4.2.3.2 关于银行贷款的其他规定

结合企业经营仿真实习的特点，关于商业银行对企业的贷款做出如下规定。

（1）当某企业总资产负债率大于60%时，商业银行给企业发放贷款要非常谨慎，应停止向该企业继续发放贷款，否则商业银行将面临罚款。

（2）所有企业第一年第一季度初可获得最多企业资产×30%的贷款金额。

（3）商业银行确定的实际贷款利率，应综合考虑银行自身可贷资金以及企业信用风险，并在基准利率的0.5到4倍之间浮动，贷款利率上浮超过100%时，需向银监会报备。

（4）银行发放给企业的贷款，每个季度结息一次；1年以内贷款，自申请之日起发放；1年及以上贷款自申请之日起一个季度后发放。

（5）企业可提前还款也可延期，但需银行同意，银行可收取违约金。

4.4.2.4 中间业务

传统商业银行的主要收入来源是发放贷款和证券投资的利息收入，其利润主要来自于利息收入和利息支出之间的利差。但随着银行竞争的不断加剧，利差出现持续下降，商业银行为了增加利润而积极开拓新型业务，以增加非利息收入，这些业务统称为中间业务。

商业银行的中间业务品种繁多，传统的中间业务包括汇兑结算、代收代付、票据承兑、代保管及信用证、外汇买卖和委托贷款等。随着通信技术、计算机技术和互联网的发展与普及，出现电话银行、网上银行、信息咨询顾问类等新的中间业务。

在企业经营仿真实习中，商业银行涉及的中间业务主要是支付结算类业务，包括转账业务、电汇凭证和信用证业务等。

4.4.2.4.1 委托贷款业务

委托贷款是企业委托某家商业银行向另一家企业贷款，银行收取委托费用，费用由企业与银行自行商定。在企业经营仿真实习中，委托资金的来源要合法合规，并且是委托人有权自主支配的资金，不得直接转借从银行获取的融资，否则借出企业1年内不得从银行获取融资。在仿真实习中，具体的委托贷款业务规则如下：

（1）委托人与借款人就委托贷款条件达成一致，共同提出委托贷款业务申请，商业银行与委托人、借款人三方应签订委托贷款借款合同。合同中应载明贷款用途、金额、币种、期限、利率、还款计划等内容，并明确委托人、受托人、借款人三方的权利和义务。

（2）商业银行审查资金的来源。商业银行应合理测算委托人自有资金，并将测算情况作为发放委托贷款的重要依据。商业银行严禁接受下述资金发放委托贷款：国家规定具有特殊用途的各类专项基金；银行授信资金；发行债券筹集的资金；筹集的他人资金；无法证明来源的资金。

（3）商业银行受托发放的贷款应有明确用途，资金用途应符合法律规定和信贷政策。

（4）商业银行应按照“质价相符”“谁委托谁付费”的原则向委托人收取代理手

续费。

（5）商业银行原则上不得向有委托贷款余额的委托人新增授信，监管部门另有规定的除外。商业银行应严格隔离委托贷款业务与自营业务风险，严禁以下行为：代委托人确定借款人；参与委托人的贷款决策；代委托人垫付资金发放委托贷款；代委托人垫付应纳税金；代借款人确定担保人；代借款人垫付资金归还委托贷款，或者以自营贷款置换委托贷款代委托人承担风险；为委托贷款提供各类形式担保；签订改变委托贷款业务性质的合同或协议；其他代为承担风险的行为。

在企业经营仿真实习中，仿真企业委托贷款时需特别注意以下的规定：只能在同区的企业之间进行委托贷款，A 区与 B 区企业之间不能委托贷款；第一年第一季度企业初始资金不得委托贷款；委托贷款金额当天到账；委托贷款期限为季度的整数倍（如 3 个月、6 个月）；每季度结算一次利息；委托贷款金额应小于企业当天可用资金减去企业当天借款余额的值（当天可用资金查看委托企业的流水账确定）；委托贷款利率以银行同期同类贷款利率为基础上下浮动 10% 确定，如银行同期同类贷款利率 8%，则上下浮动利率 = $8\% \times (1 \pm 10\%)$。

4.4.2.4.2　国内转账结算业务

国内转账时用支票进行结算，支票需与进账单同时使用，其中支票和进账单填写内容要严格保持一致，其中支票的填写有以下要求：出票日期（大写）数字必须大写，大写数字写法为零、壹、贰、叁、肆、伍、陆、柒、捌、玖、拾；出票金额一定要大写，不得有错别字；所有金额要靠最左边写，大小写要一致；用途写清楚；写清楚出票人和收款人；公司盖章要严格盖正，顺序为财务章在左，法人章（CEO）在右；支票不得涂改，不允许有任何错别字；企业在支票与存根连接处盖“财务专用章”，也称为“骑缝章”。

进账单的填写要求有以下几个方面：进账单的信息要严格和对应支票信息一致。包括：日期、出票人信息，收款人信息、金额、备注用途；所有金额要靠最左边写，大小写要一致；进账单统一用黑色签字笔填写，不得用铅笔；进账单不得涂改，不允许有任何错别字；单据右下角“记账”与“复核”分别是银行经办人员与负责人签章。

进账单与支票配套使用，可以一张支票填制一份进账单，也可以多张支票，汇总金额后填制一份进账单，即允许办理一收多付（一贷多借）。对一些收受支票业务量较大的收款单位，如商业（供销）批发、零售等企业经其开户银行审查同意也可以抄附票据清单，汇总填写进账单，委托银行办理收款。这样规定的目的，主要是为了方便客户、简化手续，以减轻客户填制凭证的压力。另外，填写时还要考虑企业和银行记账的方便。

4.4.2.4.3　国际支付结算业务

在仿真实习中，进出口业务可采用 T/T 和 L/C 两种支付方式，两种支付方式所使用的转账工具都是电汇凭证。电汇凭证的填写要求如下：汇款人、收款人信息要填写完整；金额大小写严格一致，靠最左边填写；附加信息和用途写清楚；电汇凭证只需在蓝色联盖章，公司盖财务章和法人章（即 CEO 人名章），章要盖正，顺序为财务章在左、法人章在右；所有单据统一用黑色签字笔填写，不可以用铅笔，不得修改涂擦，不得有任何错别字。

4.4.2.4.4 中间业务的定价

在实践中，商业银行中间业务的定价需要考虑的主要因素包括成本、供求关系、竞争、政策、技术含量等。

（1）成本。银行在提供中间业务产品时，虽然不涉及资金的转移，但需要耗费一定的资源。如通信费、人力费用及其他需要分摊的固定成本等。

（2）供求关系。市场供求关系是决定产品价格的直接因素，中间业务的供求关系很大程度上受到银行所提供服务的互补性、可替代性以及中间业务相对于客户的价值的影响。

（3）竞争。商业银行产品在一定程度上有同质性的趋向，因而任何中间业务新产品形成的比较优势都是暂时的，产品提供者之间的市场竞争将促使价格走低。该竞争包括商业银行之间的竞争、商业银行与客户之间的竞争、客户与客户之间的竞争。

（4）政策。国家对商业银行中间业务产品价格的控制政策、利率政策等都在相当程度上影响着中间业务产品的定价。如国家发改委制定颁布的《商业银行服务价格管理暂行办法》规定，人民币基本结算业务包括商业汇票、银行承兑汇票、本票、支票、汇兑、委托贷款、托收承付等实行政府指导价，商业银行的其他服务实行市场调节价。

（5）技术含量。中间业务依托一定的专业知识、技术手段、专用设备等开展起来，因此技术含量的高低成为影响中间业务产品价格的重要因素。

在企业经营仿真实习中，对商业银行中间业务产品定价主要参考现实中五大银行的收费标准，然后结合仿真实训的特点进行一定的调整后确定为中间业务产品的收费标准，每家商业银行可统一收费标准，也可根据自身的情况制定不同于其他商业银行的收费标准，不管采取何种方式，制定的费用标准均要合理。

注：其他外围辅助机构如信息发布中心、第三方物流服务中心、海关、工商局、税务局、人才交流中心、审计事务所、赛事活动筹划部未单独做规则列示，详见第7章的内容。

第2篇
企业经营仿真实习
岗位职责与业务流程

第5章
生产制造商岗位职责和业务流程

5.1 生产制造商的岗位职责

5.1.1 首席执行官（CEO）岗位职责

◆ 负责制定企业发展战略、公司章程，能够分析自身所处竞争格局。

◆ 制定公司发展策略，决策公司经营运作事项，做好财务预算。

◆ 主持和召开公司重大决策会议，组织、协调企业内部事务等。

◆ 全面管理团队，负责企业员工的岗位分工，做到人尽其用，负责团队文化的建设，凝聚员工的团队精神。

◆ 管理员工的纪律，对员工的考勤及业绩进行考核与评价。

5.1.2 市场总监（CMO）岗位职责

◆ 必须熟悉渠道商规则，及时与渠道商沟通，了解对方需求。

◆ 负责和组织公司广告设计大赛、营销大赛。

◆ 在响应订单前寻找好渠道商商谈订单，并响应渠道商在订单系统发布的需求。

◆ 在确认订单后，填写好订单合同，与相应的渠道商签订合同。

◆ 与生产主管探讨订单的生产以及产品出库的安排，产品出库时，填写报关报检单，完成报关。

◆ 与签订合同的渠道商拿提货单并填写提货单，再将货物交予渠道商。

◆ 在拿到渠道商开出的支票后，视订单情况填写进账单、发票等单据，再一并交到银行转账。转账完毕后，将支票存根等票据交回渠道商，完成收取货款的工作。

◆ 在闲暇时候，与各个渠道商接触，寻找新订单的机会。

5.1.3 财务总监（CFO）岗位职责

◆ 编制企业季度和年度的预算表，进行财务预算分析。

◆ 预测企业资金需要量，并进行筹资决策分析。

◆ 审核账证表，做好成本费用的控制，核查企业原材料和产成品的进销存和明细账与资产负债表的存货是否一致，对企业的固定资产进行管理以及升级改造的决策、完成财务报表分析。

◆ 对企业的现金流量进行监考，防止资金链断链裂。

◆ 对企业财务报表进行分析，总结和评价财务状况和经营成果，对企业的偿债能力、营运能力、盈利能力进行分析。

5.1.4 财务主管岗位职责

◆ 负责公司日常账务处理工作（审核记账凭证）及登记 T 型账、科目汇总表、各类财务报表的编制。

◆ 负责组织和协调财务中心日常会计核算工作，保证会计核算流程正常运转。

◆ 负责指导制单会计和出纳的事务性工作。

◆ 负责协调和指导从手工做账到会计信息系统出报表的账套转换工作。

◆ 负责审核会计系统的记账凭证和财务报表的审核工作。

◆ 负责协调与公司其他各部门的财务相关事宜。

◆ 完成财务总监临时交办的其他财务工作。

5.1.5 制单会计岗位职责

◆ 审核财务单据，整理和保管原始凭证，编制记账凭证完成手工做账出报表。

◆ 负责公司纳税申报工作。

◆ 起草处理财务相关资料和文件。

◆ 完成从手工做账到会计信息系统出报表的账套转换的工作。

◆ 负责编制和输入记账凭证、打印财务报表并保管各类凭证和财务报表。

◆ 协助上级开展同财务部内部的沟通与协调工作。

◆ 完成上级指派的其他工作。

5.1.6 出纳岗位职责

◆ 负责管理和开具发票、支票和汇票。

◆ 负责填制银行存款日记账、定期与银行对账、编制银行存款余额调节表。

◆ 月末与会计核对现金、银行存款日记账的发生额与余额。

◆ 每月编制现金流量表，并上报CEO、CFO、财务主管。

◆ 负责公司日常收入、费用等银行存款的收支。

◆ 负责保管财务专用章、发票专用章。

5.1.7 生产主管岗位职责

◆ 根据市场总监的市场订单预测企业生产计划，组织制订本车间的生产作业计划，制作生产预排程表，预测产能，配合财务总监制定生产预算，预测所需生产工人人数，及时报给人事主管进行招聘；确定生产线是否需要购买、是否需要租用厂房仓库，是否涉及转产。

◆ 在订单响应后，根据确定的订单数量、产品种类，根据合同的交货时间计算出产时间，安排生产工作，确定生产排程、安排生产工人生产，确保生产进度，准时交货；合理调配人员和设备，调整生产布局和生产负荷，提高生产效率；协调原材料的到货与入库情况，及时完成领料单与产成品入库单的计算填制；统计分析车间每日的生产情况，寻求改善，提高生产效率；统计分析车间的成本消耗，制定可操作性成本控制措施；季末，汇总季度实际产量、盘点库存量、分摊料工费、确定产品的生产成本并且及时结转完工产品成本。

◆ 组织车间生产员工参加业务培训；配合人力资源部做好车间员工考勤及工资（加班费）的核算等事宜。

5.1.8 物流主管岗位职责

◆ 负责原材料和产成品运输工作。

◆ 选择仓库类型，并计算原材料仓储费和产成品仓储费。

◆ 负责仓库租赁费用、厂房租赁费用和水电费用的缴纳工作。

◆ 协调生产和采购部门，确认原材料的分批运输工作和产成品的交货日期工作。

5.1.9 采购主管岗位职责

◆ 预算原材料成本。

◆ 制订原材料采购计划。

◆ 配合生产主管生产排程，确认原材料到货日期，配合物流主管确认最终原材料采购的数量。

◆ 操作原材料采购系统，完成原材料采购。

◆ 确认原材料采购订单。

◆ 支付原材料以及辅料采购费用。

5.1.10 人事主管岗位职责

◆ 招聘计划。根据公司销售业绩要求或生产排程的要求，制定招聘销售人员或生产人员数量。

◆ 排班表和薪酬表。整理从 CMO 手里拿到的合同，汇总销售金额；计算加班费，填写员工薪酬汇总表。

◆ 负责岗位说明书的制定及人事制度的制定和修改，包括员工手册、公司招聘制度、绩效考核制度、培训制度、员工考勤制度等。

◆ 负责人员招聘及培训费用计算。

◆ 进行合同的整理及保管，协助市场总监订单的签订。

◆ 负责季度初填写人力资源计划表、薪酬表，计算“五险一金”、个人所得税。

◆ 负责行政公文、会议纪要、工作报告等起草及日常文秘、信息报送工作，做好会议记录及会后相关事宜的追踪。

5.2 生产制造商业务流程

业务流程反映了一个企业各个岗位之间工作关键节点的走向和顺序，能够让企业每一位员工都能非常清晰地熟悉自身的工作内容和交接对象，避免工作上的不必要错误。跨专业综合仿真实习生产商作为实习中非常重要的虚拟企业，由 8~9 个学生担任不同的岗位角色，实习内容较为复杂，因此掌握业务流程则显得尤为重要。生产商业务流程分为总体流程和岗位流程两个部分。生产商总体流程按照一天一个季度发生的时间节点作为基本走向，每个岗位间的具体业务从左至右顺序自然发生，有箭头的实线代表着业务发生的走向、先后顺序以及关联对象。例如，CEO 在早上 8 点前（学生可以自由安排时间，但必须是本季度业务发生之前）召开全体工作人员的例会，确定本季度市场战略，与此同时，CFO 迅速跟进财务预算，判断上述方案是否可行（不行则退回去更改市场战略），方案顺利通过之后，企业市场总监与渠道商合作伙伴进行必要的商务洽谈活动，CFO 确定融资策略，采购主管确定材料采购，生产主管确定生产线和生产排程表，人事主管负责制定人才招聘计划以及根据生产排程确定人员需求和排班表，制单会计负责审核财务单据，整理和保管原始凭证，编制记账凭证，完成手工做账出报表，出纳负责公司纳税申报工作（见图 5-1）。

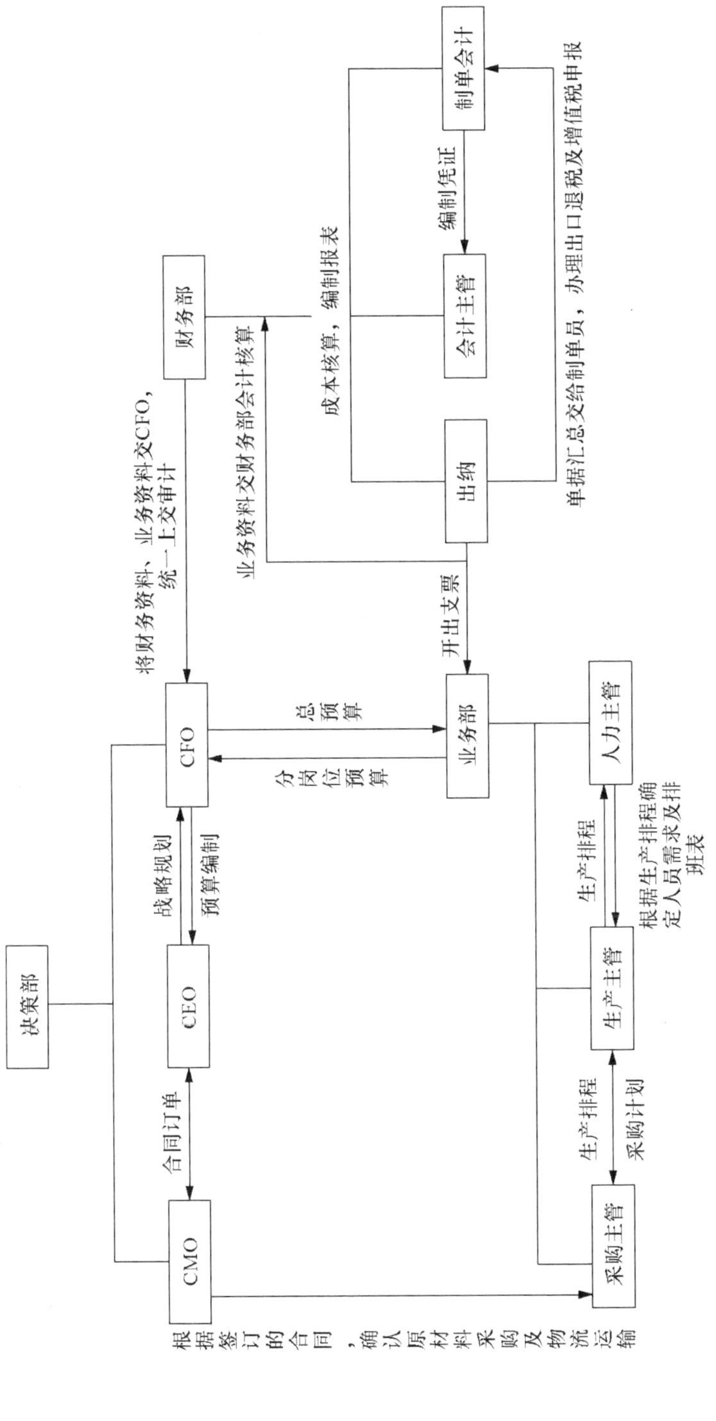

图 5－1　生产商总体工作流程图

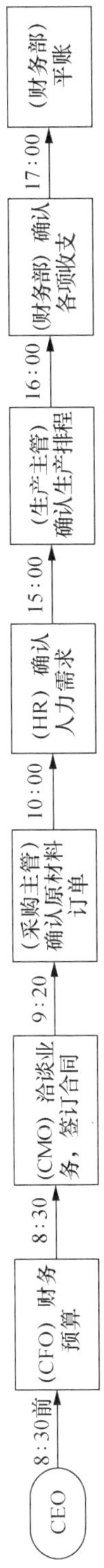

图 5－2　生产制造商 CEO 工作流程图

5.2.1 CEO 岗位工作流程（见图 5－2）

◆ 负责制定企业发展战略、公司章程，能够分析自身所处竞争格局。

◆ 制定年度经营规划，决策公司经营运作事项，组织公司制定财务预算。

◆ 建立组织结构，组织销售、组织生产、组织采购、组织财务核算。

5.2.2 CFO 岗位工作流程（见图 5－3）

◆ 编制企业季度和年度的预算表，进行财务预算分析。

◆ 预测企业资金需要量并进行筹资决策分析。

◆ 审核账证表、做好成本费用的控制。

◆ 对企业的现金流量进行监考，防止资金链断链裂。

5.2.3 CMO 岗位工作流程（见图 5－4）

◆ 了解本企业的客户资源、市场需求、客户订货以及销售状况。

◆ 并在响应订单前寻找好渠道商商谈订单，并响应渠道商在订单系统发布的需求。

◆ 在确认订单后，填写好订单合同，与相应的渠道商签订合同。

◆ 与生产主管探讨订单的生产排程以及产品出库的安排，产品出库时，填写报关报检单，完成报关。

◆ 与签订合同的渠道商拿提货单并填写提货单，再将货物交予渠道商。

5.2.4 生产主管岗位工作流程（见图 5－5）

◆ 了解本企业的生产需求，预测产能状况、生产库存、物料清单。

◆ 制订车间的生产作业计划，制作生产预排程表，预测产能，配合 CFO 制定生产预算，预测所需生产工人人数，及时报给人事主管进行招聘。

◆ 确定生产线是否需要购买、是否需要租用厂房仓库，是否涉及转产。

◆ 在订单响应后，根据确定的订单数量、产品种类，根据合同的交货时间计算出产时间，安排生产工作，确定生产排程、安排生产工人生产，确保生产进度，准时交货。

◆ 季末，汇总季度实际产量、盘点库存量、分摊料工费、确定产品的生产成本并且及时结转完工产品成本。

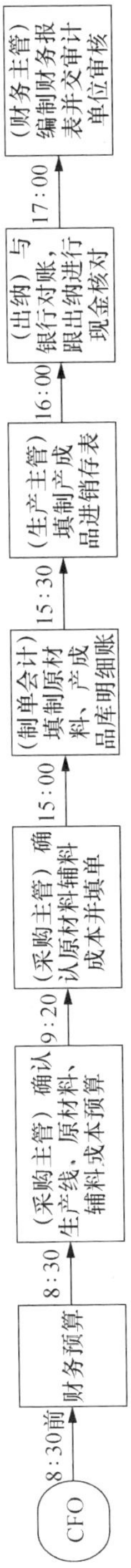

图5-3　生产制造商 CFO 工作流程图

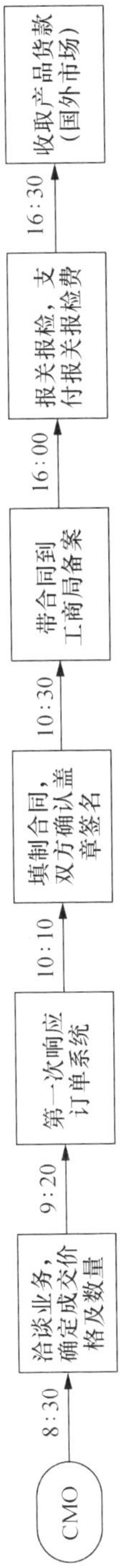

图5-4　生产制造商 CMO 工作流程图

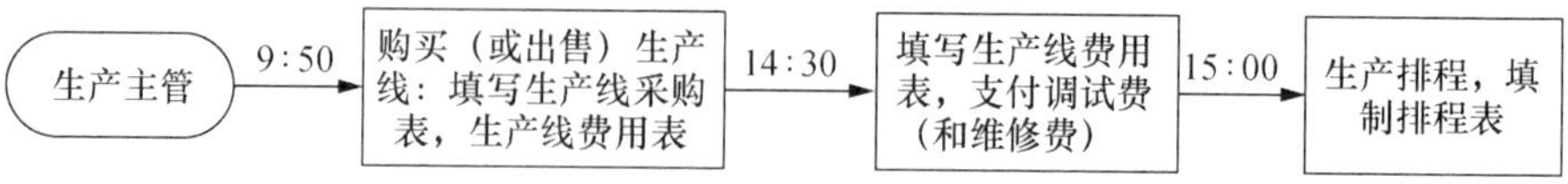

图 5-5　生产制造商生产主管工作流程图

5.2.5　采购主管岗位工作流程（见图 5-6）

◆ 了解本企业的材料存库、供需关系、原材料采购信息。

◆ 预算原材料成本。

◆ 制定原材料采购计划，配合生产主管生产排程，确认原材料到货日期和配合物流主管确认最终原材料采购的数量。

◆ 操作原材料采购系统，完成原材料采购。

◆ 支付原材料以及辅料采购费用。

5.2.6　人事主管岗位工作流程（见图 5-7）

◆ 了解本企业的岗位职能、组织架构、员工构成、员工薪酬。

◆ 招聘计划。根据公司销售业绩要求或生产排程的要求，制定招聘销售人员或生产人员数量。

◆ 排班表和薪酬表。整理从 CMO 手里拿到的合同，汇总销售金额；计算加班费，填写员工薪酬汇总表。

◆ 负责岗位说明书的制定及人事制度的制定和修改，包括员工手册、公司招聘制度、绩效考核制度、培训制度、员工考勤制度等。

◆ 负责招聘广告费用和培训费用支付。

◆ 负责季度初填写人力资源计划表、薪酬表，计算“五险一金”、个人所得税。

5.2.7　财务主管岗位工作流程（见图 5-8）

◆ 负责公司日常账务处理工作（审核记账凭证）及登记 T 型账、科目汇总表、各类财务报表的编制。

◆ 负责组织和协调财务中心日常会计核算工作，保证会计核算流程正常运转。

◆ 负责指导制单会计和出纳的事务性工作。

5.2.8　出纳岗位工作流程（见图 5-9）

◆ 负责管理和开具发票和支票、汇票。

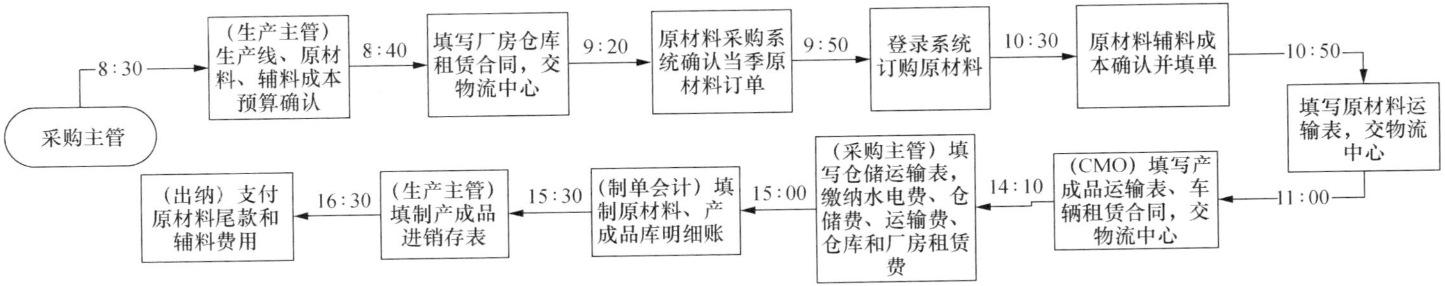

图 5－6　生产制造商采购主管工作流程图

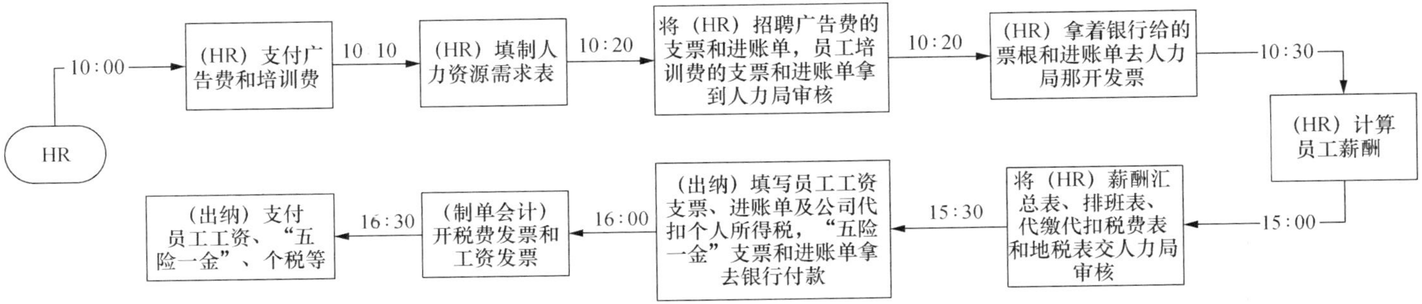

图 5－7　生产制造商人事主管工作流程图

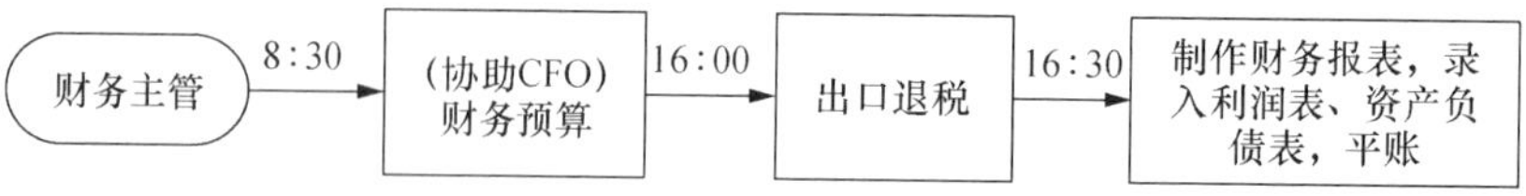

图5－8　生产制造商财务主管工作流程图

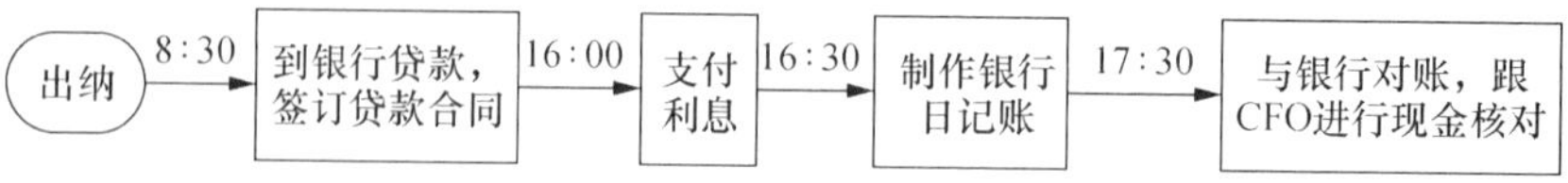

图5－9　生产制造商出纳工作流程图

◆ 负责填制银行存款日记账，定期与银行对账，编制银行存款余额调节表。
◆ 月末与会计核对现金/银行存款日记账的发生额与余额。

5.2.9　制单会计岗位工作流程（见图5－10）

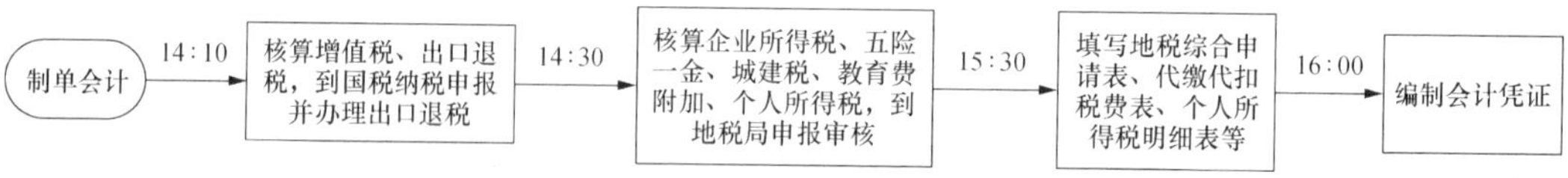

图5－10　生产制造商制单会计工作流程图

◆ 审核财务单据，整理和保管原始凭证，编制记账凭证完成手工做账出报表。
◆ 负责公司纳税申报工作。
◆ 完成从手工做账到会计信息系统出报表的账套转换的工作。
◆ 负责编制和输入记账凭证、打印财务报表并保管各类凭证和财务报表。

第❻章

品牌渠道商岗位职责和业务流程

6.1 品牌渠道商岗位职责

6.1.1 CEO 岗位职责

◆ 全面负责公司运营架构的确定与团队的组建。

◆ 组织制定公司内部规章制度，创立企业文化。

◆ 全面负责公司的资源调配，负责公司整体的运营与管理，建立完善的运营体系与管理体系。

◆ 与 CMO 协作，共同制定并执行公司的营销策略。

◆ 与 CFO 协作，共同制定并执行公司的投、融资计划。

◆ 协调企业内部各种关系，激励员工。

6.1.2 CFO 岗位职责

◆ 每年年初协助 CEO 进行生产和销售预算，制定筹集和管理资金的计划。

◆ 做好现金预算，管好用好资金；支付各项费用（税金、长期高利贷款、短期高利贷款、应收账款、应还账款、管理费、折旧费等），核算成本。

◆ 按时报送预算报表和财务报表，做好财务分析。

◆ 具体负责公司财务方面的策略制定、执行及公司财务管理及内部控制，根据公司发展的计划完成年度财务预算，制定公司的筹资投资计划，控制好融资成本，提高资金的利用率，产生更好的效益。

6.1.3 CMO 岗位职责

6.1.3.1 制定公司营销战略

主要负责制定公司的营销战略，确定市场营销战略和贯彻战略决策的行动计划。根据市场、产品、价格、供应商、竞争对手等各个方面分析，选择合适的营销发展战略。

6.1.3.2 预测与计算市场指标

提前一步预测市场，预测市场饱和度、市场占有率，计算市场基准价格、规模利得，测算企业最大销售能力，保障企业销售顺利进行。

6.1.3.3 合理投放广告

在战略和指标的影响下，合理选择品牌广告与产品广告的组合、区域市场广告投放的分布、金额的多少等，避免恶性竞争。

6.1.3.4 产品销售与预售工作

在规定时间内填写产品预售表，合理分配产品组合，保障企业利润最大化，且与物流主管、采购主管等沟通没有问题，避免多卖少卖情况的发生。

6.1.4 会计主管岗位职责

6.1.4.1 协助 CFO 进行财务预算，筹措资金

作为会计主管，需要每季度初，协助财务总监进行财务预算，根据运费、租金、管理费、职工薪酬等费用的支出情况，做好企业资金预算，寻求最佳的融资方式，保证企业的资金链正常运转。在保证资金不会短缺的情况之下充分利用好资金，为企业带来更多收益。同时根据 CEO 的发展战略、结合 CMO 的市场分析给出的销售收入、采购主管核定的产品成本以及各项费用支出等有关资料编制预计利润表；以期初资产负债表为基础，根据销售与成本费用等预算的有关数据加以调整编制预计资产负债表，以综合反映企业预算期内经营活动的成果。

6.1.4.2 进行账务处理，制作凭证及其他财务表单

在运行过程中，认真审核各岗位财务支出事项，填制发票及进账单，盖完章交由财务助理到银行转账支付。然后根据收回的发票等原始凭证填写记账凭证，并将原始凭证粘附在记账凭证背面。编制好企业银行存款日记账，交由财务助理到银行进行银行存款对账单对账，并签名。根据纸质版凭证录入电子版凭证列表，据此登记明细账，再编制 T 型账，根据 T 字账的期初数据、每季发生额以及余额编制科目余额表。

6.1.4.3 协助CFO进行报表审核，申报纳税

结束账务处理后，将业务资料以及财务资料的纸质版文件和电子版表格交由审计员审核，并且协助审计员审查企业账务资料。当审计员对于企业业务或经营状况不清楚的时候，及时与审计员进行沟通，解决疑惑。然后将审计员审核无误后的资产负债表以及利润表上传至地税负责人的邮箱，待地税人员审核后让财务助理到银行缴纳相应的所得税。

6.1.5 财务助理岗位职责

6.1.5.1 银行付费

按照企业每笔业务支出，填好支票与进账单前往银行付费。

6.1.5.2 编辑记账

会计助理需及时收集原始凭证等原始入账资料，并据此编辑记账凭证。

6.1.5.3 核对对账

季度末与银行核对对账单与银行存款日记账余额数。

6.1.5.4 缴纳税款

计算应纳税费并去税务局缴纳税款。

6.1.5.5 帮助平账

协助财务主管编辑凭证列表、丁字账等其他表格及平账。

6.1.5.6 整理资料

收集需要审计的业务与财务资料，整理后交与审计员审计。

6.1.6 人力主管岗位职责

6.1.6.1 人力成本预算

作为人事主管，主要职责是每季度初，协助财务总监、CMO确定的市场区域和门店做好人员配置以及人力费用预算。进行人力成本预算。

6.1.6.2 填写人力需求计划表

根据CMO确定的市场区域和门店做好人员配置以及人力费用预算，计算填写人力资

源需求表、支付招聘广告费用和人员培训费用，填制发票及进账单，到银行转账支付，最后把人力局开的收据交由财务助理。

6.1.6.3 做好员工排班工作

每一季度末要提交员工排班表，根据本季度在职员工填写好本季度的员工排班表。填写排班表要考虑尽量减少加班的费用。

6.1.6.4 计算员工薪酬汇总表

每一季度末，要计算并填写员工薪酬汇总表，根据审核完成的金额去银行交员工工资；计算员工个人所得税和“五险一金”，并填写代扣代缴个人所得税明细申报表和“五险一金”申报表，根据审核完成的金额去银行缴纳个人所得税和“五险一金”。

6.1.6.5 审计审核

结束所有工作后，将薪酬汇总表、排班表以及人力资源计划需求表一式两份并制作电子版。最后，把电子版和纸质版资料交给审计工作人员审核。

6.1.7 物流主管岗位职责

6.1.7.1 计算仓储，提供预算

物流主管主要负责店铺、配送中心、车辆等仓储计算工作，计算每家门店、配送中心的最大容量、仓储多少，确保存货充足，保证公司每个季度有货销售，可以安排合适的装船日期，让公司处在最优的状态，方便采购主管合理采购。

6.1.7.2 租赁店铺和车辆运输

负责店铺、配送中心的租赁，起运港到目的港、目的港到配送中心和配送中心到码头的运输排程，尽可能使运输成本最低化。

6.1.7.3 做好交接和沟通工作

积极与公司其他部门沟通。及时与采购、CMO 沟通，掌握每天的预算量、销售量和库存量，填制好相关的表格；及时告知财务每天的租金、管理费、装修费、运营费和运费的金额，做好相应的交接。

6.1.7.4 明确各项规则

要明确商品物流与仓储的各项规则。例如，要明确不同的市场三段运输路程（港口—港口、港口—配送中心、配送中心—门店）之间的运输时间，以提供给生产商准确的装船日期；明确不同型号配送中心、店铺的最大容量，避免出现爆仓情况；明确中档店改造的相关规则等。

6.1.7.5　制作进销存表

制作进销存表，就是做好当季产品采购数量与成本、已销售产品数量与成本、库存产品数量与成本的统计表格，即在上季度结余库存产品数量与库存产品成本金额的基础上，加上当季产品入库数量与当季产品入库成本金额，减去当季产品出库数量与当季产品出库成本金额，结算本季度库存产品数量及库存产品成本金额。进销存表制作完毕，需交由财务主管核对，核对无误以备审计审查。

6.1.7.6　进行各项信息管理

动态更新物流活动中的各项信息，为 CMO 与 CEO 制定预算提供基本的信息，对有问题的地方及时进行补救。

6.1.8　采购主管岗位职责

6.1.8.1　做好采购计划表

当季结束需考虑好下一季的采购计划，结合本公司的销售额、资金、库存、贷款金额等情况，结合 3C 与生产商的洽谈合作规划，制定出次季度的发展规划，涵盖预购货量、市场情况、成本价、报关报检费等内容。

6.1.8.2　发布订单采购系统

根据确认无误的采购计划表，在规定时间内在订单需求系统中发布需求，等待生产商响应并订购订单。若发生订单业务出现问题，及时跟进完善。

6.1.8.3　开展报关报检工作

等生产商拿回物流中心给出的联运提单和商业发票，采购主管需提前写好货物入境报关单、报检单等，准备好所有单据前往海关报关报检。

6.1.8.4　商务洽谈

在熟悉企业发展战略的基础上，若 CEO 没有合作伙伴时，及时寻找合适的生产商，洽谈产品、数量、区域等内容。

6.2　品牌渠道商业务流程

业务流程反映了一个企业各个岗位之间工作关键节点的走向和顺序，能够让企业每一位员工都能非常清晰地熟悉自身的工作内容和交接对象，避免工作上的不必要错误。跨专业综合仿真实习品牌渠道商作为实习中非常重要的虚拟企业，由8个学生担任不同的岗位角色，实习内容较为复杂，因此掌握业务流程则显得尤为重要。品牌渠道商业务流程分为总体流程和具体流程两个部分。

6.2.1 品牌渠道商总体业务流程

品牌渠道商总体流程图以泳池的形式作为参考模板，8个企业岗位代表着8条泳道，实线作为间隔，避免工作内容上的职责混乱。总体流程按照一天一个季度发生的时间节点作为基本走向，每个岗位间的具体业务从左至右顺序自然发生，虚线代表着业务发生的走向、先后顺序以及关联对象。例如，CEO在早上8点前（学生可以自由安排时间，但必须是本季度业务发生之前）召开全体工作人员的例会，确定本季度市场战略。与此同时，CFO迅速跟进财务预算，判断上述方案是否可行（不行则退回去更改市场战略），方案顺利通过之后，企业市场总监马上做出广告投放策略，CFO确定融资策略，采购主管与生产商合作伙伴进行必要的商务洽谈活动，财务助理则去支付企业本季度第一笔广告费，以此类推，财务助理去银行对账，发现账务没有问题，表明本季度业务结束。

如图6-1所示，每个岗位都非常清楚地注明了各自需要操作与实习的职责内容，但需要着重说明的是，由于一天一个季度的时间紧迫性以及员工能力、兴趣、专业背景等各种因素的复杂性，每个企业可以根据自身状况对每个岗位的职责进行合理性调整，保障业务顺利完成。与此同时，规则的变动也有可能会导致渠道商业务流程的变化。

6.2.2 品牌渠道商具体业务流程

6.2.2.1 CEO具体业务流程——会议及会议战略

如图6-2所示，CEO主持召开企业例会工作，制定企业发展战略与方向，主要完成信息收集与整理、季度总结、战略环境分析与战略制定和员工激励等四方面工作，需要CEO熟悉员工激励与战略制定等相关理论，具备较强的信息搜集能力与归纳能力，应变能力较强，能根据当前情况随时调整企业战略计划，把握企业发展总体经营方向，凝聚全员力量朝着企业目标前进。与此同时，其他员工能熟知CEO战略意图，提供企业经营相关信息，为企业发展出谋划策。只有两方面强强联合方能达到会议的目的。

图示说明：该流程图直走箭头都表示由其自身负责，一步一步往下操作，在操作过程中的相关步骤涉及其他部门或者外围部门人员时，旁边都有人员指示，箭头方向及其工作也有对应要求，请做好相关工作的沟通与交接。下同，不再一一注明。

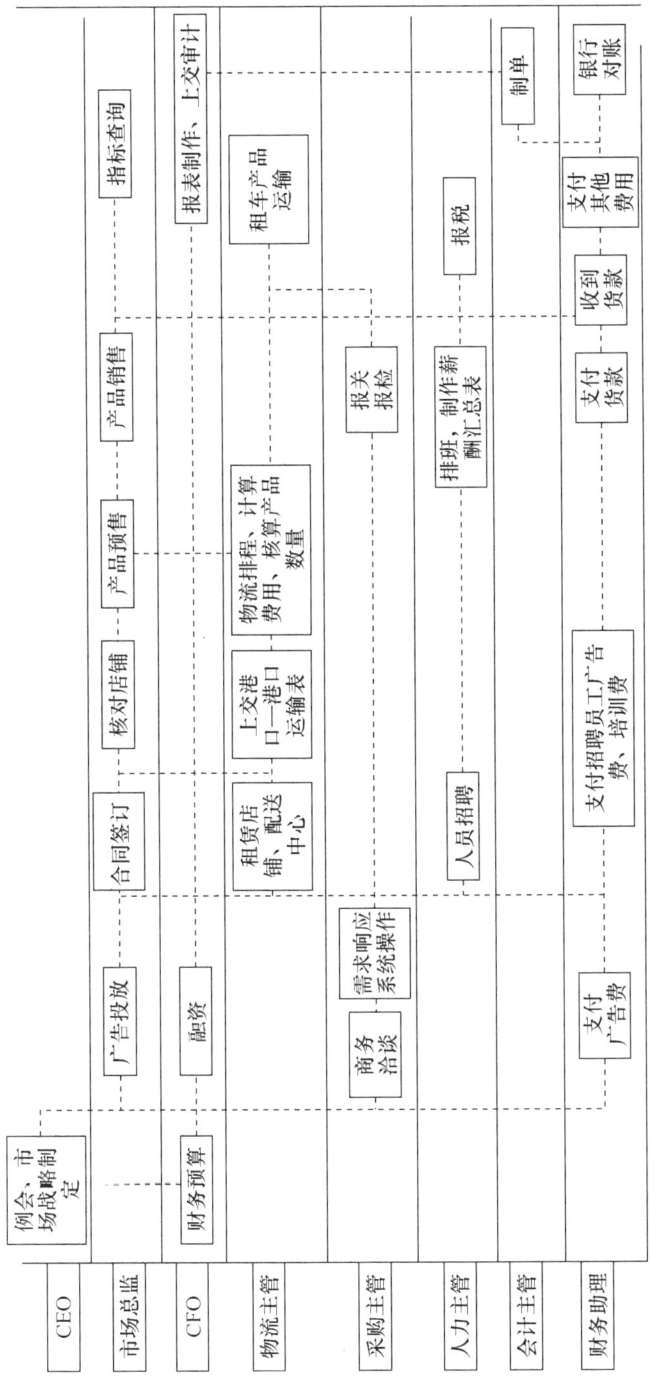

图 6－1　品牌渠道商总体业务流程图

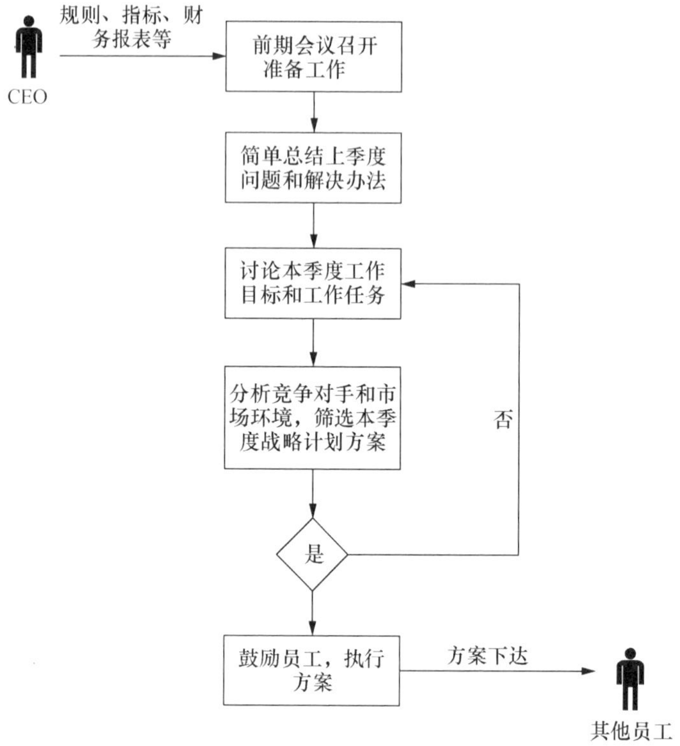

图 6－2　会议战略流程图

6.2.2.2　CFO 具体业务流程

6.2.2.2.1　财务预算流程

如图 6－3 所示，CFO 在财务预算过程中，主要注意以下几点：首先，熟悉规则，对于渠道商各项业务规则非常熟悉，这样才能快速地核对市场总监提供的收入与其他业务人员提供的成本费用，找出资金不对之间的差异；其次，不能过于依赖其他工作人员提供的各种数据，但又必须随时与其他业务人员保持沟通的顺畅性；最后，需要做出几套资金预算方案，能在企业发生意外时随时调整。

6.2.2.2.2　融资流程

如图 6－4 所示，CFO 在资金融资过程中，需要注意以下几点：首先，确保企业上季度财务报表及时上交审计所，且财务数据准确率较高，方能拿到审计事务所审核的报表，保障贷款成功；其次，与银行信贷主管保持良好的关系，沟通顺畅；最后，熟悉银行贷款业务的信息，包括利率、贷款条件等，掌握长期贷款和短期贷款等资金筹措相关理论，灵活运用贷款组合，保证贷款成功性。

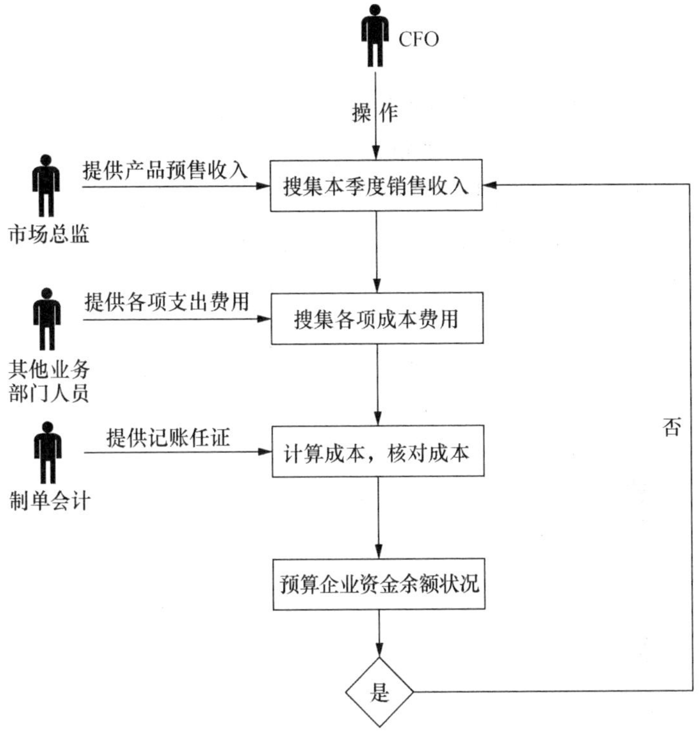

图 6－3　财务预算流程图

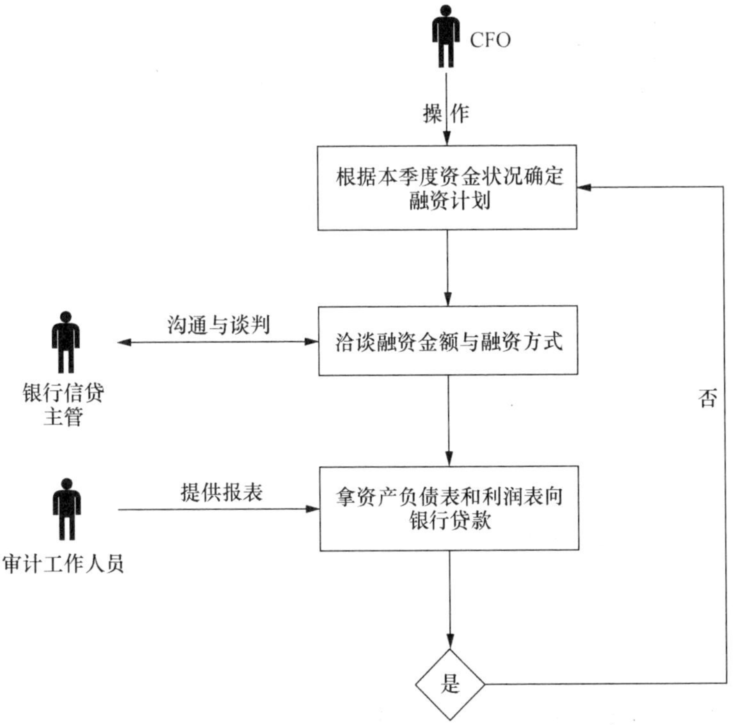

图 6－4　融资流程图

6.2.2.2.3 报表制作流程

如图6-5所示，CFO需要从其他业务人员那里获取相应的原始凭证，审核，制作好企业季度报表，并上交审计事务所，如审核没有问题，则报表流程结束，否则从头审核报表，找出错误的原因。在制作报表的过程中，CFO需掌握报表相关理论，且细心，随时积极地与其他人员保持沟通，尽量保证前期数据的准确性，才能确保报表编制具备成功的可能性。随时与审计人员沟通，知悉审计业务的规则和尺度。

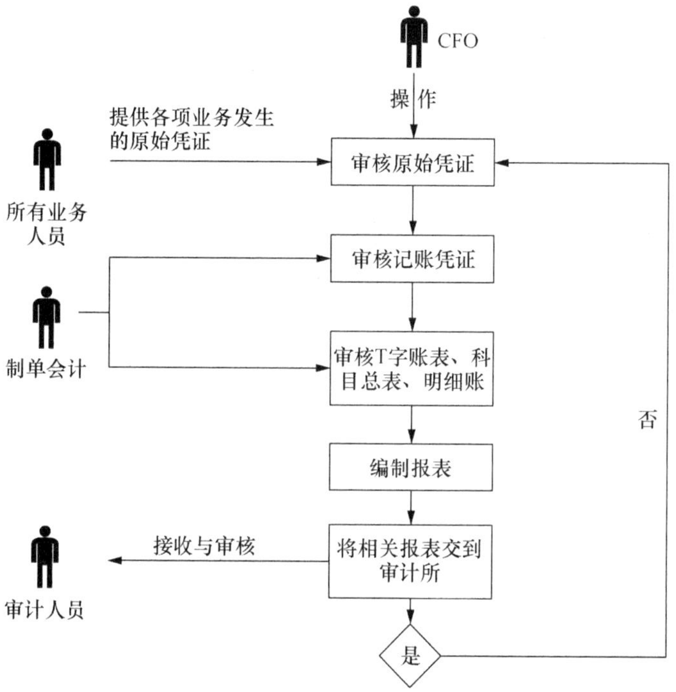

图6-5 编制报表流程图

6.2.2.3 CMO业务流程

6.2.2.3.1 广告投放流程

如图6-6所示，CMO投放广告工作涵盖广告表填写、缴费与核对三个方面，需要注意：首先，仔细核对广告投放金额，可能存在自身失误或者信息工作人员统计失误等因素，避免广告费的差异带来宏观数据的偏差；其次，需要确认预算，防止广告费过高带来企业资金断流。

6.2.2.3.2 合同签订流程

如图6-7所示，CMO签订合同主要是签署和备案两项工作，备案由生产商人员前往，渠道商陪同。在本项工作中，需要根据采购主管发布签订的电子订单确认生产商、市

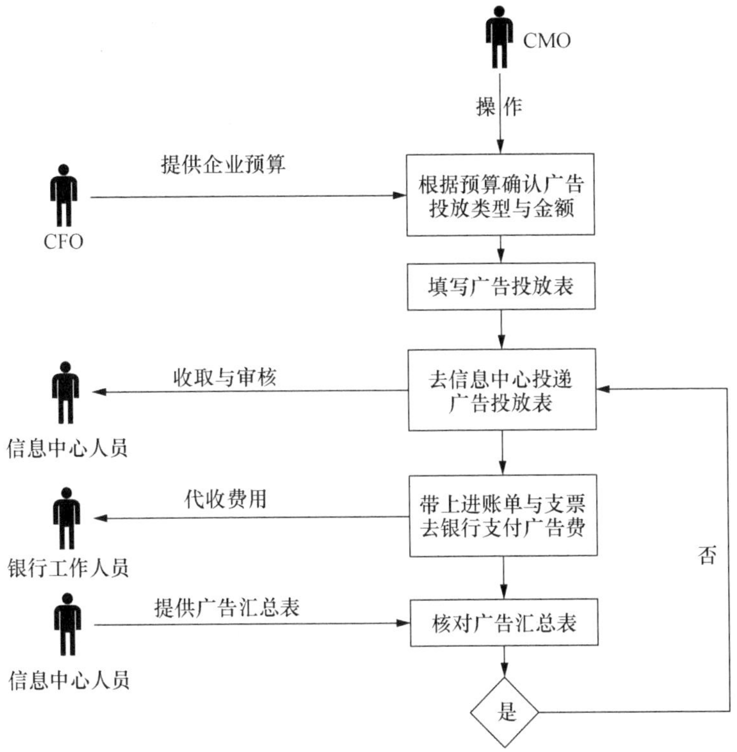

图 6－6　广告投放流程图

场、产品、产品数量等，一定仔细检查和沟通产品交货日期（根据电子订单，交货日期必须在当月的任何一天，不得提前或延迟）。当发现工商局发布的合同备案信息有误或者企业其他原因，可以考虑更改合同，但是应遵循相关规定，详见工商局合同规则。

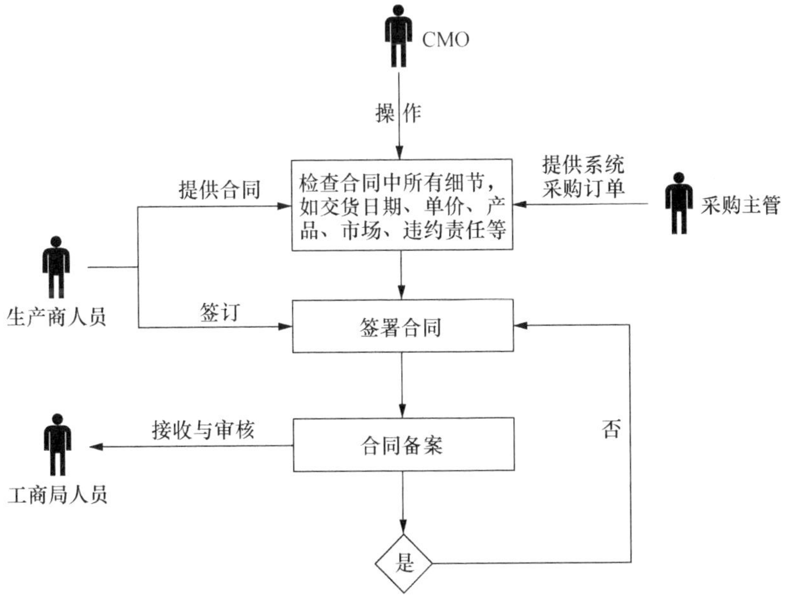

图 6－7　合同签订流程图

6.2.2.3.3 核对店铺数

如图6-8所示，店铺核对工作比较简单，但店铺信息核对工作非常重要，尤其对信息中心公布次季度的宏观数据至关重要，因此CMO绝对不能忽视本项工作，需要与物流主管及时沟通，掌握企业店铺租赁状况，及时下载信息公布的店铺汇总表，一旦发现错误，迅速与信息中心沟通更改数据，若属于企业自身状况，则应想方设法补救，调整企业战略。

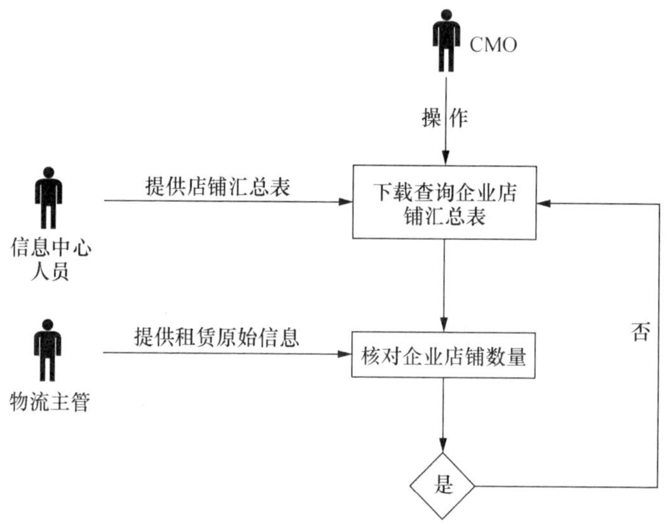

图6-8 店铺核对流程图

6.2.2.3.4 产品预售和销售流程

如图6-9所示，由于企业综合仿真实习工作非常紧凑，一天相当于一个季度，时间很紧，为确保工作整体进度不受到影响，信息中心与渠道商商议，销售分为预售和正式销售两个环节，安排在上午与下午两个时段，一般情况下，预销售结束没有问题，渠道商CMO只需要带着销售发票和预售表正式销售即可，但若预销售与正式销售这段时间，发生企业违约或者企业本身进销存等问题，则应及时调整销售策略。因此，CMO需要掌握渠道商销售涉及的各个指标，如市场占有率、理论最大销售额、基准价格和最终价格等，根据企业自身进销存情况，合理安排与分配企业销售产品组合，且信息中心只负责核对，渠道商CMO应精于计算，保障企业销售收入和毛利润。

6.2.2.3.5 指标查询流程

作为CMO的最后一项工作，指标查询非常重要，关系到企业次季度的产品销售情况和企业销售收入。因此，CMO需要掌握各项指标的计算，认真核对。若发现数据有疑问，应及时前往信息中心咨询，探讨数据的准确性，对信息中心和渠道商都有利。

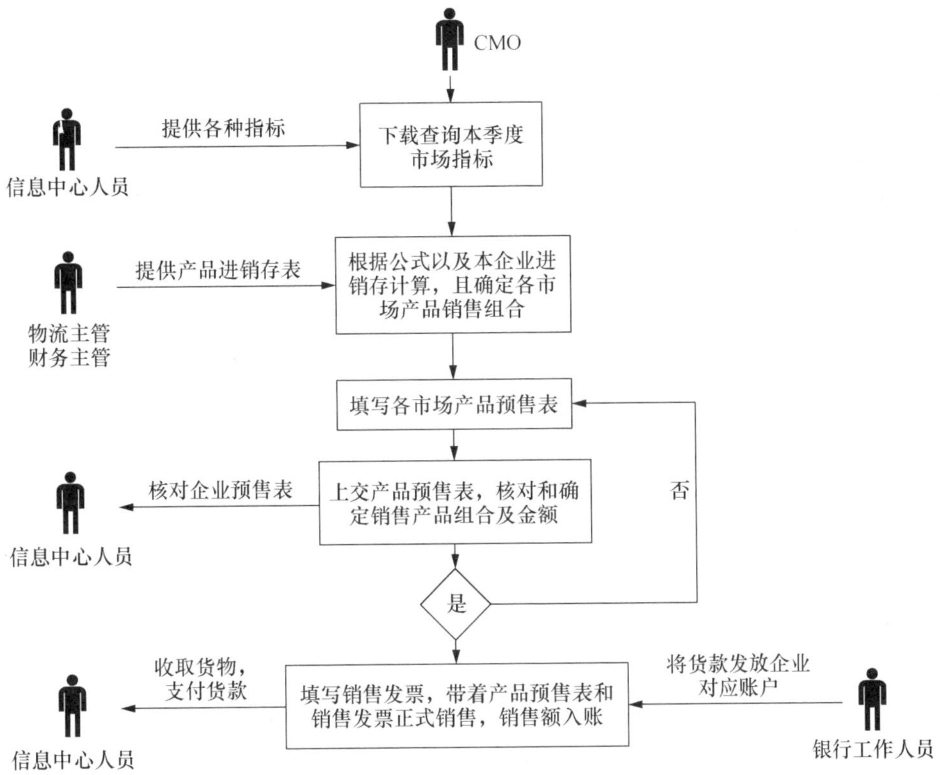

图 6－9　产品预售和销售流程图

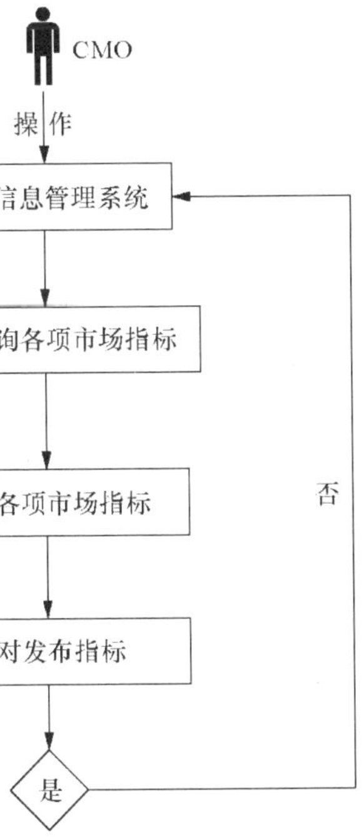

图 6－10　指标查询流程图

6.2.2.4 采购主管业务流程

6.2.2.4.1 商务洽谈业务流程

如图 6－11 所示，采购主管需要负责商务洽谈工作，搞定合作的生产商，选择合适的产品组合以及价格。至于采用固定的生产商战略联盟、高价多产品、低价多产品、高价单一产品等哪种模式，需要 CEO 站在企业发展的高度，及时沟通，告知采购主管及其企业心理价位与产品组合，方能让采购主管在采购过程中做到心中有数，游刃有余。一旦选择生产商在商品种类及其价格上谈不拢，应及时撤退，寻求下一家生产商，否则将失去先机，让企业处于被动状态。

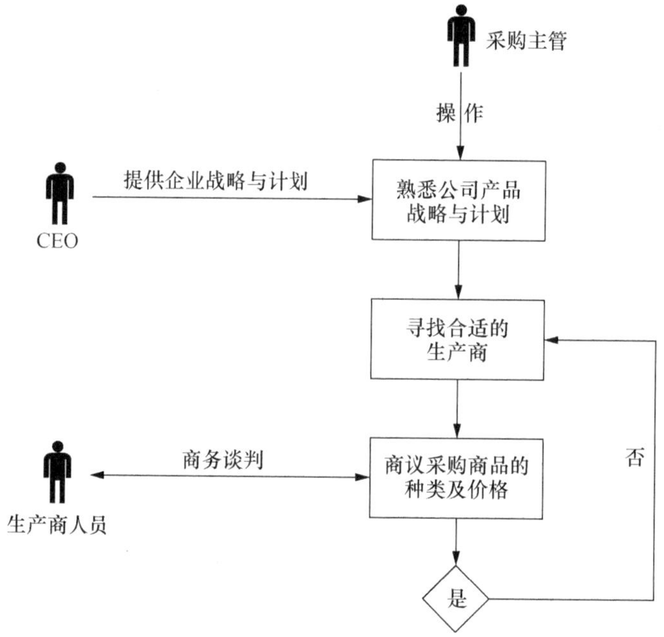

图 6－11 商务洽谈流程图

6.2.2.4.2 需求订单发布与响应系统流程

如图 6－12 所示，采购主管发布订单过程比较简单，包括登录系统、发布和采购订单三个环节，中间需要等待合作的生产商响应，当系统显示已订购，则代表订单采购成功。在实训过程中，订单发布常常会出现很多问题，包括发布的时间、产品种类、价格、区域市场、交货期限等，请学生熟读相应规则，避免上述问题的发生。若一旦出现漏发、错发，在响应之前，可以考虑前往信息中心修改和补发，但会受到一定的惩罚。因此，采购主管一定要非常仔细，熟悉企业采购需求，反复查看与完善，及时跟进，避免自身错误的发生，同时避免生产商无法采购的问题。

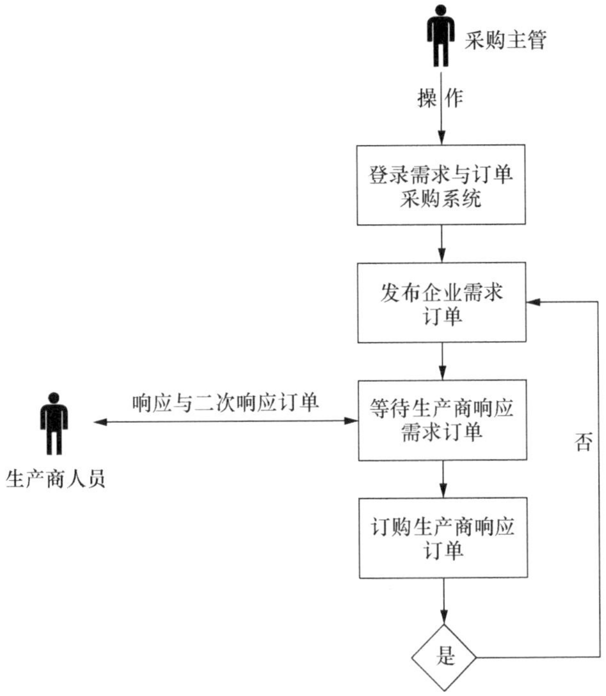

图 6－12　系统订单发布流程图

6.2.2.4.3　报关报检流程

如图 6－13 所示，渠道商报关报检流程已在现实报关报检的基础上进行了简化处理，只需要准备报关单、报检单、进口许可证、自理入关单、联运提单和外销商业发票 6 份材料，按照本季度需要报关的合同进行材料准备，只要材料准备齐全，则报关报检工作完成，有关报关次数、报关日期、报关报检费用等则详见海关规则。在实训过程中，海关不直接收取费用，所以采购主管需要在海关人员核对清楚无误后，自己前往或者交给出纳前往银行支付报关报检费用，然后将单据交给财务主管制单。从流程中可知，涉及人员较多，且单据也较多，采购主管必须仔细用心，才能保证工作的顺利完成。

6.2.2.5　财务主管制单流程

如图 6－14 所示，财务主管在制单过程中，需要其他业务人员主动配合，拿到相关的原始凭证，制单完毕，将凭证上交给 CFO 审核无误，则本季度制单工作完成。仿真实训过程中，非会计专业学生没有习惯主动上交原始凭证时，财务主管则自己主动联络，加强沟通，告知原始凭证的重要性，保证凭证制作源头的准确。

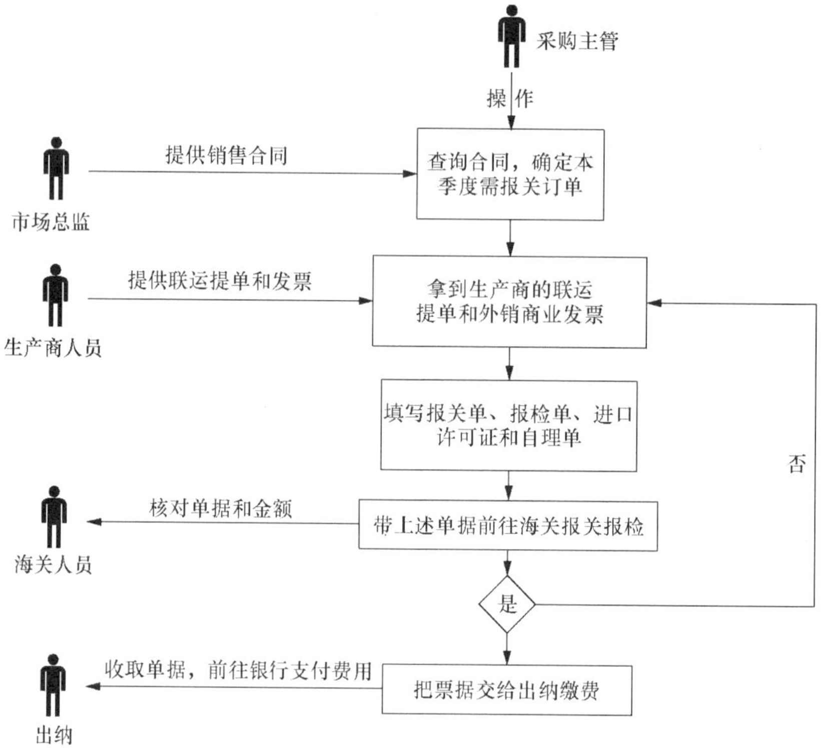

图6－13　报关报检流程图

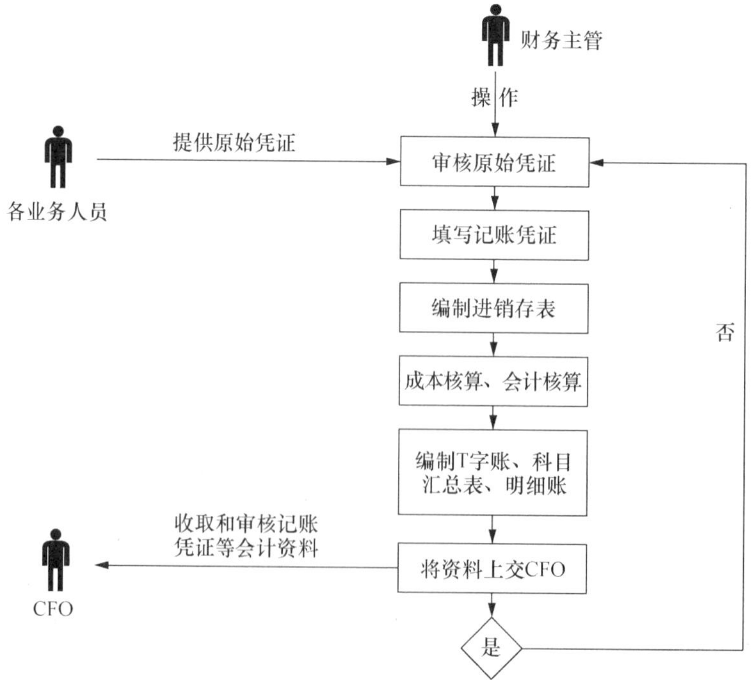

图6－14　制单流程图

6.2.2.6　人力主管业务流程

6.2.2.6.1　员工招聘流程

如图 6－15 所示，员工招聘的过程包含计算需求、填写需求计划表、等待审核、缴费四个方面，人力资源主管需要与物流主管以及市场总监沟通顺畅，了解企业店铺数量、类型以及本季度预估销售收入，确定本季度各类店铺员工数量。等人才交流中心工作人员确认无误后，去银行缴费，保证招聘过程的流畅性。

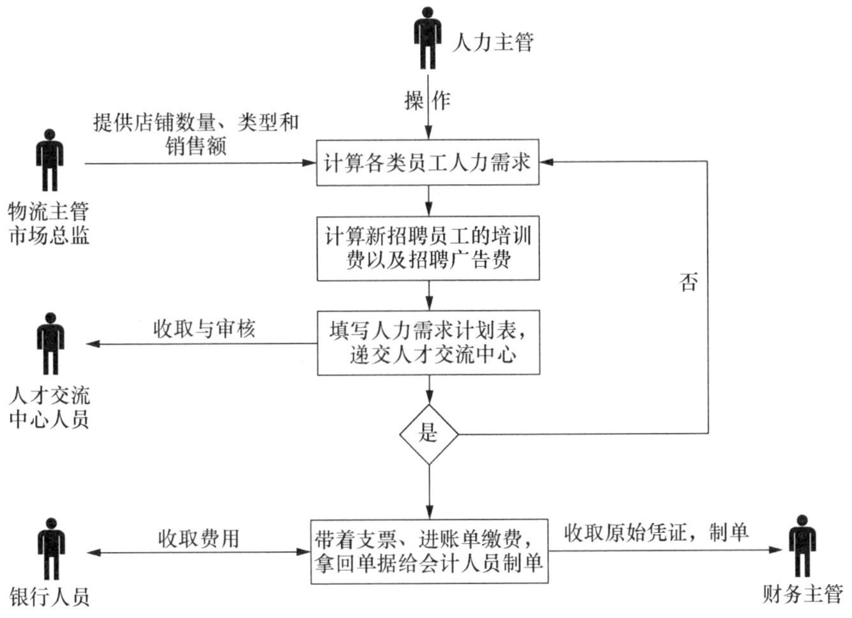

图 6－15　员工招聘流程图

6.2.2.6.2　员工排班流程

如图 6－16 所示，渠道商人力资源主管在排班过程中需要熟读规则，才能合理分配员工与时长，计算加班时长和总费用，使人力成本最优。排班过程并没有统一的模板和规定，只需要合乎规则，人力主管可以任意发挥，而人才交流中心工作人员只负责核对是否违规，金额计算是否有误。

6.2.2.6.3　薪酬计算和支付流程

如图 6－17 所示，人力主管的主要工作之一则是计算薪酬，填写薪酬汇总表。因此，人力主管需要对应付职工薪酬、职工薪酬等基本概念非常明晰，薪酬汇总表每项都有公式，只需要用心计算，则问题不大。和上述工作一样，需等人才交流中心审核清楚，准确无误后，再前往银行缴纳相关费用。

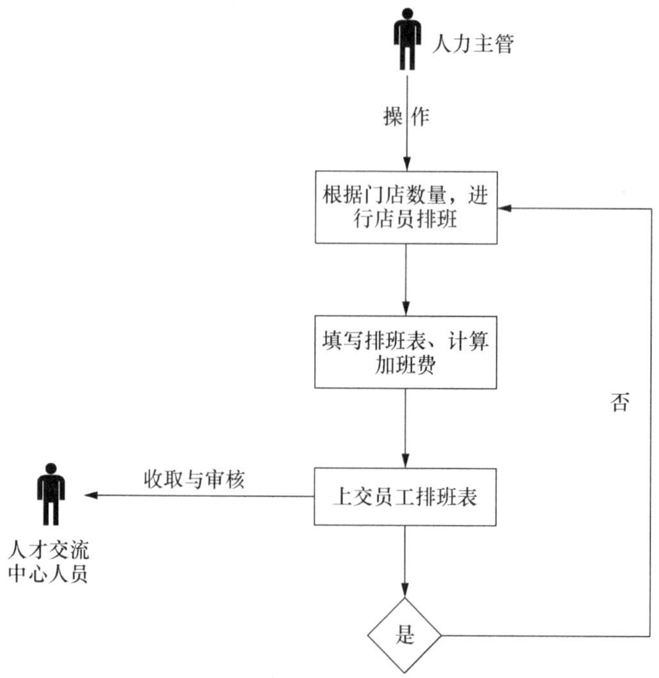

图 6－16　员工排班流程图

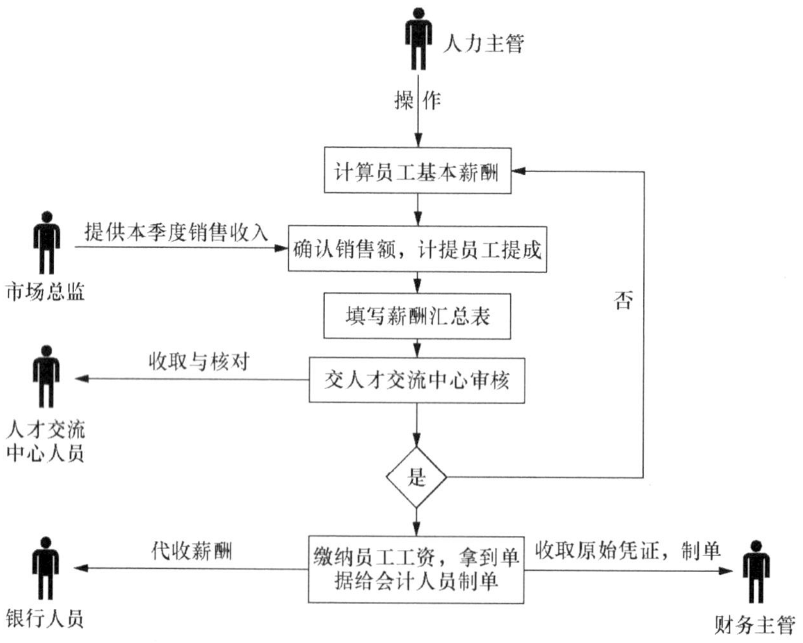

图 6－17　薪酬计算与支付流程图

6.2.2.6.4　社保与个人所得税申报流程

如图6－18所示，人力主管需要掌握个人所得税和社保的计算，以现有个人所得税计算方法为准，社保则以规则为依据，只要薪酬汇总表没有问题，这项工作出现问题的概率不大。如上述工作一样，等待地税局审核准确无误后，前往银行缴纳费用，将相关票据交给财务主管制单。

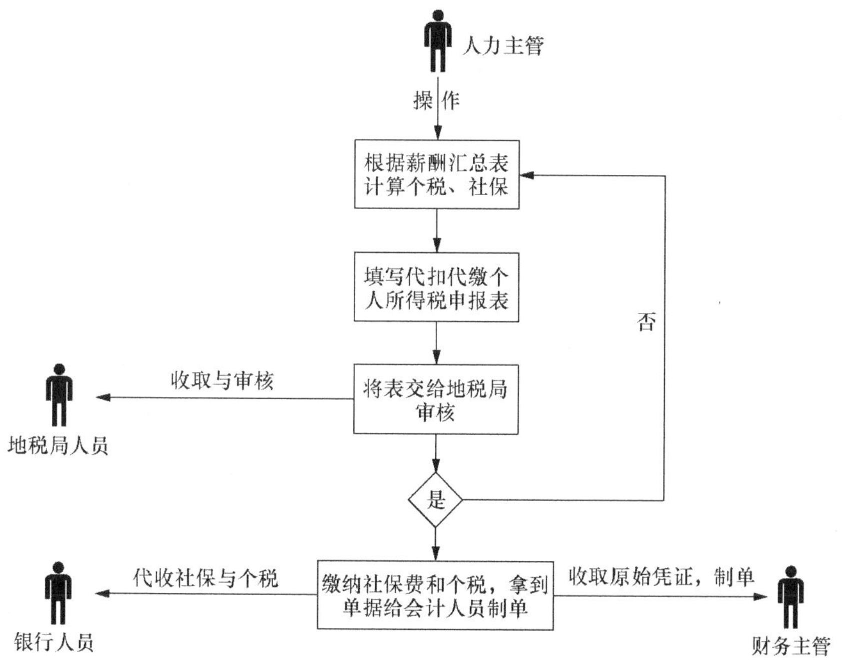

图6－18　社保与个人所得税申报流程图

6.2.2.7　物流主管业务流程

6.2.2.7.1　租赁店铺以及配送中心流程（见图6－19）

店铺关系到渠道商市场占有率和次季度销售收入的多少，对渠道商而言是非常重要的一项工作。因此，物流主管必须熟悉企业市场战略，选择在什么市场开设什么档次的店铺，一次性增加多少，都需要及时咨询CEO，按照公司发展确定。填写不动产租赁合同时，依然关注店铺数量、店铺档次和区域市场，本季度新增以及续租，是否是中档店升级申请改造高档店等因素也不能忽视，等待信息中心审核，确认双方都表达一个意思时，再联系会计相关人员付费及制单。与此同时，一定要叮嘱市场总监在规定的时间里关注信息中心发布的店铺汇总表，一旦有误，让其及时找信息中心更正，物流主管本人也要及时去物流中心了解情况，及时申诉，避免造成不必要的损失。

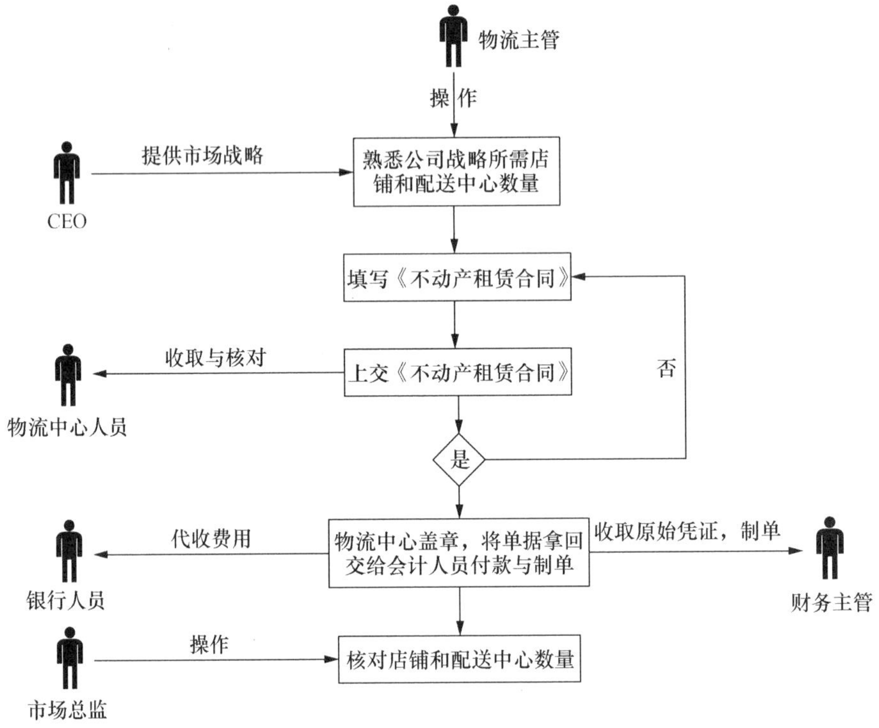

图 6－19　租赁店铺及配送中心流程图

6.2.2.7.2　港口—港口运输流程（见图 6－20）

港口到港口运输的准确与否，关系到生产商是否能够及时从物流中心拿到货物联运提单，所以物流主管在填写港口到港口运输表的时候，主要关注区域市场是否有发错，装船日期是否有问题，是否按照采购合同输入产品、数量等内容细节，关注表格下方运输数量是否一致。主动与市场总监、物流中心工作人员沟通与反馈，查漏补缺，避免错误的发生。等待物流中心工作人员审核无误后，方将单据交给财务人员付费与制单。一旦出现问题，耐心核对合同，及时查找原因。

6.2.2.7.3　产成品门店排程流程（见图 6－21）

店铺产成品排班出库一直是渠道商物流主管的工作难点，尤其是当店铺种类多样化、产品多样化、货物短缺时，排班情况非常复杂，而且排班过程都在电子表格中解决，出库产品很难做到直观化。在实训过程中，本项工作常出现问题的原因往往是，物流主管不清楚店铺日均销售代表什么，与市场总监沟通不到位，没有办法理清预计销量与实际销量的含义，企业进销存一塌糊涂，逻辑思维混乱，最后造成渠道商产成品排班，成为一场噩梦。因此，渠道商物流主管应非常耐心，逻辑思维应非常缜密，知晓入库商品的先后顺序，且一定得把店铺按照日均销量平均出库原则用活，才能解决上述复杂局面。随时与市场总监、物流中心工作人员沟通，保持信息流畅，不耻下问，多读出库规则、多练习。

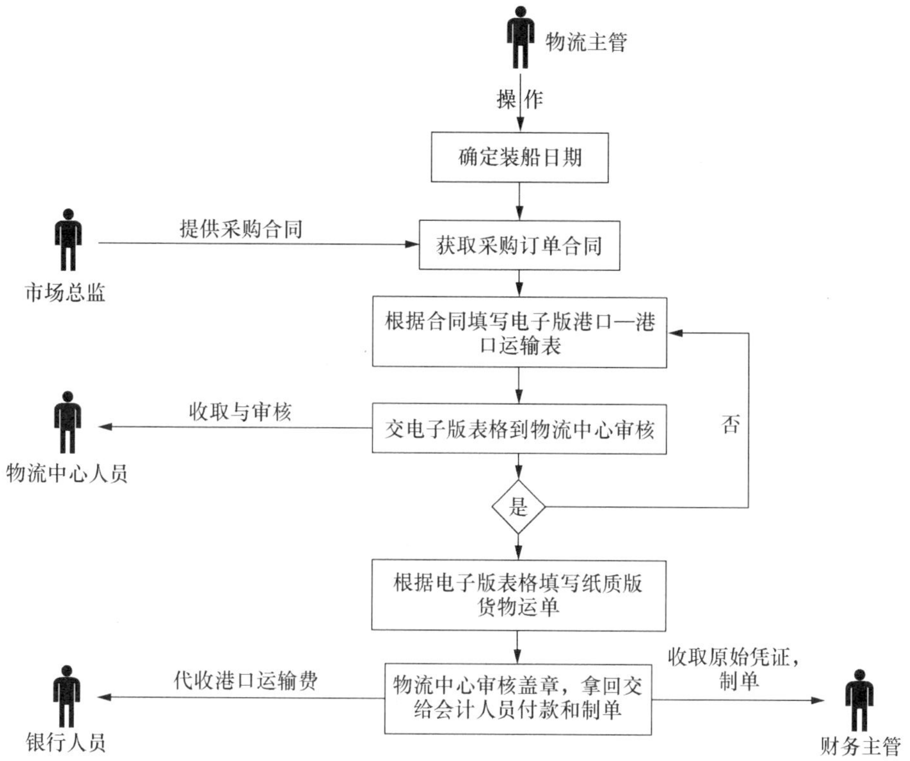

图6－20 港口—港口运输流程图

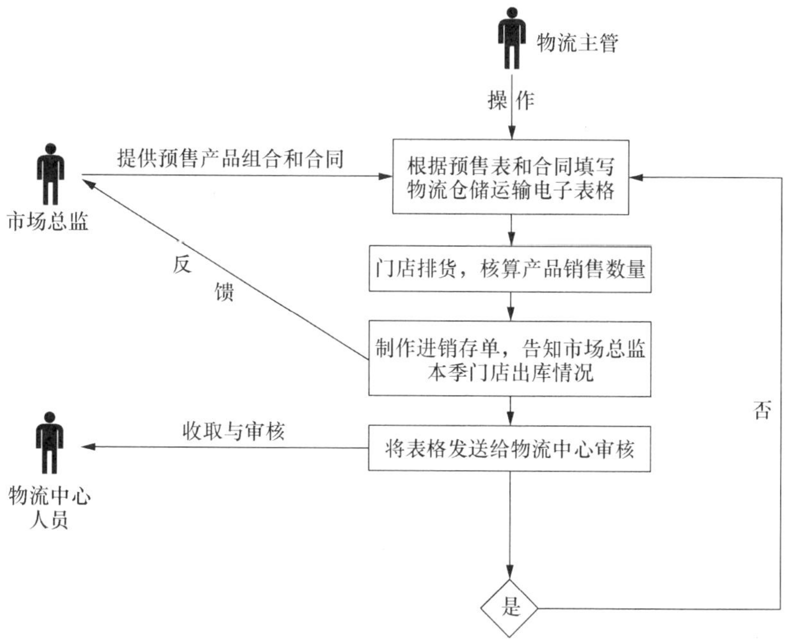

图6－21 产成品门店排程流程图

6.2.2.7.4 产成品运输核算流程

只要顺利解决上一个店铺出库排班问题，物流主管做本项工作将会游刃有余。只需要按照电子表格中列示所出库的方式，做好运输排程，填写进纸质版，等待物流中心审核即可（见图 6－22）。但是，物流主管完成本项工作，也依然要仔细、态度端正，不然依然有犯错的风险。

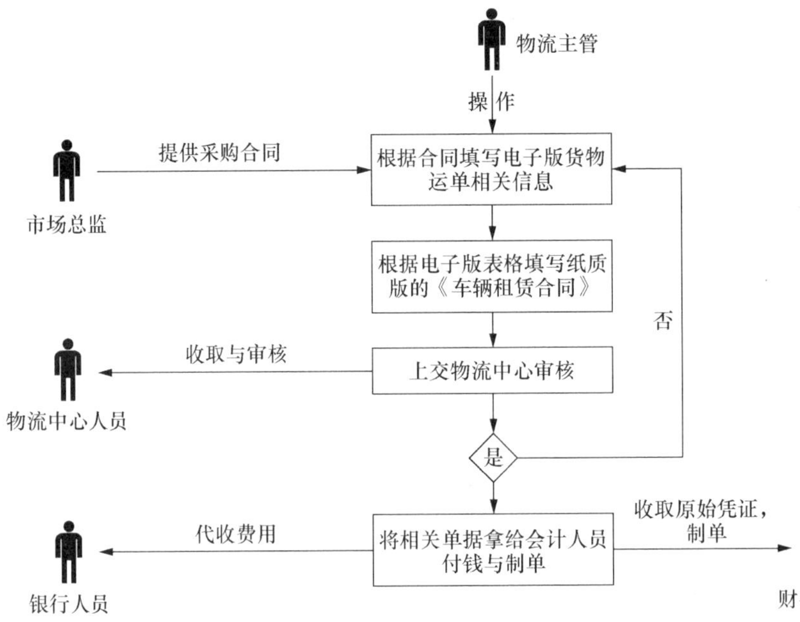

图 6－22 产成品运输与核算流程图

6.2.2.8 财务助理业务流程

6.2.2.8.1 支付费用流程

财务助理在完成支付流程时，主要掌握支票填写规则、日期开票规则（如渠道商大部分业务都发生在季度末，但也有诸如人员招聘广告费用、培训费用等发生在期初），保证票据填写的规范即可。需要及时与各业务人员沟通，以免错漏支付。等待银行人员审核无误后，及时拿好相关单据给财务主管制单（见图 6－23）。

6.2.2.8.2 销售收入确认流程

财务助理在确认销售收入流程时，主要和市场总监、信息中心和银行人员保持沟通顺畅，了解信息。若是企业发生收入问题时，应及时让市场总监陪同去信息中心、银行查找原因，及时更正（见图 6－24）。

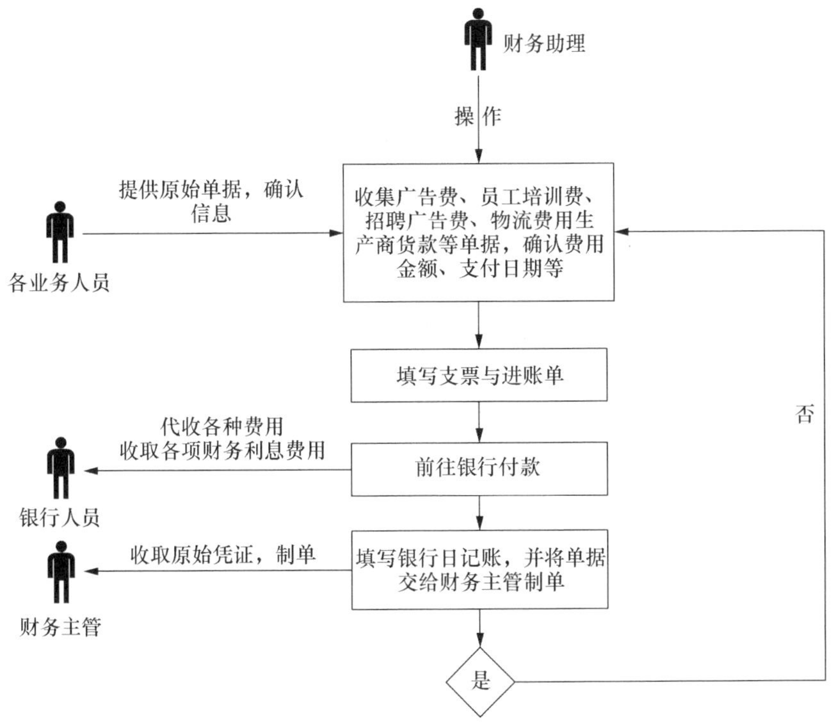

图6－23　支付费用流程图

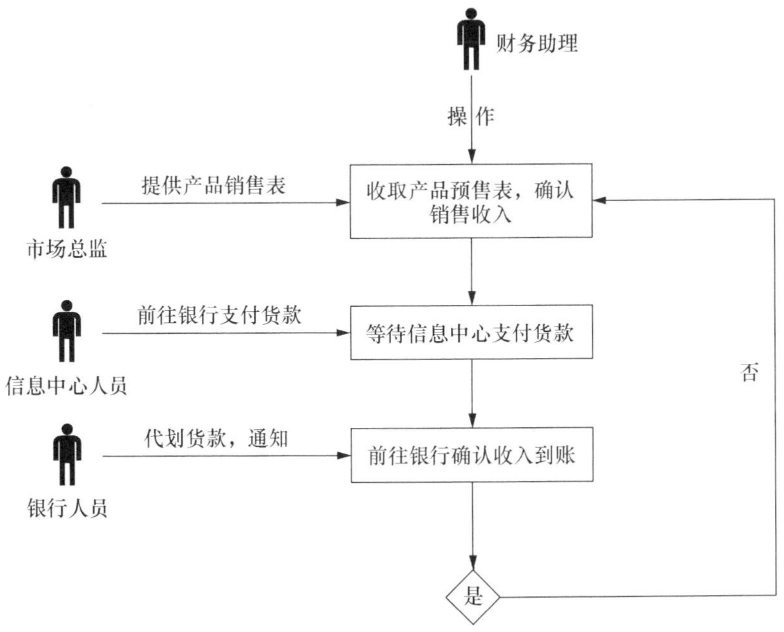

图6－24　销售收入确认流程图

6.2.2.8.3 银行对账流程

日记账记录与对账是财务助理的一项主要工作，因此，财务助理在对日记账时要细心，按照单据先后顺序，及时填写，以免发生错漏。每季度末，主动对银行发送他们的日记账，耐心对账，发生账目不一致时，先查找自己的问题，自身没问题，则委婉地前往银行协商，解决问题（见图6－25）。

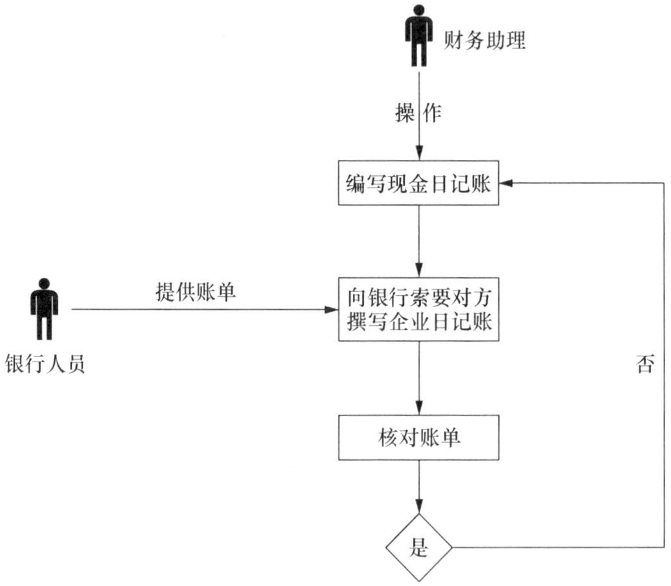

图6－25 银行对账流程图

第7章 外围辅助机构岗位职责与业务流程

7.1 中央银行

7.1.1 岗位职责

企业经营仿真实习中的中央银行，岗位和职能都进行了简化，设央行行长和央行职员两个岗位。

7.1.1.1 央行行长的岗位职责

（1）负责本部门与其他部门的沟通与合作。与银监会合作，加强对商业银行的监管，并分享商业银行的统计数据；与信息中心、工商局、海关、物流服务中心、人才交流中心等部门沟通，获取企业的不合规信息；与各商业银行沟通，获取商业银行的部分经营数据。

（2）负责货币政策的制定。通过调查问卷和访谈的方式，了解仿真实习的宏观经济运行情况，制定相应的货币政策。

（3）对企业在各商业银行开立的基本账户进行审核。

（4）及时向指导老师汇报本部门的工作总结、遇到的问题等，与指导老师沟通问题的解决思路。

7.1.1.2 央行职员的岗位职责

（1）发布信息。在企业经营仿真实习期初发布商业银行存贷款基准利率；发布初始的法定存款准备金率；在仿真企业经营的每天早上 8：30 到 9：00 之间发布人民币兑美元、人民币兑日元、人民币兑澳元、人民币兑欧元的汇率中间价；在行长决定调整法定准备金率或存贷款基准利率时，发布相关信息，并通知商业银行。

（2）统计数据。统计货币供给量，计算货币供给量的环比及同比增长速度；统计外围机构存款情况，并计算环比和同比的增长速度；根据企业的报表，统计Z值，作为企业信用评级的影响因素之一。

7.1.2 货币政策的决策流程

中央银行在进行政策调整时，需经过科学合理的决策流程。首先是通过与企业CEO及商业银行行长进行访谈或以发放问卷的形式了解仿真实习的总体运营情况，然后根据市场上具体的资金状况，进行相应的货币政策调整，保障企业经营仿真实习的有序运行，如图7-1所示。

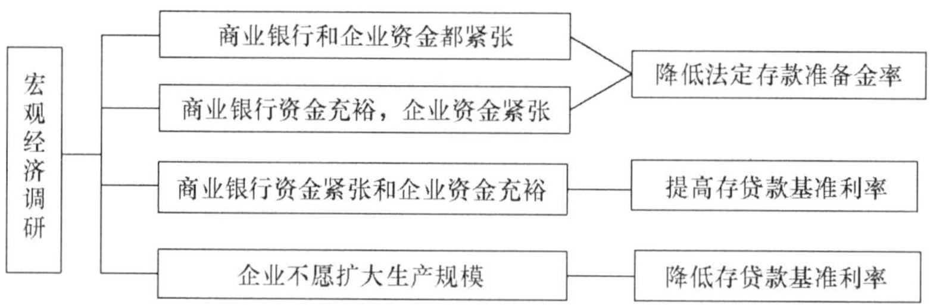

图7-1 中央银行的货币政策制定流程图

7.2 银监会

企业经营仿真实习中的银监会，岗位和职能都进行了简化，设银监会主席和银监会职员两个岗位。

7.2.1 银监会主席的岗位职责

◆ 负责本部门与其他部门的沟通与合作。与中央银行合作，加强对商业银行的监管，并分享商业银行的统计数据；与各商业银行沟通，获取商业银行的部分经营数据。

◆ 负责对商业银行的现场督查。

◆ 接受并处理企业对商业银行的投诉，协调企业与商业银行之间的矛盾。

◆ 根据银监会职员统计的商业银行经营指标对各商业银行的经营情况进行评分。

◆ 及时向指导老师汇报本部门的工作总结、遇到的问题等，与指导老师沟通问题的解决思路。

7.2.2　银监会职员的岗位职责

◆ 核查数据。核查各商业银行报表数据的准确性，并根据各商业银行提供报表的及时性和准确性对商业银行进行评分。

◆ 统计数据。根据商业银行的报表数据，统计整个商业银行的数据，统计商业银行的总资产、总负债；统计银行的利润、存贷比、净息差、存贷款余额、资产收益率、资本收益率等指标。

◆ 核查企业的资产负债率。

7.3　统计局

企业经营仿真实习中的统计局，岗位和职能都进行了简化，设统计局局长和统计局职员两个岗位。

7.3.1　统计局局长的岗位职责

◆ 负责本部门与其他部门的沟通。与审计事务所沟通，获取准确的企业报表，对报表中部分内容的标注和格式进行协调；对在报表中发现的问题进行及时的反馈；与海关和信息中心沟通，获得相关的统计数据。

◆ 负责用支出法分别核算五大区域市场的生产总值。

◆ 对统计数据进行分析，为了解仿真实习的总体运行情况，以及制定政策提供决策依据。

◆ 及时向指导老师汇报本部门的工作总结、遇到的问题等，与指导老师沟通问题的解决思路。

7.3.2　统计局职员的岗位职责

◆ 用收入法分别核算 A 区生产商、A 区渠道商、B 区生产商、B 区渠道商的生产总值。

◆ 对统计数据进行分析，为了解仿真实习的总体运行情况，以及制定政策提供决策依据。

◆ 统计所有企业的存货信息；统计所有企业的员工招聘数据，包括初级、中级、高级工人的人数、管理人员的人数等；统计居民可支配收入。

7.4 商业银行

7.4.1 商业银行组织结构

企业经营仿真实习平台现设有4家商业银行对外服务，不设立A/B区，共同服务于72家企业（48家生产商和24家渠道商）和其他外围机构。每家商业银行分设4个部门，包括行长办、信贷部、财务部、综合业务部（见图7-2）。

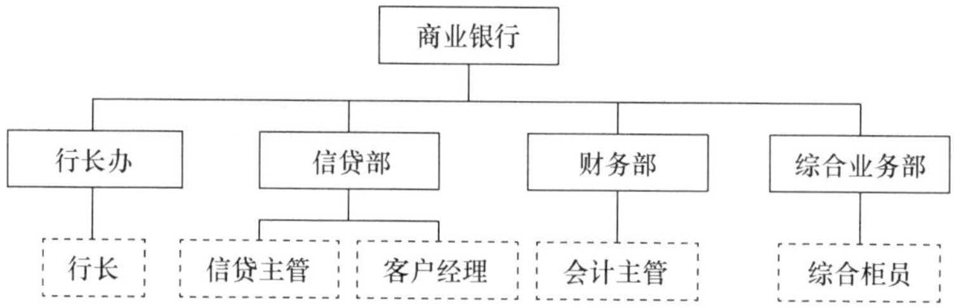

图7-2 商业银行的组织结构图

7.4.2 商业银行岗位职责

每家商业银行有9人，其中，行长1名，信贷主管1名，客户经理1名，会计主管1名，综合柜员5名。结合校内仿真综合实训的特点，各岗位职责如下：

7.4.2.1 行长

（1）全局掌控自己银行的状况，出现问题解决问题；

（2）协调好银行内部各岗位的工作，优化流程，提高效率；

（3）协调好银行之间以及银行与银监会之间的业务关系；

（4）有重大问题要及时向指导老师反馈。

7.4.2.2 综合柜员

（1）按企业单据上填写的日期进行记账，来一笔业务，就记一笔业务的流水账，并在备注说明，然后判断是否断流，断流了须当面告知企业，待企业解决后再办理业务；

（2）流水账一定要按时间顺序记账，千万不可颠倒；

（3）保管好单据，并及时传递给收款人银行，不要在手中积攒很多单据。

7.4.2.3 会计主管

（1）查看综合柜员的流水账是否正确；
（2）汇总相关数据后制作财务报表以及填写银监会要求的表格。

7.4.2.4 信贷主管

（1）每办理一笔贷款业务，就填好相关贷款业务表格，并告知企业拿着贷款的相关单据与凭证去找负责业务的综合柜员入账。
（2）合理确定贷款额度、贷款利率、贷款期限。

7.4.2.5 客户经理

（1）负责收集客户融资需求，走访企业客户，及时掌握客户信息，为信贷主管以及行长决策提供支撑。
（2）负责维护客户关系，掌握沟通技巧，维持现有客户，发展新客户，对贷款客户经营情况追踪管理。
（3）建立客户档案，分析客户的偿债能力、营运能力、盈利能力、发展能力。

7.4.3 对外业务受理时间

表7－1 商业银行对外业务受理时间（一天一季度）

办理单位	业务名称	受理单位	受理时间	记账时间	备注
地税局	地税局将企业所得税入账	商业银行	10：50前	季度初	本季度收取企业上季度的所得税
信息中心	渠道商所投广告费入账	商业银行	10：30前	季度末	—
信息中心	生产线费用入账	商业银行	10：50前	季度末	—
人才交流中心	招聘广告费，培训费、解聘违约金入账	商业银行	10：40前	季度初	—
信息中心	原材料及辅料费入账	商业银行	11：55前	季度初＆季度末	原材料采购费季度初付50%，季末付50%；辅料费全部季末付
企业	申请贷款（长期和短期）	商业银行	11：55前	贷款协议约定时间	—
企业	申请发行公司债	商业银行	11：55前	季度初	
企业	支付/收取货款	商业银行	11：55前	支票开出的时间	渠道商支付给生产商当季度的所有货款
信息中心	转产调试费、维修费入账	商业银行	15：10前	季度末	—
渠道商	本季度货款入账	商业银行	15：20前	季度末	—
渠道商物流中心	店铺租金、装修费、管理费入账	商业银行	15：20前	季度末	—

续表

办理单位	业务名称	受理单位	受理时间	记账时间	备注
海关	报关、报检费，保险费入账	商业银行	15：50 前	季度末	—
人才交流中心	工资入账	商业银行	15：40 前	季度末	—
生产商物流中心	仓储费、水电费、原材料仓库租金、产成品仓库租金、厂房租金入账	商业银行	16：00 前	季度末	—
渠道商物流中心	运费、运营费入账	商业银行	16：00 前	季度末	—
生产商	出口退税入账	商业银行	16：30 前	季度末	—
国税局	增值税及其他税费入账	商业银行	16：50 前	季度末	—
企业	偿还贷款	商业银行	17：20 前	贷款协议约定时间	—
企业	结算利息	商业银行	17：20 前	季度末	—
企业	企业对账	商业银行	17：30 前	季度末	—

注：①季度初是指每个季度的第一天（1 月 1 日，4 月 1 日，7 月 1 日，10 月 1 日）。

②季度末是指每个季度的最后一天（3 月 31 日，6 月 30 日，9 月 30 日，12 月 31 日）。

7.4.4 商业银行的业务流程

7.4.4.1 开户流程

企业经营仿真实习中，每期 72 家企业（48 家生产商与 24 家渠道商）确定自己公司名称之后，先去工商局与税务局注册登记，然后自行选择其中一家商业银行填写《开立单位银行结算账户申请书》完成开户申请，如图 7－3 所示。

注意事项：

（1）总共 72 家企业（48 家生产商＋24 家渠道商），4 家银行，一开始每家银行控制的基本账户数量＝72÷4＝18 家左右。这么做的目的是避免企业集中在一、二家银行办理业务，分散利于企业有序高效运营。后续企业可变更基本账户，但需向商业银行申请并获得央行审批。

（2）企业可以注销基本账户，并在另一家商业银行重新开立基本账户，但需要获得央行的审批。

（3）上述开户业务流程只是针对生产商与渠道商，外围机构只设立基本账户账号，而且不需要来银行填写开户申请书，其银行账号由商业银行指导老师确定后公布，并分配给 4 家商业银行负责后续业务。

（4）每家商业银行确定好自己的名称后由老师审核（取名要规范、有内涵，现实中不存在）。

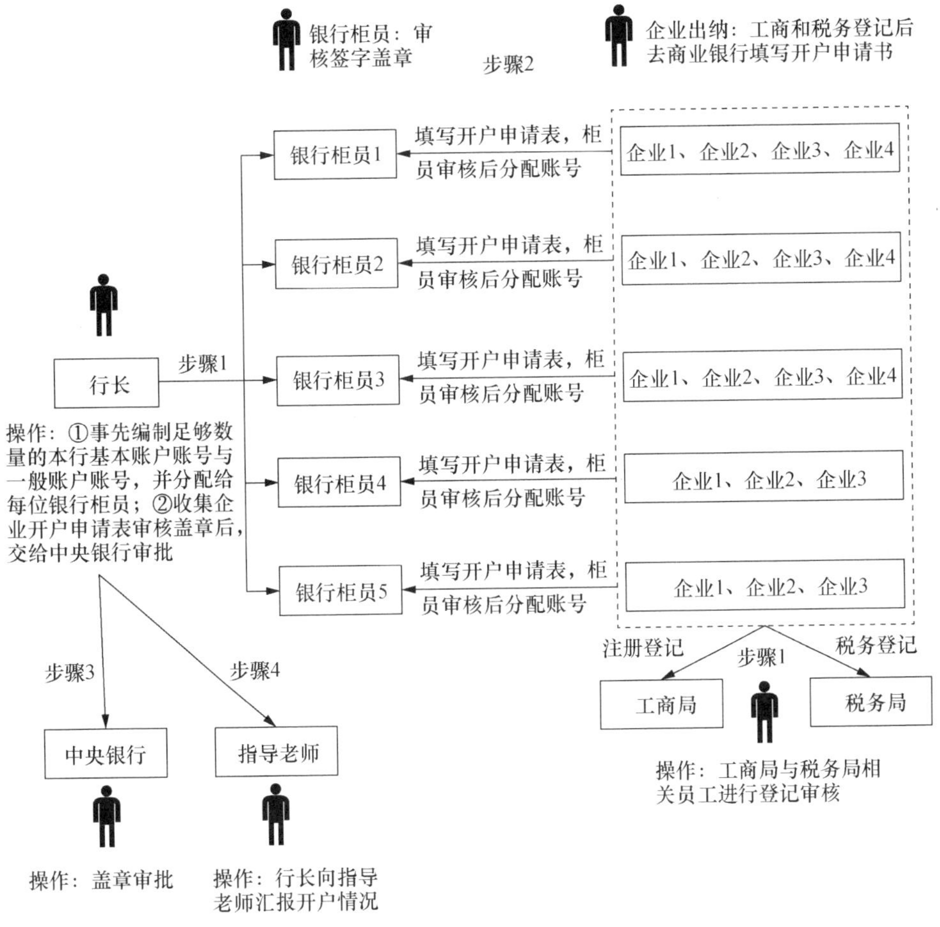

图 7－3　开户业务流程图

7.4.4.2　银行贷款业务流程

每一家商业银行都有规范的贷款政策和程序，信贷业务人员必须准确理解和掌握贷款业务的操作流程，在创造收益的同时规避或降低风险。贷款的主要流程为：信贷业务的受理→贷前调查→贷款审批→贷款发放→放款→档案整理与移交→贷款回收→贷后管理。具体流程如图 7－4 所示。

7.4.4.3　委托贷款业务流程

企业之间也可以相互借贷款，但需要遵循委托贷款业务规则，借款人与贷款人（也称委托人）必须要来贷款人的基本账户银行找信贷主管三方签订委托贷款协议，企业之间不得私下签订委托贷款协议，否则无效。具体流程如图 7－5 所示。

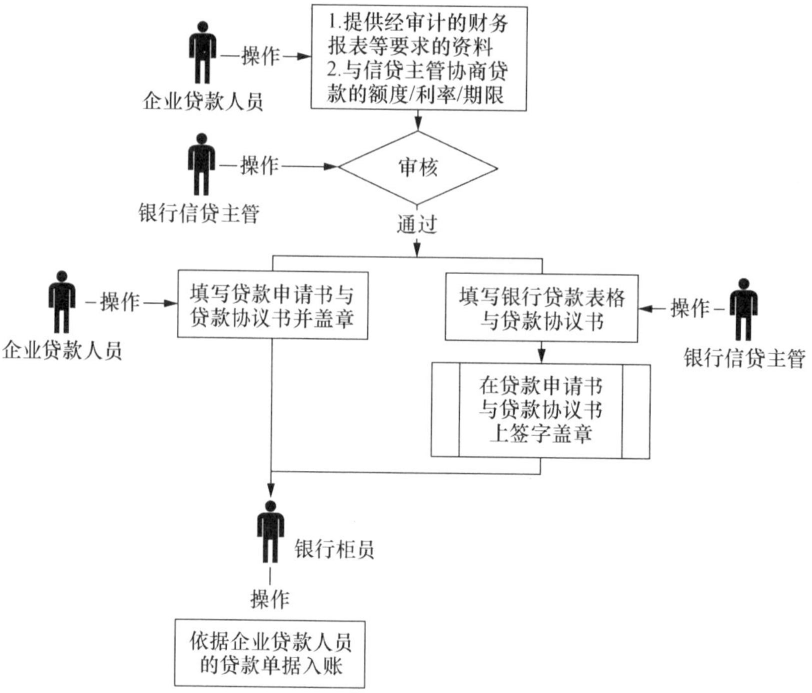

图7－4　贷款业务流程图

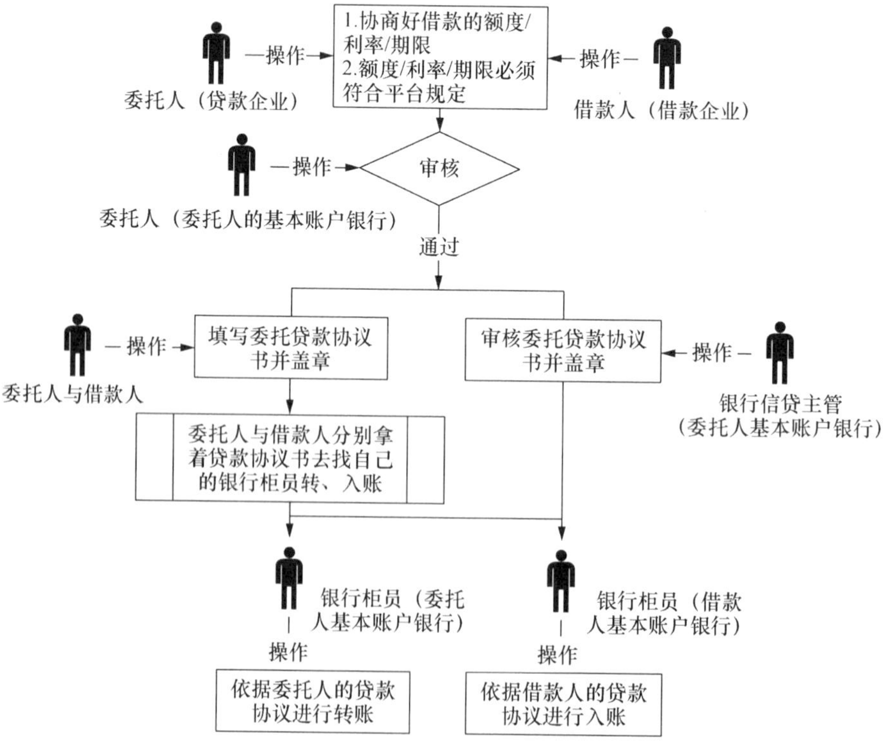

图7－5　委托贷款业务流程图

7.4.4.4 转账业务流程

转账业务流程如图7-6所示。

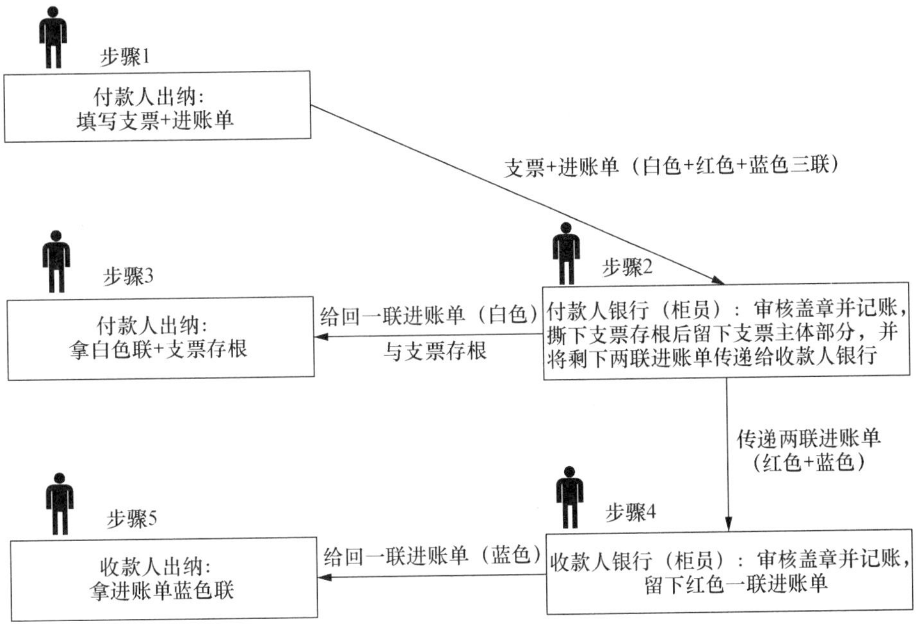

图7-6 转账业务流程图

注意事项：

（1）支票与进账单上面的信息需填写准确、清晰，金额大小写一致，用途明确，不能涂改，不符合要求的单据需要重新填写。

（2）进账单在填写第一联时用点力度，如果用力太轻，会造成后面几联模糊不清，使得收款人银行没办法审核并登记入账，此时银行可要求企业重写，所以企业在填写进账单的第一联时需要自行检查后面几联是否清晰，避免返工。

（3）剩下两联进账单的传递必须在银行之间进行，银行人员不可要求企业代为传递，如果丢失，容易归责不清，另外入账不及时还会严重影响业务办理进程与效率。

（4）当季度的支付收款业务当季度完成，收款人及时办理付款转账业务，且及时来自己的基本账户银行拿回相关单据入账。

7.4.4.5 电汇凭证业务流程

在企业经营仿真实习中，企业的进出口业务采用的支付结算方式包括电汇和信用证两种。其中电汇（T/T）的业务在第一年就采取，其流程包括整体流程与支付结算流程（以第一季度为例），如图7-7和图7-8所示。

注意事项：

（1）企业经营仿真实习平台规定，企业签订合同的时间是每个季度初。

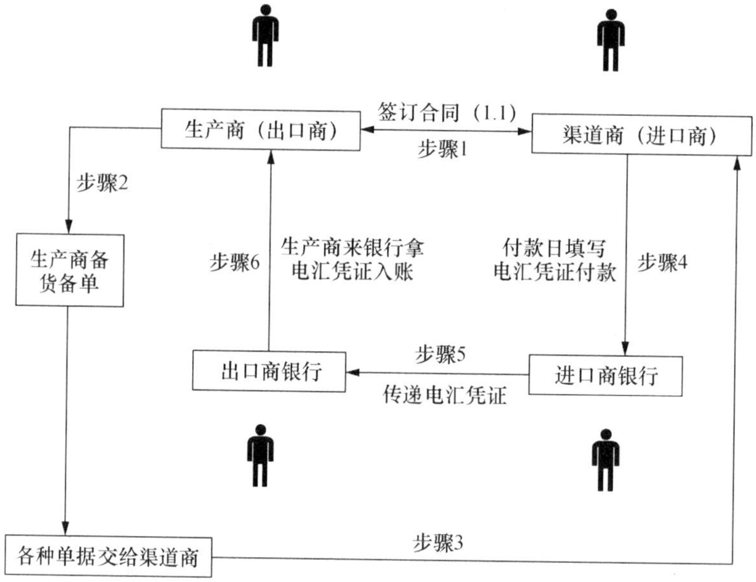

图 7－7　电汇凭证业务整体流程图

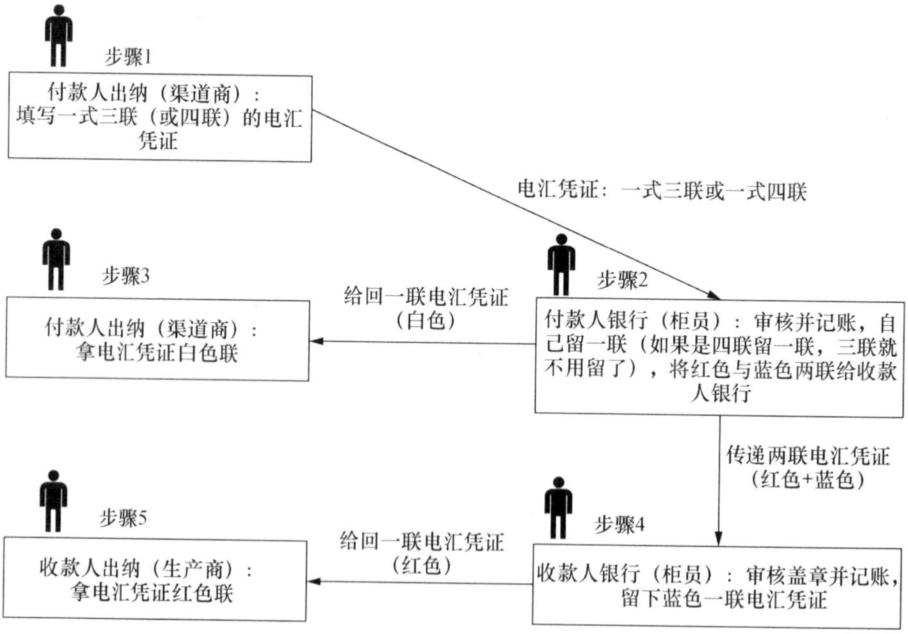

图 7－8　电汇凭证业务支付流程图

（2）由于平台单据库存问题，企业领取的电汇凭证有一式三联或一式四联，不影响企业的业务办理，企业均可拿到一联电汇凭证用来记账。

（3）采用电汇结算时，付款人货到码头立即付款，收款人在付款的次日才能收到款项。

7.4.4.6　信用证业务（进出口）业务流程

在企业经营仿真实习中，企业从第二年开始采用信用证结算方式，渠道商每个季度的国际结算业务中至少选择 2 笔用信用证（L/C）这种支付方式，其他国际结算业务可选择用电汇（T/T），具体的信用证业务流程如图 7－9 和图 7－10 所示。

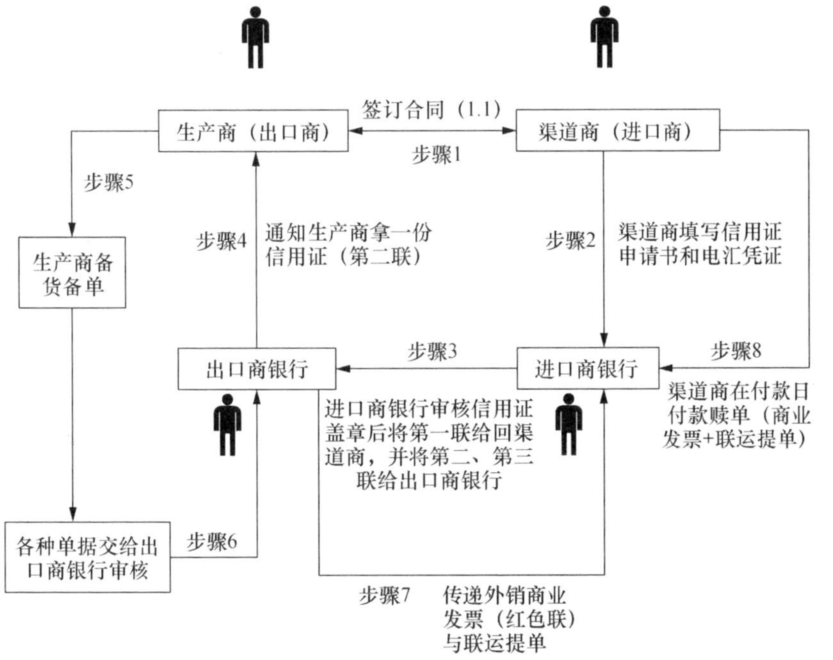

图 7－9　信用证业务支付流程图

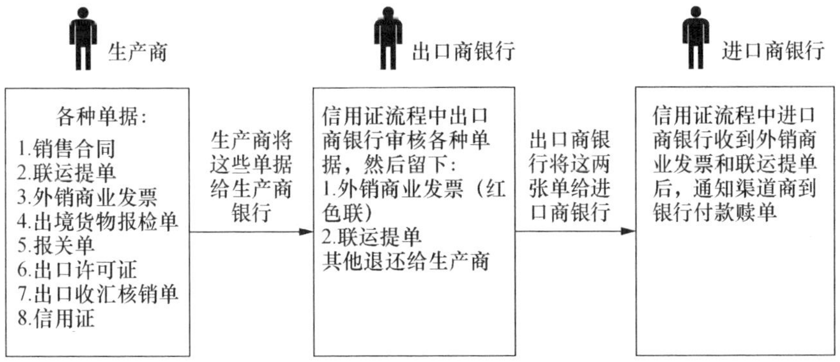

图 7－10　生产商提交单据流程图

注意事项：

（1）企业经营仿真实习平台规定，企业签订合同的时间是每个季度初。

（2）渠道商付款时填写电汇凭证付款，付款流程与电汇业务一致（参见电汇凭证付款业务流程）。

（3）渠道商货到码头就立即付款，信用证业务的收款人（即生产商）在渠道商付款当天就能收到款项。

（4）运输时间统一为15天，不论运输地点与方式（平台规则）。

（5）银行开出信用证当天（合同次日），渠道商存款按付款金额的20%被冻结作为保证金。

7.5 市场信息发布中心

7.5.1 市场信息发布中心概况

7.5.1.1 概况

市场信息发布中心（简称信息中心）是跨专业综合模拟仿真实训平台诸多主体共享信息的平台。主要负责的是整个仿真企业模拟经营的开端和末端以及各项信息的发布，包括原材料销售、生产线销售、产成品收购、宏观经济面信息发布、原材料市场与终端消费市场动态信息发布、生产商和渠道商发展状况等。

信息中心在仿真实训期间不断加强对外沟通交流工作，与国税局、人才交流中心、工商局、审计所等外围部门建立良好的合作关系，在工作上通过资源共享加强对企业的服务，与各外围机构、企业等有良好的沟通，营造愉悦的工作气氛。始终坚守信息中心宗旨，帮助生产商、渠道商进行各项业务，在工作中做到高效便民、用心服务。

7.5.1.2 组织结构

信息中心分设A区、B区，各区分设生产商组、渠道商组和信息发布组，其中渠道商组中分为终端采购组和市场计算组。生产商组主要负责A区、B区各24家生产商的工作，渠道商组主要负责A区、B区各12家渠道商的工作，信息发布组主要负责信息的收集、发布和网站的维护。信息中心组织结构见图7-11。

7.5.1.3 工作职责

7.5.1.3.1 部长工作职责

信息中心部长包括生产商组部长和渠道商组部长，分别管理A区、B区生产商组和渠道商组的职员，主要工作职责如下：

（1）工作职责。

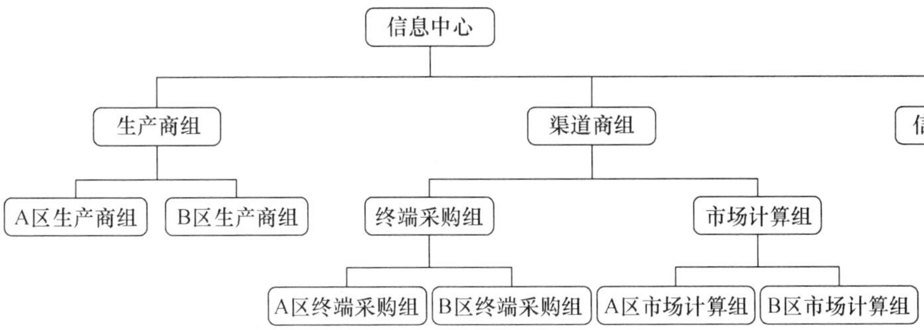

图 7－11　信息中心组织结构图

◆ 开放及管理平台系统，包括需求发布与订单响应系统（渠道商组部长）和原材料采购系统（生产商组部长）。

◆ 核对渠道商门店数（渠道商组部长）。

◆ 监督及处理企业违规情况。

◆ 协调信息中心与企业的关系。

（2）管理职责。

◆ 合理分派工作任务，保证信息中心业务的按时完成。

◆ 带领团队成员熟悉工作流程，保证业务顺利进行。

◆ 做好部门文化的建设与传导，注重团队意识的培训与交流，建设团结向上、高效有力的员工队伍。

◆ 收齐部门员工的个人总结资料，组织周例会，解决出现的问题，按计划布置下周重点工作。

7.5.1.3.2　生产商组职员工作职责

生产商组职员主要负责管理 A 区、B 区生产商的采购及缴费工作，主要工作职责如下：

（1）工作职责。

◆ 销售原材料、辅料，审核生产商采购原材料、辅料的资料，并开具增值税发票。

◆ 销售/回购生产线、车辆、自建仓库，审核生产商采购/销售生产线、车辆、自建仓库的资料，并开具增值税发票。

◆ 收缴生产线的费用（调试费、维修费、研发费及建造费），审核生产商缴纳生产线费用的资料，并开具增值税发票。

◆ 应对命运罗盘带来的影响。

（2）其他职责。

◆ 服从部长的管理，协调好与其他职员的关系，认真完成信息中心的工作及业务。

◆ 监督所负责的企业违规情况。

◆ 处理好所负责的企业的关系。

7.5.1.3.3 渠道商组职员工作职责

渠道商组分为终端采购组和市场计算组，终端采购组职员主要负责管理A区、B区渠道商的缴费和销售工作，市场计算组职员主要负责市场指标的数据录入和生成工作。主要工作职责如下：

(1) 终端采购组职员工作职责。

◆ 收取广告费，审核渠道商缴纳广告费的资料，并开具增值税发票。

◆ 建立、撤销门市店，审核渠道商建立、撤销门市店的资料，并开具发票。

◆ 收缴网店建设费、改造费及运营费，审核渠道商缴纳网店建设费、改造费及运营费的资料，并开具发票。

◆ 销售产品（预售/正式销售），审核渠道商销售产品（预售/正式销售）的资料，支付货款。

◆ 应对命运罗盘带来的影响。

(2) 市场计算组职员工作职责。

◆ 编制市场计算表（市场容量计算表、市场占有率计算表、基准价格计算表、规模经济利得计算表、市场最大销售额计算表）。

◆ 协助终端采购组，完成市场数据的录入（广告费、门店数、销售量）。

◆ 计算及发布市场指标（市场容量、市场占有率、基准价格、规模经济利得、市场最大销售额）。

(3) 其他职责。

◆ 服从部长的管理，协调好与其他职员的关系，认真完成信息中心的工作及业务。

◆ 监督所负责的企业违规情况。

◆ 处理好所负责的企业的关系。

7.5.1.3.4 信息发布组职员工作职责

信息发布组职员主要负责管理A区、B区外围机构信息的收集、整理及发布。主要工作职责如下：

(1) 工作职责。

◆ 发送、接收外围机构的信息与资料。

◆ 整理外围机构的资料。

◆ 按时在网站发布信息。

(2) 其他职责。

◆ 服从部长的管理，协调好与其他职员的关系，认真完成信息中心的工作及业务。

◆ 处理好与外围机构的关系。

7.5.2　生产商组工作流程

生产商组工作内容如图 7－12 所示。

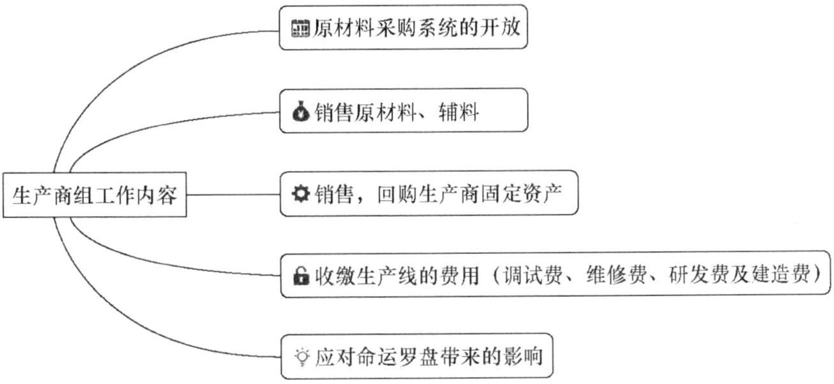

图 7－12　生产商组工作内容

7.5.2.1　原材料采购系统的开放

原材料采购系统是提供给生产商采购主管在网上提前订购原材料的系统平台，由 A 区、B 区信息中心生产商组部长进行开放及管理，系统开放时间为每季度初，具体时间由信息中心发布。生产商采购主管只有在原材料采购系统提前订购，才能在信息中心进行原材料的采购，辅料则不用在系统中提前订购。原材料的采购价格只有在原材料采购系统关闭后由信息中心生产组部长在系统中计算出原材料最终采购价格，并导出系统原材料采购表，生产商采购主管必须按照系统原材料采购表中的原材料采购数量和采购价格进行原材料采购。

7.5.2.1.1　工作安排表

原材料采购系统的开放工作安排表如表 7－2 所示。

表 7－2　原材料采购系统的开放工作安排表

时间点	信息中心	生产商
关闭时间 ×年×季度	采购开关：关	系统中显示“采购系统处于关闭状态”
采购时间 ×年×季度	采购开关：开 监督生产商采购违规行为	系统中显示“采购系统处于开启状态”，可以发布、修改、删除本公司的原材料采购需求
关闭时间 ×年×季度	采购开关：关	系统中显示“采购系统处于关闭状态”，可以查看自己已采购的原材料、市场剩余原材料信息
关闭时间 ×年×季度	在系统中计算原材料采购价格，导出原材料采购表	根据系统的原材料采购数量和采购价格进行采购

7.5.2.1.2　工作流程

原材料采购系统工作流程如图 7－13 所示。

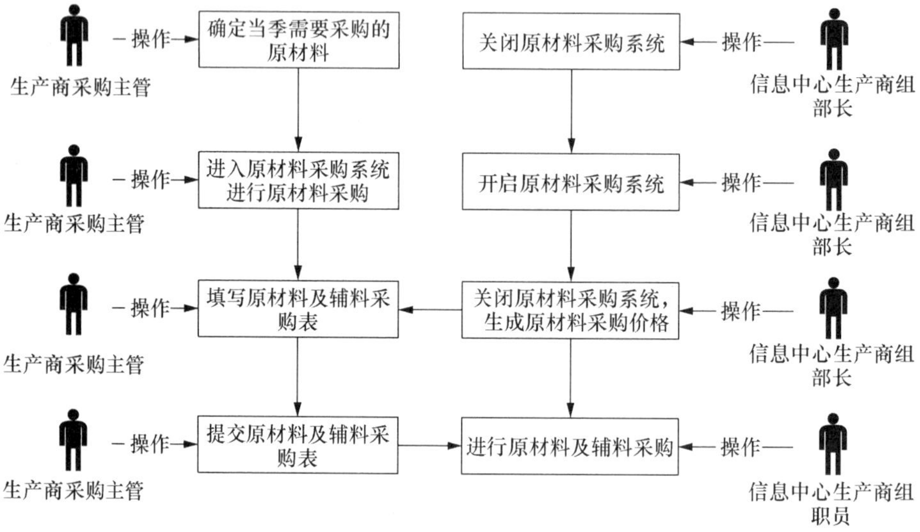

图 7－13　原材料采购系统工作流程图

7.5.2.1.3　注意事项

（1）监控生产商原材料采购系统违规行为。

◆ 恶意囤积原材料行为，仓储任一种原材料的最大数量为其拥有全部生产线 3 个季度的最大产能所需理论原材料数量。

◆ 错采或补采原材料行为。

（2）生产商原材料采购系统违规处理。

◆ 恶意囤积的原材料须以进价的 80% 退回产地，但相应的增值税进项税额需 100% 转出。

◆ 错采或补采原材料按照《生产商原材料及辅料采购的补充规定》处理。

7.5.2.2　销售原材料、辅料

每个季度在原材料采购系统关闭后，生产商采购主管在信息中心规定的采购原材料和辅料的时间内，到信息中心找到对应企业的生产商组职员，进行原材料及辅料的采购。生产商组职员则对生产商提交表格进行审核，并开具增值税发票，生产商出纳在银行付款成功后，生产商采购主管返回信息中心领取增值税发票。

7.5.2.2.1　工作流程

销售原材料、辅料工作流程如图 7－14 所示。

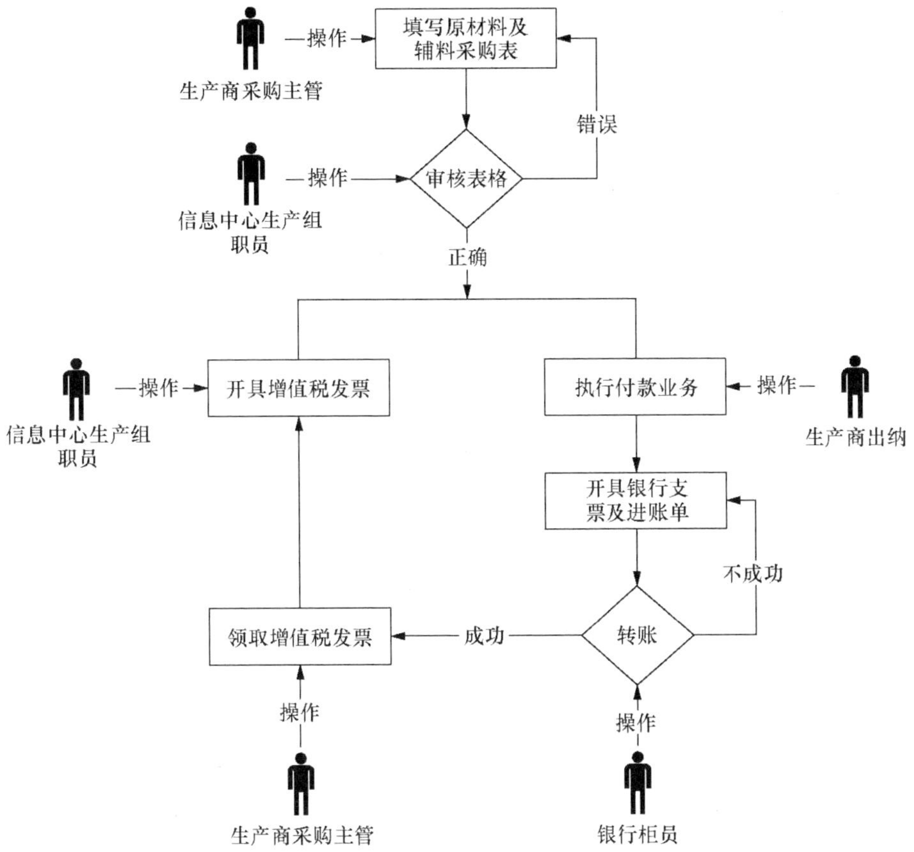

图7-14　销售原材料、辅料工作流程图

7.5.2.2.2　注意事项

（1）生产商交支票及进账单（共4张）。

◆ 支票1。50%原材料费及50%税，即首款，支票时间为季度初。

◆ 支票2。50%原材料费及50%税+全部辅料费用（价税合计），即尾款，支票时间为季度末。

◆ 进账单1。50%原材料费及50%税，进账时间为季度初。

◆ 进账单2。50%原材料费及50%税+全部辅料费用（价税合计），进账时间为季度末。

（2）信息中心写增值税发票（共2张）。

◆ 原材料发票，发票时间为季度初。

◆ 辅料发票，发票时间为季度末。

（3）原材料与辅料的采购价格均为不含税的人民币价格，生产商在采购原材料与辅料的时候需要计算16%的增值税税额，收取价税合计数额。

（4）错采或补采原材料按照《信息中心对企业通报批评、收取罚金的实施细则》处理。

7.5.2.3 销售、回购生产商固定资产（生产线、车辆、自建仓库）

生产商采购主管在信息中心规定的采购固定资产的时间内，到信息中心找到对应企业的生产商组职员，提交固定资产购买、出售表，进行生产线、车辆、自建仓库的采购。生产商组职员则对生产商提交表格进行审核，并开具增值税发票，生产商出纳在银行付款成功后，生产商采购主管返回信息中心领取增值税发票。

生产商可按照当前设备折余价值的80%价格随时出售生产线、车辆、自建仓库给信息中心，生产商采购主管到信息中心找到对应企业的生产商组职员，提交固定资产购买、出售表。生产商组职员则对生产商提交表格进行审核，之后开具银行支票及进账单到银行进行转账，生产商出纳开具增值税发票，信息中心生产商组职员到生产商领取增值税发票。生产商亦可将生产线转让或租赁给其他生产商，但仍需要提交生产商固定资产购买/出售表在信息中心进行备案。

7.5.2.3.1 工作流程

销售生产商固定资产工作流程如图7－15所示，回购生产商固定咨产工作流程如图7－16所示。

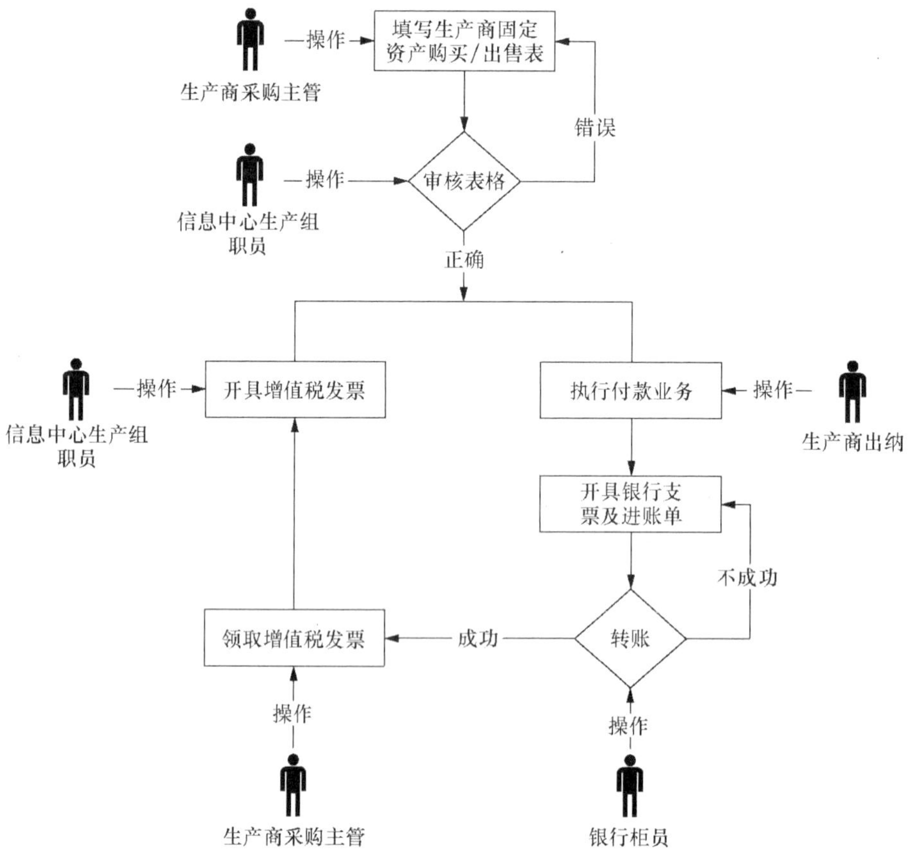

图7－15 销售生产商固定资产工作流程图

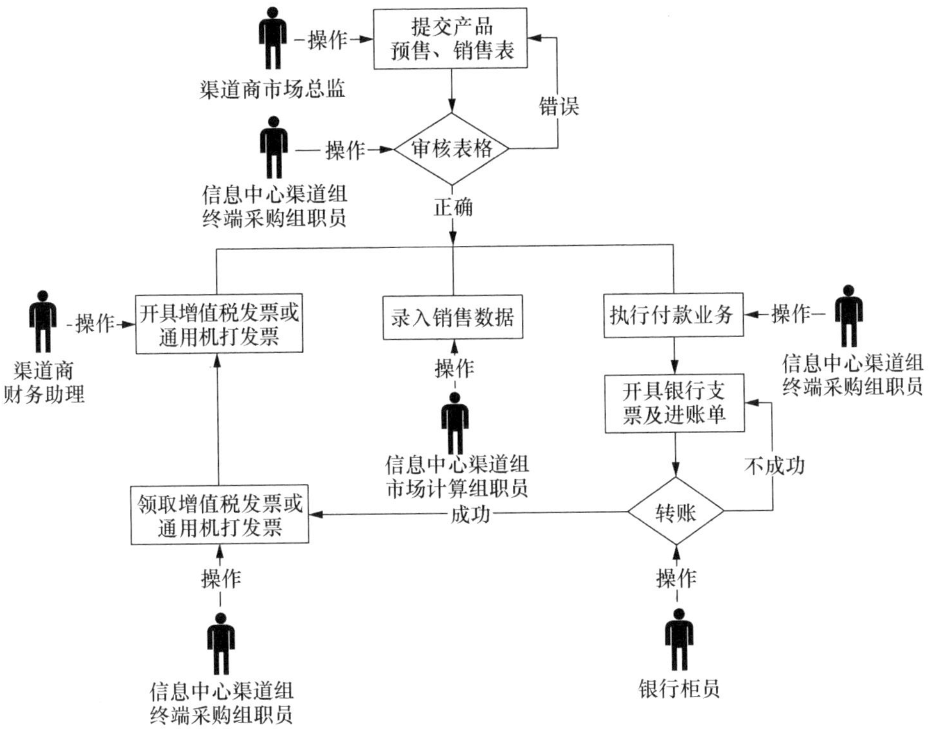

图7-16 回购生产商固定资产工作流程图

7.5.2.3.2 注意事项

（1）支票、发票及进账单的记账时间为生产商购买与出售的具体日期。

（2）生产线固定资产的价格为含税价格，生产线、车辆的增值税税率为16%，仓库的增值税税率为10%。

（3）生产线当天买，当天可以用。但是当天卖生产线，当天不可以再生产了，因为还有生产线拆和卖的过程。

7.5.2.4 收缴生产线费用

生产商生产主管在信息中心规定的缴纳生产线费用的时间内，到信息中心找到对应企业的生产商组职员，提交生产线费用表，进行生产线调试费、维修费、研发费及建造费的缴纳。生产商组职员则对生产商提交表格进行审核，并开具增值税发票，生产商出纳在银行付款成功后，生产商生产主管返回信息中心领取增值税发票。

7.5.2.4.1 工作流程

收缴生产线工作流程如图7-17所示。

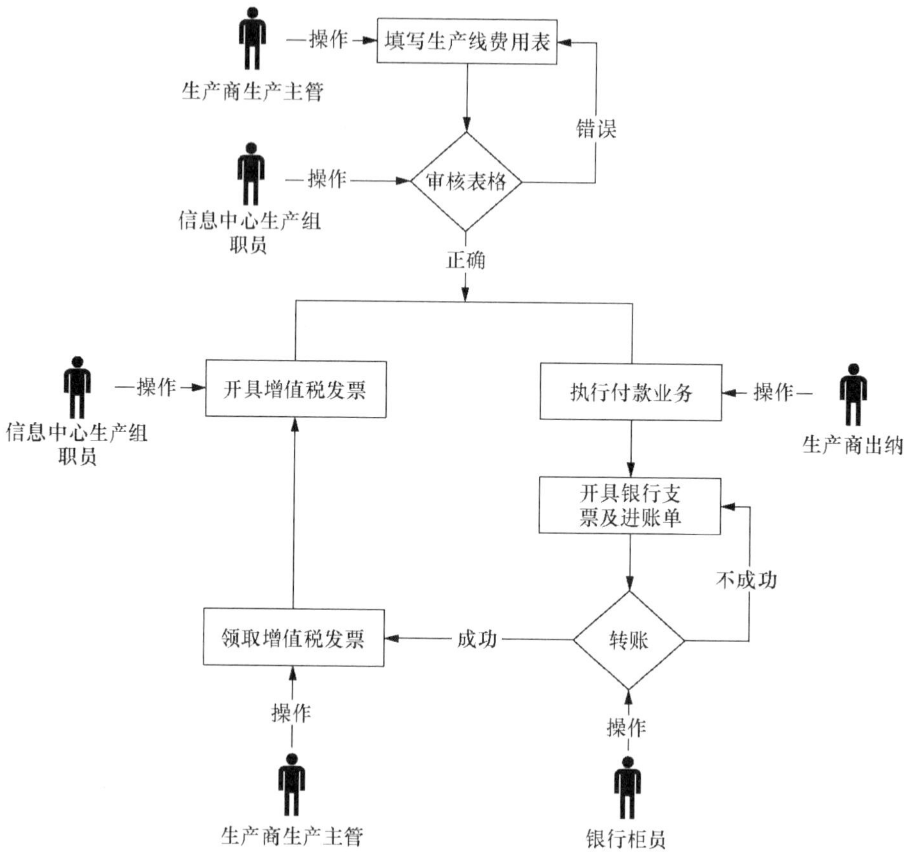

图 7-17　收缴生产线工作流程图

7.5.2.4.2　注意事项

（1）生产线所有费用记账时间为季度末。

（2）生产线缴纳的所有费用为含税价格，生产线调试费、维修费的增值税税率为16%，生产线研发费、建造费的增值税税率为6%。

（3）补交或修改生产线费用按照《信息中心对企业通报批评、收取罚金的实施细则》处理。

7.5.2.5　应对命运罗盘带来的影响

从企业经营期第2年起，不定期的旋转命运罗盘，为实验环境增减不确定因素，命运罗盘影响季度为举办命运罗盘的次季度。

（1）风调雨顺，次季度各种天然皮料的价格下调5%。

解释意见：指的是生产商到信息中心采购的各种天然皮料的采购价格统一下调5%，采购价格即原材料采购系统计算后的采购价格，计算公式=原采购价格×（1-5%）；天然皮料包括国产头层牛皮、进口牛皮、羊皮、猪皮、鳄鱼皮、鹿皮。

（2）石油增产，次季度 PU 等所有石化类原材料价格下调 5%。

解释意见：指的是生产商到信息中心采购的所有石化类原材料的采购价格统一下调 5%，采购价格即原材料采购系统计算后的采购价格，计算公式 = 原采购价格 ×（1 - 5%）；所有石化类原材料包括 PVC 革、PU 革、合成皮、二层牛皮和所有鞋底材料（TPR 底、PVC 底、PU 底、橡胶底、MD 底、进口 PU 底、进口真皮底）。

（3）命运罗盘的影响只能由信息中心生产商组手工计算。

7.5.3　渠道商组工作流程

渠道商组工作内容如图 7-18 所示。

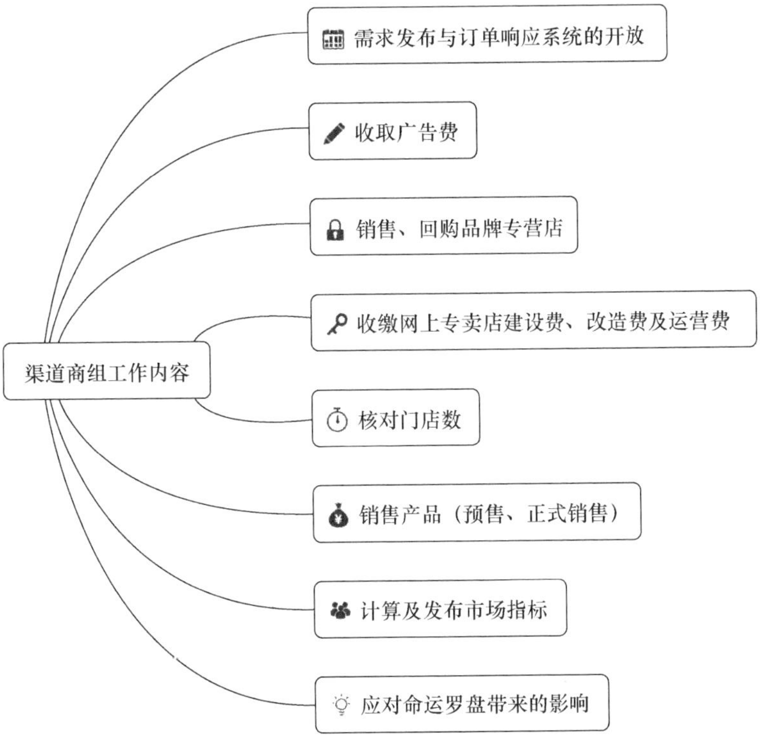

图 7-18　渠道商组工作内容

7.5.3.1　需求发布与订单响应系统的开放

需求发布与订单响应系统是提供给生产商与渠道商在网上产品订购的系统平台，由 A 区、B 区渠道商组部长进行开放及管理，系统开放时间为每季度初，具体时间由信息中心发布。生产商与渠道商必须按照需求发布与订单响应系统上的订购意向，进行产品销售合同的签订。

7.5.3.1.1　工作安排表

表 7-3　需求发布与订单响应系统的开放工作安排表

时间点	信息中心	渠道商	生产商
发布时间 ×年×季度	需求开关：开 响应开关：关 订购开关：关	可以发布、修改、删除、查看本公司当前季度采购需求以及其他渠道商提交的订单	可以查看渠道商已经提交所有采购订单，但不允许做出响应
第一次响应时间 ×年×季度	需求开关：关 响应开关：开 订购开关：关	可以查看生产商已提交的所有响应供货量，不允许其他操作	可以发布、修改、删除本公司的供货响应。调整供货量与供货价格
第一次订购时间 ×年×季度	需求开关：关 响应开关：关 订购开关：开	可以根据生产商发出的供货响应，选择供货商及供货数量	可查看自己公司供货响应的实际订购情况；若渠道商有采购订单剩余需求量，可准备进行第二次响应
第二次响应时间 ×年×季度	需求开关：关 响应开关：开 订购开关：关	可以查看生产商已提交的剩余响应供货量，不允许其他操作	可以响应某些渠道商的剩余需求量
第二次订购时间 ×年×季度	需求开关：关 响应开关：关 订购开关：开	按照自己的剩余需求量必须订购符合条件的订单	可查看自己公司供货响应的实际订购情况

7.5.3.1.2　工作流程

需求发布与订单响应系统工作流程如图 7-19 所示。

7.5.3.1.3　注意事项

（1）渠道商在订购时间中，当采购量 < 累计响应供货量，渠道商自主选择供货商与采购量，部分生产商失去供货资格；当采购量≥累计供货量响应，渠道商有剩余采购量，全部生产商获得供货资格，渠道商必须订购所有响应该订单的生产商。

（2）监控需求发布与订单响应系统违规行为。

◆ 响应、需求的数量最小单位不以千件，价格出现小数点。

◆ 当季度发布需求所订购的商品在同一季度进行销售。

◆ 当采购量≥累计供货量响应，不订购全部的生产商订单。

◆ 超过订购截止时间的 30 分钟，还未同订购的生产商签署购销合同。

（3）需求发布与订单响应系统违规处理。需求发布与订单响应系统违规按照《信息中心对企业通报批评、收取罚金的实施细则》处理。

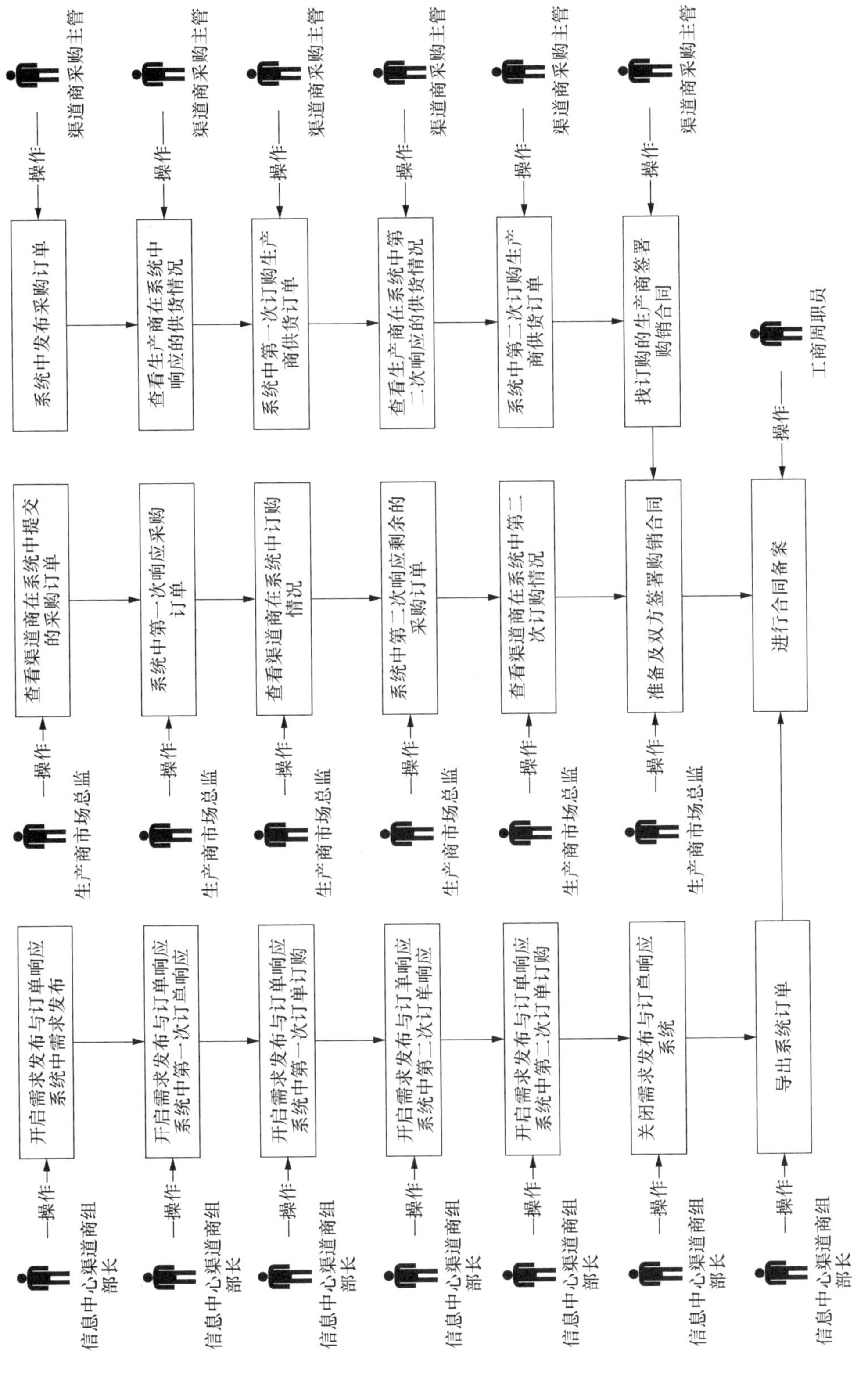

图7-19　需求发布与订单响应系统工作内流程图

7.5.3.2 收取广告费

渠道商市场总监在信息中心规定的缴纳广告费的时间内，到信息中心提交广告登记表。渠道商组终端采购组职员对渠道商提交的表格进行审核，并开具增值税发票或增值税通用机打发票，渠道商组市场计算组职员对广告费数据进行录入。渠道商财务助理在银行付款成功后，渠道商市场总监返回信息中心领取增值税发票或增值税通用机打发票。

7.5.3.2.1 工作流程

收取广告费流程如图 7－20 所示。

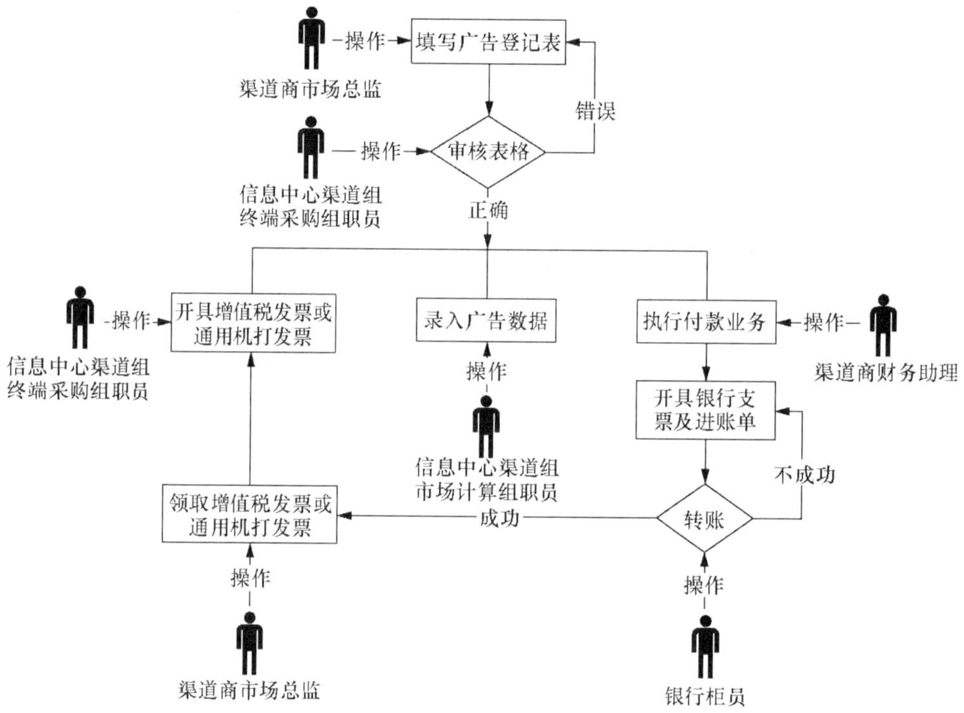

图 7－20　收取广告费流程图

7.5.3.2.2 注意事项

（1）渠道商广告包括品牌广告和产品广告：品牌广告是对该区域的所有产品有影响，只对市场的一个季度有影响；产品广告是对某个区域的某个产品有影响，可以累计，长久影响市场。

（2）品牌广告和产品广告投入最小单位以千元计。

（3）信息中心填写发票。

◆ 国内市场广告费。填写增值税发票，6% 的增值税，收取价税合计数额，影响值也是价税合计数额。

◆ 国外市场广告费。填写通用机打发票，没有增值税。

（4）支票和发票的记账时间为季度末。

（5）广告费投入违规按照《信息中心对企业通报批评、收取罚金的实施细则》处理。

7.5.3.3　销售、回购品牌专营店

渠道商物流主管在信息中心规定的销售、回购品牌专营店的时间内，到信息中心找到对应企业的渠道商组终端采购组职员，提交店铺购买或出售表，进行品牌专营店的购买。渠道商组终端采购组职员对渠道商提交的表格进行审核，并开具增值税发票或增值税通用机打发票；渠道商组市场计算组职员对渠道商购买店铺的数据进行录入。渠道商财务助理在银行付款成功后，渠道商物流主管返回信息中心领取增值税发票或增值税通用机打发票。

渠道商可按照当前设备折余价值的 80% 价格随时出售通过购入方式取得的店铺给信息中心，渠道商物流主管到信息中心找到对应企业的渠道商组终端采购组职员，提交店铺购买或出售表，进行品牌专营店的出售。渠道商组终端采购组职员则对渠道商提交的表格进行审核，之后开具银行支票及进账单到银行进行转账；渠道商组市场计算组职员对渠道商出售店铺的数据进行录入。渠道商财务助理开具增值税发票，渠道商组终端采购组职员到渠道商处领取增值税发票或通用机打发票。

渠道商亦可将购买的店铺转让给其他渠道商，但仍需要提交店铺购买或出售表在信息中心进行备案。

7.5.3.3.1　工作流程

销售品牌专营店流程如图 7－21 所示，回购品牌专营店流程如图 7－22 所示。

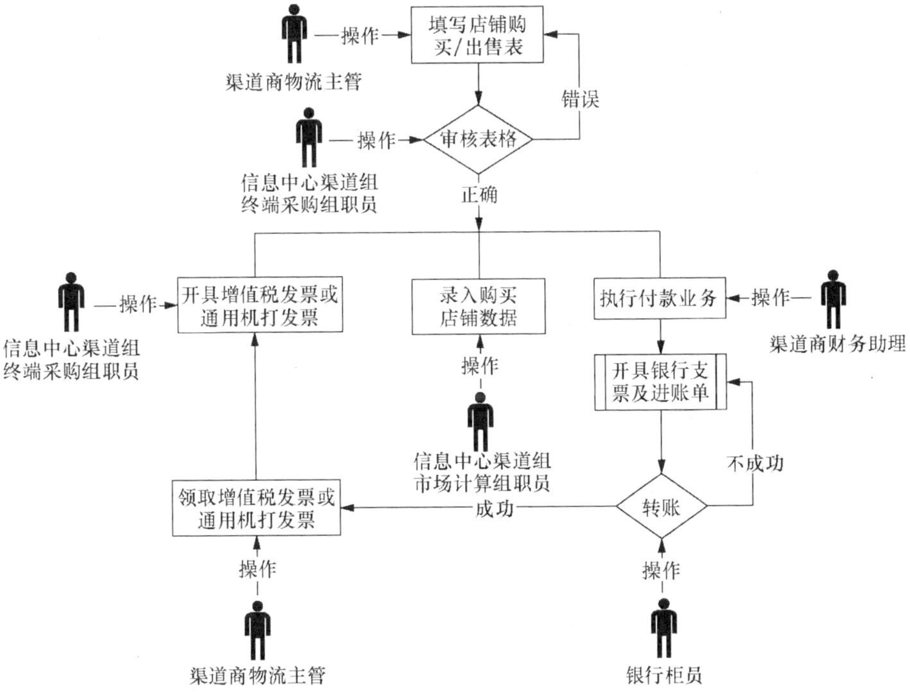

图 7－21　销售品牌专营店流程图

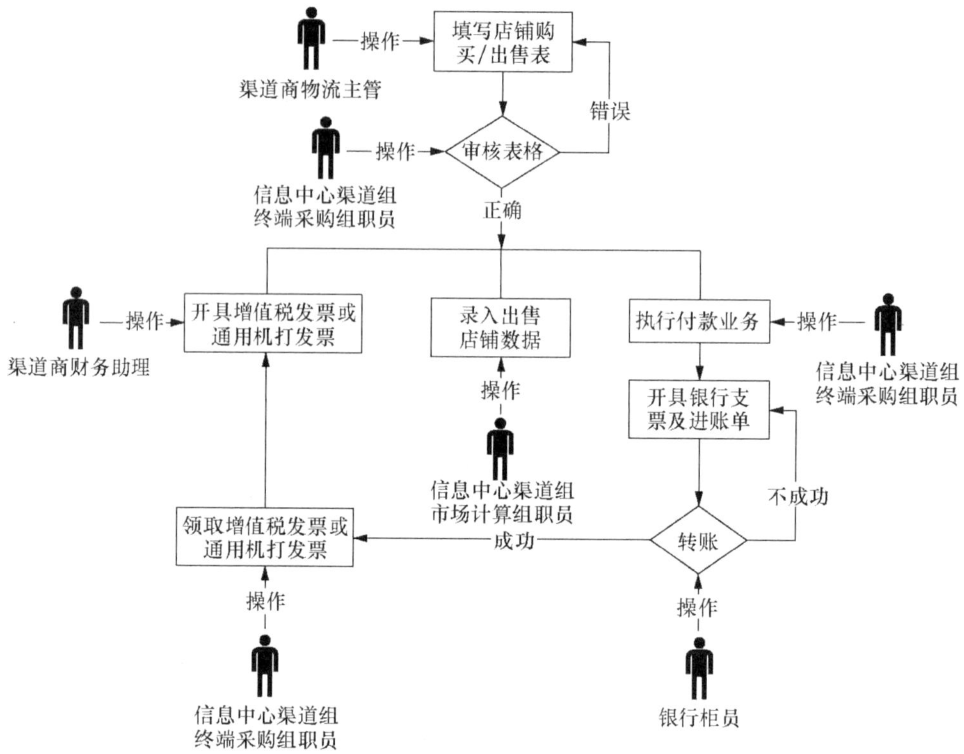

图 7－22　回购品牌专营店流程图

7.5.3.3.2　注意事项

（1）销售/回购品牌专营店的支票、发票及进账单的记账时间为季度初。

（2）信息中心填写发票。

◆ 国内市场店铺：填写增值税发票，10%的增值税，销售或回购为含税价格。

◆ 国外市场店铺：填写通用机打发票，没有增值税。

（3）渠道商只能购买或租赁低档和中档店铺，新购入和租入的店铺须耗费 1 个季度的装修期，方能配备店员进行营业。

（4）购买或出售店铺，须前往信息中心进行登记和办理；租赁店铺，须前往物流中心进行申请、登记和办理，店铺装修费、升级改造费、管理费用由物流中心收取。

7.5.3.4　收缴网上专卖店建设费、改造费及运营费

渠道商物流主管在信息中心规定的网上专卖店建设费、改造费及运营费的缴纳时间内，到信息中心找到对应企业的渠道商组终端采购组职员，提交网店建设信息表，进行网上专卖店相关费用的缴纳。渠道商组终端采购组职员对渠道商提交的表格进行审核，并开具增值税发票或增值税通用机打发票；渠道商组市场计算组职员对网上专卖店建设的数据进行录入。渠道商财务助理在银行付款成功后，渠道商物流主管返回信息中心领取增值税发票或增值税通用机打发票。

7.5.3.4.1　工作流程

收缴网上专卖店建设费、改造费及运营费流程如图 7 – 23 所示。

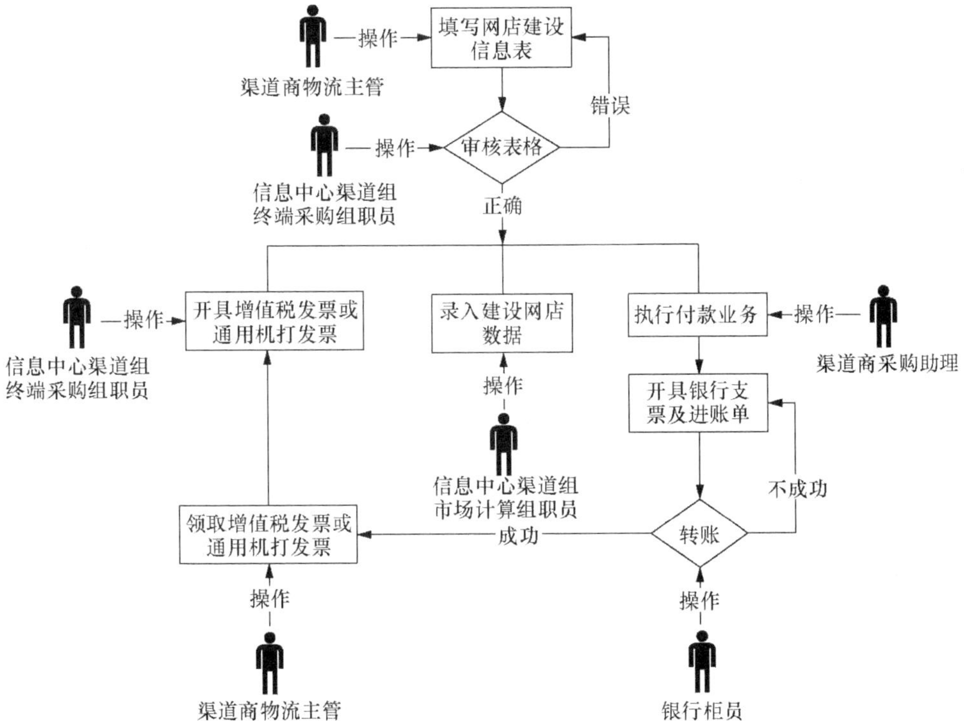

图 7 – 23　收缴网上专卖店建设费、改造费及运营费流程图

7.5.3.4.2　注意事项

（1）网上专卖店要有配送中心，要有市场占有率的支持。建店最早时间：第三年第一季度，建店周期为一个季度，正式销售时间为建店的次季度。

（2）已建好的网点可以改造为另一个新区域市场，改造周期为一个季度，正式销售时间为改造的次季度。

（3）网店销售量要计入规模利得。

（4）网店销售商品的价格是最终售价减去 15 元，国内销售有增值税，如国内产品 P1 最终售价为 150 元，网店销售最终售价为 150 – 15 = 135 元，再计算增值税和计税合计数。

（5）建店费、改造费及运营费记账时间为季度末。

（6）信息中心填写发票（建店费、改造费、运营费）。

◆ 国内市场网店。填写增值税发票，6% 的增值税，缴纳费用为含税价格。

◆ 国外市场网店。填写通用机打发票，没有增值税。

7.5.3.5　核对门店

渠道商物流主管在信息中心规定的核对门店时间内，到信息中心找到对应企业的渠道商组部长，提交门店核对表，渠道商组部长根据物流中心的门店数统计表对渠道商提交的门店核对表进行审核。渠道商组市场计算组职员对渠道商最终门店的数据进行录入。

7.5.3.5.1　工作流程

核对门店流程如图 7－24 所示。

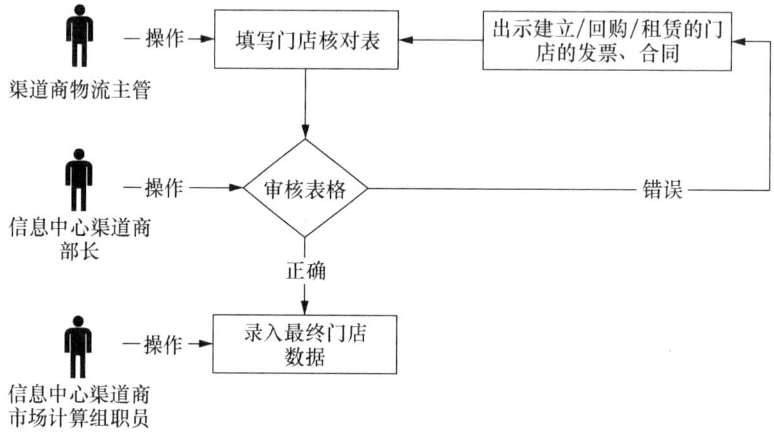

图 7－24　核对门店流程图

7.5.3.5.2　注意事项

（1）渠道商提交的门店登记表包括已建立、租赁门店数量，当季正在建立、租赁的门店数量。

（2）渠道商组部长根据物流中心的门店数统计表对渠道商物流主管提交的表格进行审核，如 2 份表格存在误差，先通知渠道商物流主管提交建立、回购、租赁门店的发票、合同进行再次核对，后与物流中心进行沟通，以确定最终正确的门店数量。

7.5.3.6　销售产品（预售、正式销售）

渠道商市场总监先在信息中心规定的产品预售时间内，填写好产品预售、销售表中预售部分内容，到信息中心找到对应企业的渠道商组终端采购组职员，提交产品预售、销售表，进行产品预售。渠道商组终端采购组职员对渠道商的产品预售内容进行审核，以确定渠道商是否能够销售产品。

渠道商市场总监填写好产品预售、销售表中销售部分内容，在信息中心规定的正式销售时间内，到信息中心找到对应企业的渠道商组终端采购组职员，提交产品预售、销售表，进行产品正式销售。渠道商组终端采购组职员对渠道商的产品正式销售内容进行再次审核，并开具支票和进账单到银行转账；渠道商组市场计算组职员对销售数据进行录入。渠道商财务助理开具增值税发票、外销商业发票，渠道商组终端采购组职员到渠道商处领取增值税发票、外销商业发票。

7.5.3.6.1　预售的工作流程

预售流程如图 7－25 所示。

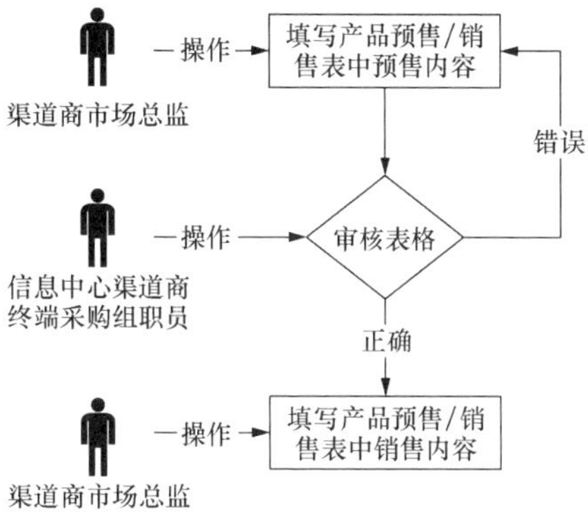

图 7－25　预售流程图

7.5.3.6.2　预售注意事项

（1）各类商品计划销售的总额不得超过各类产品的最大销售能力。

（2）各类商品计划销售的总额不得超过各类门店的最大销售能力。

（3）各类商品计划销售的总额不得超过该渠道商在该区域对该商品的各类市场的最大销售能力。

7.5.3.6.3　正式销售的工作流程

正式销售流程如图 7－26 所示。

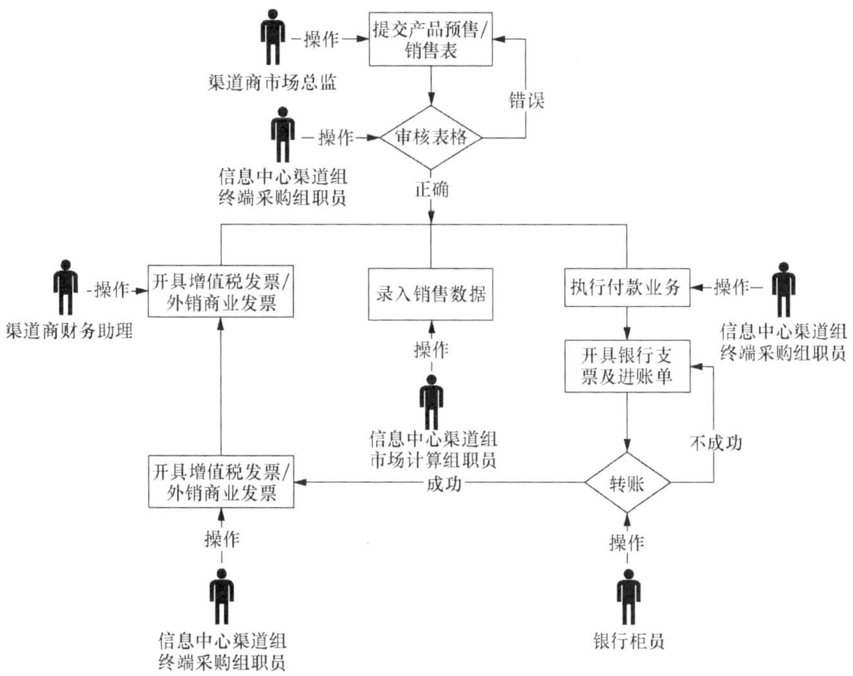

图 7－26　正式销售流程图

7.5.3.6.4　正式销售注意事项

（1）渠道商正式销售的数量及金额必须小于或等于产品预售的数量及金额。

（2）发票、支票和进账单上的数量及金额必须与产品预售、销售表的数量及金额一致。

（3）渠道商开具的发票类型。

◆ 渠道商销售国内产品：增值税发票，16%的增值税，信息中心支付的货款为价税合计数额。

◆ 渠道商销售国外产品：外销商业发票，没有增值税。

（4）渠道商通过品牌专营店、网站零售，假定商品销售均匀发生，即当季度的销售额可按日平均，但当季度销售收入均累计到季末最后一天记账一次。

（5）在正式销售期间，渠道商违规销售商品（数量、类型），按照《信息中心对企业通报批评、收取罚金的实施细则》处理。

7.5.3.7　计算及发布市场指标

渠道商组市场计算组职员在企业经营前编制好所有的市场计算表（市场容量计算表、市场占有率计算表、基准价格计算表、规模经济利得计算表、市场最大销售额计算表），在经营中根据录入的市场数据（广告数据、门店数据、销售数据）计算出市场指标（市场容量、市场占有率、基准价格、规模经济利得、市场最大销售额、最终价格），并在规定时间内发布市场指标（市场容量、市场占有率、基准价格、规模经济利得）。

7.5.3.7.1　计算方式

计算方式如图7-27、图7-28所示。

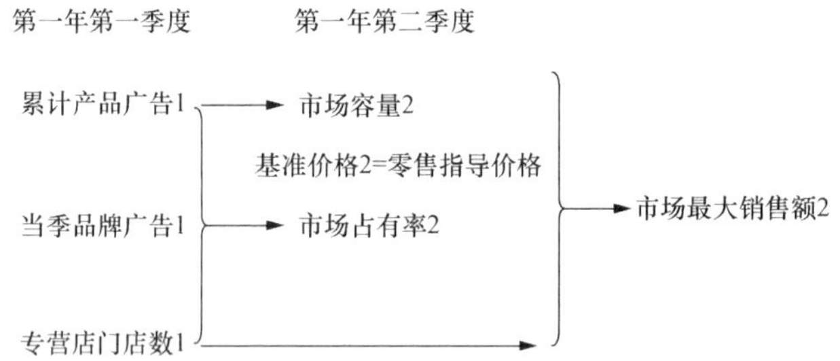

图7-27　第一年第一季度、第二季度计算示意图

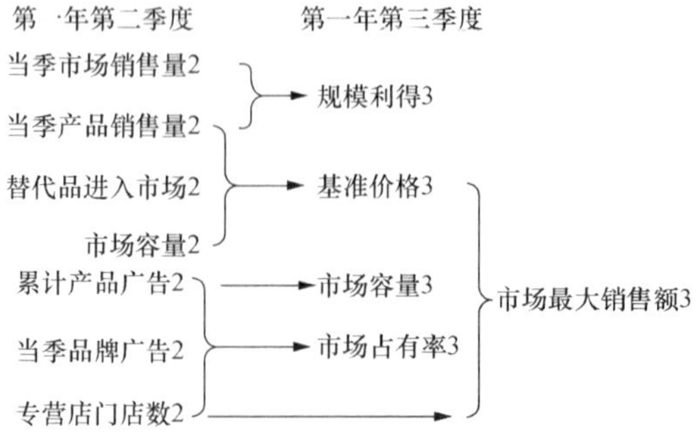

图7-28　第二季度以后计算示意图

7.5.3.7.2 注意事项

（1）渠道商组市场计算组职员在规定时间内必须发布正确的市场指标，并对有疑问的渠道商进行解释。

（2）渠道商的市场最大销售额、最终价格不会对外公布。

7.5.3.8 应对命运罗盘带来的影响

从企业经营期第2年起，不定期地旋转命运罗盘，为实验环境增减不确定因素，命运罗盘影响季度为举办命运罗盘的次季度。

（1）宏观经济环境罗盘对渠道商的影响。通货膨胀，次季度所有商品零售价上升2%。

解释意见：指的是渠道商销售到信息中心的所有商品的零售指导价统一上升2%，并且此次价格的上升，将不改变该区域自有品牌专营店的最大销售能力，即销售额上限不变，计算公式=原基准价格×（1+2%）。

（2）区域市场不确定风险罗盘对渠道商的影响。

◆ 消费疲软，次季度某区域市场所有商品零售价下降2%。

解释意见：指的是渠道商销售到信息中心的所有商品的零售指导价统一下降2%，并且此次价格的下降，将不受该区域自有品牌专营店的最大销售能力的影响，计算公式=原最终价格×（1-2%）。

◆ 消费火爆，次季度某区域市场所有商品零售价上涨2%。

解释意见：指的是渠道商销售到信息中心的所有商品的零售指导价统一上升2%，并且此次价格的上升，将不受该区域自有品牌专营店最大销售能力的限制，计算公式=原最终价格×（1+2%）。

（3）命运罗盘的影响只能由信息中心渠道商组手工计算。

7.5.4 信息发布组工作流程

信息发布组工作内容如图7-29所示。

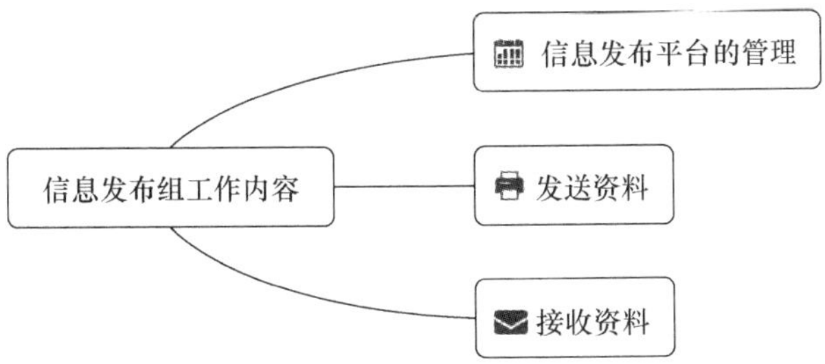

图7-29 信息发布组工作内容

7.5.4.1 信息发布平台的管理

信息发布平台为综合仿真实习网络资源中心，信息发布组中A区、B区的信息员在相应时间、内容于信息发布平台中进行信息数据的发布。发布的信息数据包括外围机构工作时间表、企业经营数据、企业违规通报、企业经营排名等。

7.5.4.2 发送资料及接收资料

信息发布组还扮演外围机构间信息传递的角色，信息发布组信息员在规定的时间内向外围机构接收资料，并发送资料给相应的外围机构。

表7-4 信息发布组发送资料时间表

发送部门	内容	处理时间	收集部门
工商局	各季订单订购情况表（生产商排序/渠道商排序）	10：30	渠道商组
人才交流中心	各季渠道商产品预销售额汇总表	15：20	渠道商组
国税局	各季渠道商产品预销售额汇总表	15：20	渠道商组
银行	各季渠道商产品预销售额汇总表	15：20	渠道商组
物流中心	1. 各季原材料及辅料采购汇总表	11：00	生产商组
	2. 各季渠道商产品预销售额汇总表	15：20	渠道商组
信息中心	1. 各季广告费汇总表（网站）	10：00	渠道商组
	2. 各季租赁门店统计表	10：30	物流中心
	3. 各季渠道商门店统计表（网站）	11：20	渠道商组
	4. 下一季度市场容量表（网站）	14：30	渠道商组
	5. 下一季度市场占有率表（网站）	14：30	渠道商组
	6. 各季渠道商产品销售量汇总表（网站）	15：20	渠道商组
	7. 下一季度基准价格表（网站）	16：30	渠道商组
	8. 下一季度规模利得表（网站）	16：30	渠道商组
	9. 企业每年成绩（网站）	年末	生产商组 渠道商组
	10. 通报批评（网站）	随时	生产商组 渠道商组
审计	1. 下季度渠道商市场容量、基准价格、市场占有率、规模利得	季末	渠道商组
	2. 下季度渠道商最大销售能力	季末	渠道商组
	3. 各季渠道商产品预销售额汇总表、渠道商产品销售量汇总表	季末	渠道商组
	4. 各季生产商原材料及辅料采购汇总表	季末	生产商组
	5. 各季生产商生产线、车辆及仓库购买出售汇总表	季末	生产商组
	6. 各季生产商生产线费用汇总表	季末	生产商组
	7. 各季订单订购情况表（生产商排序/渠道商排序）	季末	生产商组

表7-5 信息发布组接收资料时间表

接收部门	内容	处理时间
工商局	1. 合同备案汇总（网站）	17：00
	2. 通报批评（网站）	随时
	3. 上述年度汇总（备份）	年总结日
	4. 年度违规扣分汇总（备份）	年总结日
人才交流中心	1. 企业招聘、培训、解聘汇总（网站）	12：00
	2. 企业员工薪酬汇总（网站）	季末
	3. 通报批评（网站）	随时
	4. 上述年度汇总（备份）	年总结日
	5. 年度违规扣分汇总（备份）	年总结日
国税局	1. 生产商出口退税汇总（网站）	季末
	2. 渠道商增值税汇总（网站）	季末
	3. 通报批评（网站）	随时
	4. 上述年度汇总（备份）	年总结日
	5. 年度违规扣分汇总（备份）	年总结日
地税局	1. 企业缴纳税费年汇总（网站）	年末
	2. 通报批评（网站）	随时
	3. 通报批评汇总（备份）	年总结日
	4. 年度违规扣分汇总（备份）	年总结日
物流海关	1. 门店数汇总（备份）	10：30
	2. 已租配送中心汇总（网站）	12：00
	3. 已出租厂房、仓库汇总（网站）	12：00
	4. 违规通报（网站）	随时
	5. 上述年度汇总（备份）	年总结日
	6. 年度违规扣分汇总（备份）	年总结日
信息中心	1. 信息中心对账单（备份）	季末
	2. 违规和扣分年度汇总（备份）	年总结日
审计	1. 各企业年度报表（备份）	年末
	2. 通报批评（网站）	随时
	3. 年度违规扣分汇总（备份）	年总结日

注：①（网站），表示将相关信息发布在网站上；②（备份），表示该信息发到信息中心进行留存；③“17：00”表示每季度对应的每天或当天17：00点前完成；④以上表格是由信息员做的，所以都是从他们的角度接收和发送信息。

7.5.4.3 工作流程

信息发布组信息员工作流程如图 7－30 所示。

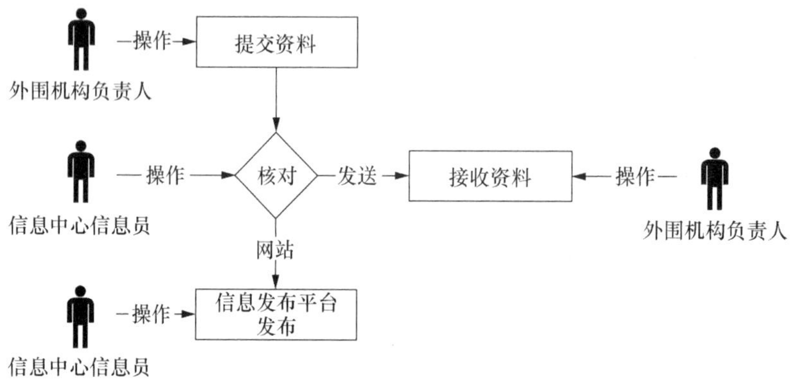

图 7－30 信息发布组信息员工作流程

7.6 第三方物流服务中心

7.6.1 第三方物流服务中心概况

7.6.1.1 概况

第三方物流服务中心（简称物流中心）是跨专业综合模拟仿真平台上的第三方物流服务中心。下设运输中心和仓储中心两个部分，不独立核算。其中，运输中心提供国内外公路、铁路、航空、海运等集装箱运输的货运服务，也可提供货运车辆的租赁服务；仓储中心负责仓库、厂房、店铺等租赁服务，并收取相关店铺管理费、装修费及水电费。

物流中心在仿真实训期间不断加强对外沟通交流工作，与信息中心、国税局、人才交流中心、工商局、审计所等外围部门建立良好的合作关系，在工作上通过资源共享加强对企业的服务，与各外围机构、企业等有良好的沟通，营造愉悦的工作氛围。始终坚守第三方物流服务中心宗旨，帮助生产商、渠道商进行物流服务业务，在工作中做到高效便民、用心服务。

7.6.1.2 组织结构

物流中心分设 A 区、B 区，各区分设生产商物流中心和渠道商物流中心（见图 7－31）。生产商物流中心主要负责 A 区、B 区各 24 家生产商的运输、仓储工作，渠道商物流中心主要负责 A 区、B 区各 12 家渠道商的运输、仓储工作。

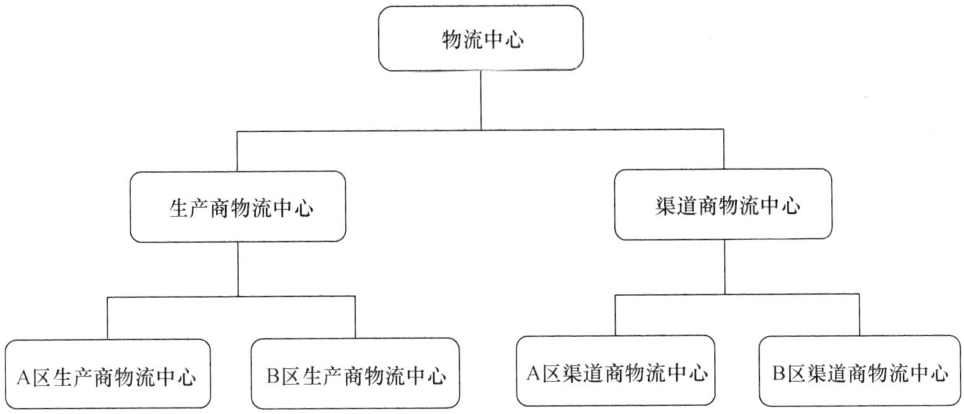

图7-31　物流中心的组织结构图

7.6.1.3　工作职责

7.6.1.3.1　生产商物流中心部长工作职责

生产商物流中心部长包括A区生产商物流中心部长和B区生产商物流中心部长，主要职责如下：

（1）工作职责。

◆ 全面掌握生产商物流中心的内部事宜，熟知所有生产商物流中心办事流程，通晓各岗位的工作程序。

◆ 督导下属规范办事、高效服务。懂得合理分配和委派工作任务，分清各项责任并及时收集下属人员的反馈信息，以便及时调整部署。

◆ 培训下属和激励下属，提高各个组员的工作积极性，确保各项服务达到优质水平。

◆ 每个季度完成该区企业的业务汇总，并能进行有关的市场分析，及时做好各项工作汇总报告。

◆ 能够有效处理企业的问题和投诉，并能积极与各部门协调关系，开展工作。

（2）管理职责。

◆ 每日根据指导教师工作部署制定本部门的工作计划和任务。

◆ 定期召开本部门的人员会议，并做好记录和总结，通过会议方式来传达、督导部门工作计划完成情况。

◆ 负责每日将《生产商运输仓储表格》（电子版）给审计审核，发《已出租仓库规格与数量汇总表》（电子表）及《已出租厂房汇总表》（电子表）给信息中心。

◆ 解决各企业提出的重大投诉和业务问题，若无法解决，一定及时呈报指导老师。

◆ 负责评定部门员工的综合表现并进行评级打分。

7.6.1.3.2　生产商物流中心职员工作职责

生产组职员主要负责管理A区、B区生产商的原材料及产成品仓储、运输及缴费工作，主要职责如下：

（1）工作职责。

◆ 为企业提供厂房、原材料仓库、产成品仓库租赁服务。

◆ 审核《原材料运输表》（电子版）表格，办理原材料运输。

◆ 审核《产成品运输表》（电子版）表格，办理产成品运输。

◆ 审核《生产商运输仓储表格》（电子版）表格，收取相关费用。

（2）其他职责。

◆ 按规定执行生产商物流中心部长的各项工作任务安排。能够配合其他外围机构和企业的有关工作。

◆ 严格执行生产商物流中心的各项制度，确保相关费用收取准确无误。

◆ 定期整理数据，向生产商物流中心部长及时汇总并出具数据分析结果。

◆ 监督所负责的企业违规情况。

7.6.1.3.3 渠道商物流中心部长工作职责

渠道商物流中心部长包括 A 区渠道商物流中心部长和 B 区渠道商物流中心部长，主要职责如下：

（1）工作职责。

◆ 全面掌握渠道商物流中心的内部事宜，熟知所有渠道商物流中心办事流程，通晓各岗位的工作程序。

◆ 督导下属规范办事、高效服务。懂得合理分配和委派工作任务，分清各项责任并及时收集下属人员的反馈信息，以便及时调整部署。

◆ 培训下属和激励下属，提高各个组员的工作积极性，确保各项服务达到优质水平。

◆ 每个季度完成该区企业的业务汇总，并能进行有关的市场分析，及时做好各项工作汇总报告。

◆ 能够有效处理企业的问题和投诉，并能积极与各部门协调关系，开展工作。

（2）管理职责。

◆ 每日根据指导教师工作部署制定本部门的工作计划和任务。

◆ 定期召开本部门的人员会议，并做好记录和总结，通过会议方式来传达、督导部门工作计划完成情况。

◆ 负责每日将《渠道商运输仓储表格》（电子版）给审计审核，发《已出租店铺规格与数量汇总表》（电子表）和《已出租配送中心规格与数量汇总表》（电子表）给信息中心。

◆ 解决各企业提出的重大投诉和业务问题，若无法解决，一定及时呈报指导老师。

◆ 负责评定部门员工的综合表现并进行评级打分。

7.6.1.3.4 渠道商物流中心职员工作职责

渠道商物流中心主要负责管理 A 区、B 区渠道商的物流及缴费工作，主要职责如下：

（1）工作职责。

◆ 为渠道商企业提供配送中心、店铺的租赁服务。

◆ 审核《货物运单——港口到港口运输表》（电子版）表格，办理产成品运输。

◆ 审核《渠道商运输仓储表格》（电子版）表格，收取相关费用。

（2）其他职责。

◆ 按规定执行渠道商物流中心部长的各项工作任务安排。能够配合其他外围机构和企业的有关工作。

◆ 严格执行生产商物流中心的各项制度，确保相关费用收取准确无误。

◆ 定期整理数据，向渠道商物流中心部长及时汇总并出具数据分析结果。

◆ 监督所负责的企业违规情况。

7.6.2　生产商物流中心工作流程

生产商物流中心的工作内容如图 7－32 所示。

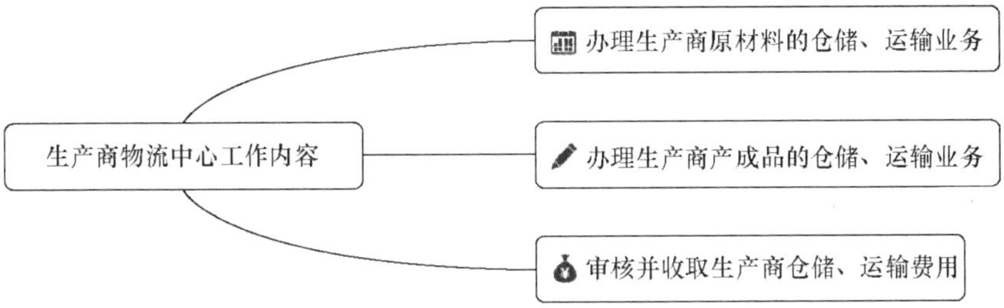

图 7－32　生产商物流中心工作内容

7.6.2.1　办理生产商原材料的仓储、运输业务

生产商完成原材料采购后需要进行原材料仓储和运输。原材料仓储可以选择向第三方租赁仓库和自建仓库两种方式；原材料运输可采取外包第三方物流公司或本企业自建车队两种方式。不同方式耗费的仓储费、运费不同，企业需根据自身情况合理安排。生产商若需租赁仓库以及车队，需前往第三方物流中心进行申请、登记和办理。

7.6.2.1.1　工作安排表

表 7－6　原材料仓储、运输工作安排表

步骤	时间（一天作为一季度）	生产商物流中心
第一步	10：00 前	生产商带《租赁合同书》（纸质版，一式两份）到生产商物流中心租赁厂房、原材料仓库、产成品仓库
第二步		生产商发《原材料运输表》（电子版）给生产商物流中心，生产商物流中心审核无误后，填写《车辆租赁合同》（纸质版，一式两份），办理原材料运输业务
第三步	11：00 前	信息中心发《原材料采购表》给生产商物流中心供其核对

7.6.2.1.2 工作流程

原材料仓储、运输工作流程如图 7－33 所示。

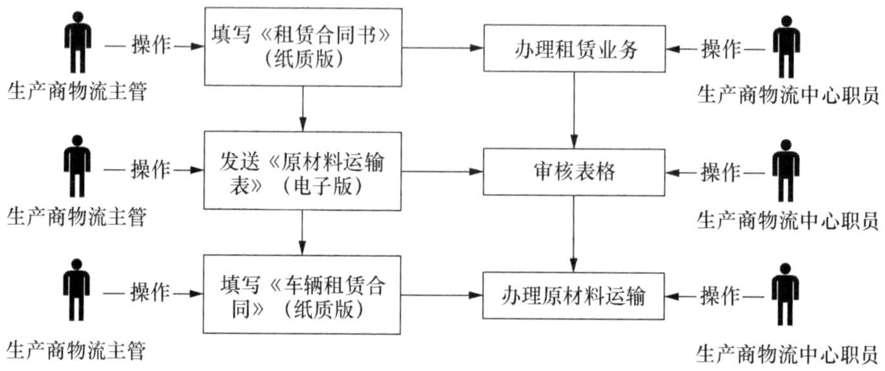

图 7－33 原材料仓储、运输工作流程图

7.6.2.2 办理生产商产成品的仓储、运输业务

生产商与渠道商签订订单后，每生产出一批产成品，均需送至仓库存储。然后按照合同约定的时间，将相应的产成品送至港口。对于产成品的仓储运输，生产商可选择外包第三方或企业自建的方式。企业需根据自身情况合理安排。生产商若需租赁仓库以及车队，需前往第三方物流中心进行申请、登记和办理。

7.6.2.2.1 工作安排表

表 7－7 产成品仓储、运输工作安排表

步骤	时间（一天作为一季度）	生产商物流中心
第一步	11：30 前	生产商发《产成品运输表》（电子版）给生产商物流中心，生产商物流中心审核无误后，生产商填写《车辆租赁合同》（纸质版，一式两份），办理产成品运输业务
第二步		生产商物流中心通知生产商领取《联运提单》
第三步	3：30 前	生产商发《生产商运输仓储表格》（电子版）给生产商物流中心，生产商物流中心审核无误后，生产商交仓储费、水电费、原材料仓库租金、产成品仓库租金、厂房租金、原材料运费、产成品运费，支票、发票日期均在季末
第四步	生产商、渠道商去银行进账，拿进账单作为已交费凭据，物流海关开发票或收据	生产商物流中心发《生产商运输仓储表格》（电子版）给审计审核，同时发给海关，仅供海关参考（物流时间和海关报关时间并不完全一致，物流表上的报关费、报检费仅供审计、海关参考用）

续表

步骤	时间（一天作为一季度）	生产商物流中心
第五步	生产商、渠道商去银行进账，拿进账单作为已交费凭据，物流海关开发票或收据	生产商物流中心发《已出租仓库规格与数量汇总表》（电子表）和《已出租厂房汇总表》（电子表）给信息中心
第六步	4：30后	物流中心、海关领取进账单

7.6.2.2.2 工作流程

产成品仓储、运输工作流程如图7－34所示。

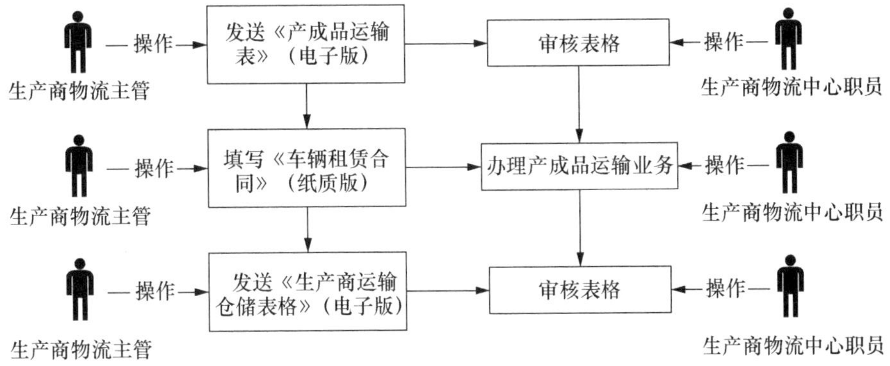

图7－34 产成品仓储、运输工作流程图

7.6.2.2.3 注意事项

（1）鞋面和鞋面可以拼箱，鞋底和鞋底可以拼箱，产成品和产成品可以拼箱，拼箱的产品写在同一行。

（2）《生产商运输仓储表格》（电子版）中，原材料的运输量必须等于入库量，否则表格显示出错。

（3）《生产商运输仓储表格》（电子版）中，产成品的出库量必须等于运输量，否则表格显示出错。

（4）每个生产商的本季度购买的原材料数量要与信息中心的数据一致。

（5）生产商表格填写错误导致费用出错的，当季补当季的立刻办理；当季补上季的，多退少补，在下季办理，并罚款、扣分。

7.6.2.3 审核并收取生产商仓储、运输费用

仿真平台生产商企业每季度根据公司经营战略确定企业的仓储运输计划，填写合同书及各种运输表格，并在生产商物流中心办理相关业务。生产商物流中心职员根据企业提供的相关资料进行审核，并收取企业的仓储、运输费用，同时给企业开具增值税发票。

7.6.2.3.1 工作流程

生产商缴纳仓储、运输费用工作流程如图 7－35 所示。

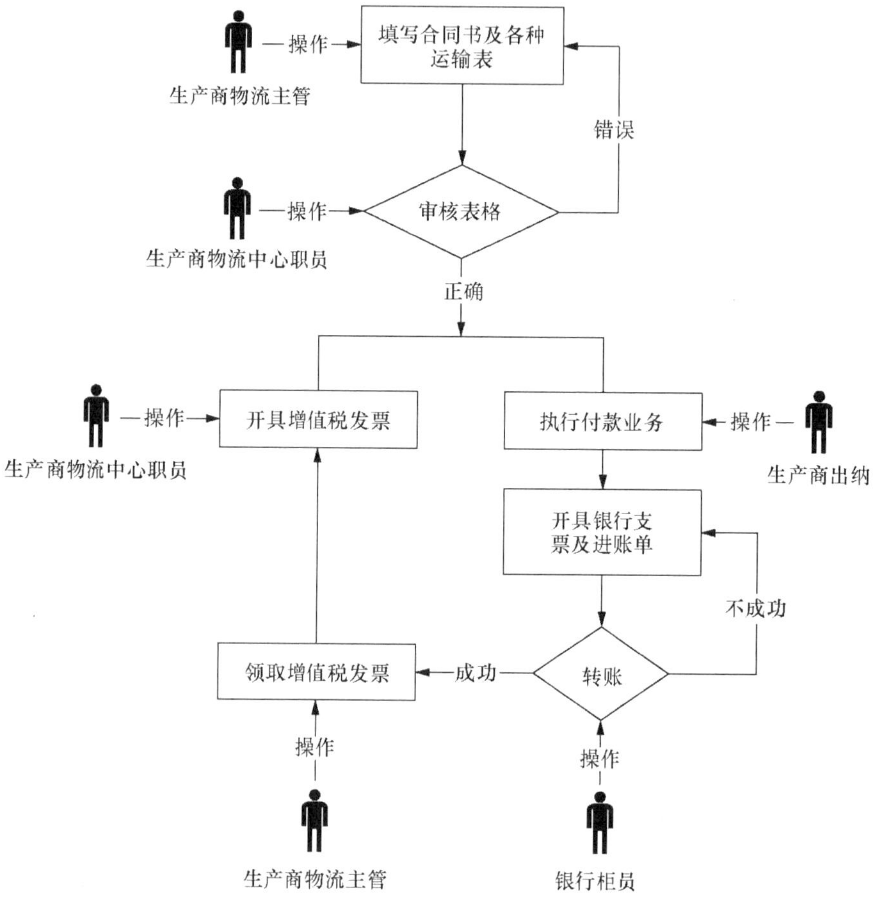

图 7－35 生产商缴纳仓储、运输费用工作流程图

7.6.2.3.2 注意事项

（1）支票、发票及进账单的记账时间为季度末的最后一天。

（2）加工过程耗费水、电、油等各种能源不做类别细分，亦无须采购、运输与仓储。水电费价格均为含税价，每季度缴纳一次，由第三方物流中心代为收取。

7.6.3 生产商物流中心处罚实施细则

7.6.3.1 总规则

（1）在生产商物流中心累计犯错三次开始扣分（第一次、第二次不扣分、不通报、不罚款，第三次开始通报、罚款、扣分）。

（2）变动金额指绝对值和绝对值之和，如增加运费 1000 元和减少运营费 100 元，变动金额为 1000 + 100 = 1100 元，而非 1000 - 100 = 900 元。

（3）因生产商原因导致费用出错需更改费用，当季补当季的立刻办理；当季补上季的，多退少补，在出错的季度办理，并扣分、罚款。

7.6.3.2　实施细则

7.6.3.2.1　生产商迟交相关表格

表 7-8　生产商迟交相关表格处罚实施细则表

违规类型	违规具体行为	惩罚措施
一般违规	未能在当季规定时间之内交相关表格、费用	扣当季团队经营绩效分 2 分、罚款 5000 元
中等违规	拖延一个季度交表、缴费	扣当季团队经营绩效分 2 分、罚款 20000 元
重大违规	拖延一个季度以上交表	扣当季团队经营绩效分 5 分、罚款 30000 元

7.6.3.2.2　生产商修改数据

表 7-9　生产商修改数据处罚实施细则表

违规类型	违规具体行为	惩罚措施
一般违规	修改当季原材料、产成品出库、入库导致变动仓储费（运费不变）	扣当季团队经营绩效分 2 分，变动金额 5000 元以下罚款 5000 元，变动金额 5000 元以上罚款变动总额的 100%
中等违规	修改跨季原材料、产成品出库、入库导致变动仓储费（运费不变）	扣当季团队经营绩效分 3 分，变动金额 5000 元以下罚款 5000 元，变动金额 5000 元以上罚款变动总额的 100%
一般违规	修改当季原材料、产成品出库、入库导致变动运输费、仓储费	扣当季团队经营绩效分 2 分，变动金额 20000 元以下罚款 10000 元，变动金额 20000 元以上罚款变动总额的 50%
中等违规	修改跨季原材料、产成品出库、入库导致变动运输费、仓储费	扣当季团队经营绩效分 3 分，变动金额 20000 元以下罚款 10000 元，变动金额 20000 元以上罚款变动总额的 50%
一般违规	变动当季厂房、仓库数量、类型	扣当季团队经营绩效分 2 分，变动金额 50000 元以下罚 10000 元，变动金额 50000 元以上罚款变动总额的 20%
中等违规	变动跨季厂房、仓库数量、类型导致变动仓储费、租金	扣当季团队经营绩效分 3 分，变动金额 200000 元以下罚 20000 元，变动金额 200000 元以上，罚款变动总额的 10%

7.6.3.2.3 生产商自行修改表格

表 7－10 生产商自行修改表格处罚实施细则表

违规类型	违规具体行为	惩罚措施
重大违规	因用物流的表格做预算，自行修改表格，例如，将第二季度的表格改日期变为第三季度的表格或因为表格显示红色自行修改、删除表格公式，导致表格出错	扣当季团队经营绩效分 3 分，影响金额 200000 元以下罚 20000 元，影响金额 200000 元以上罚款变动总额的 10%

7.6.4 渠道商物流中心工作流程

渠道商物流中心的工作内容如图 7－36 所示。

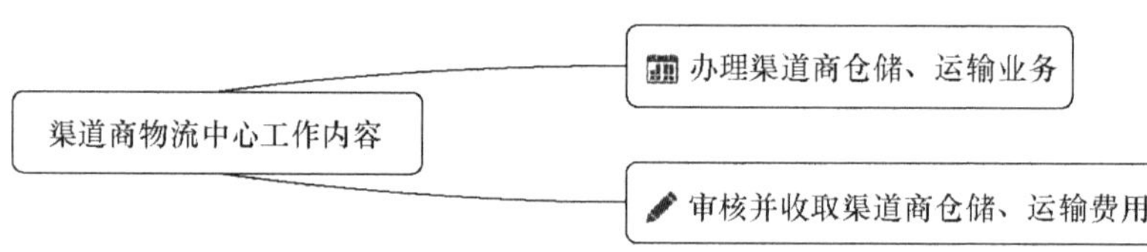

图 7－36 渠道商物流中心工作内容

7.6.4.1 办理渠道商仓储、运输业务

7.6.4.1.1 工作安排表

表 7－11 渠道商仓储、运输工作安排表

步骤	时间（一天作为一季度）	渠道商物流中心
第一步	10：00 前	渠道商带《租赁合同书》（纸质版，一式两份）到渠道商物流中心租赁配送中心、店铺
第二步	10：30 前	渠道商物流中心将《店铺租赁汇总表》（电子版）发给信息中心和人力局
第三步	11：30 前	渠道商发《货物运单——港口到港口运输表》（电子版）给渠道商物流中心，渠道商物流中心审核无误后，渠道商填写《货物运单——港口到港口运输表》（纸质版），办理产成品运输业务
第四步		渠道商物流中心根据《货物运单——港口到港口运输表》（电子版）填写《联运提单》，交给生产商物流中心
第五步	3：30 前	渠道商发《渠道商运输仓储表格》（电子版），渠道商物流中心审核无误后，渠道商填写《车辆租赁合同》（纸质版），交配送中心租金、店铺租金、装修费，渠道商物流中心开具发票，缴纳港口到配送中心运费、配送中心到店铺运费、运营费，支票、发票日期均在季末

续表

步骤	时间（一天作为一季度）	渠道商物流中心
第六步		信息中心发预计销售额给物流中心，用于核对预计销售额，渠道商在收到信息中心卖货的发票时，请带发票来物流核对实际销售量
第七步	生产商、渠道商去银行进账，将进账单作为已交费凭据，物流海关开发票或收据	渠道商物流中心发《渠道商运输仓储表格》给审计审核，同时发给海关，仅供海关参考（物流时间和海关报关时间并不完全一致，物流表上的报关费、报检费仅供审计、海关参考用）
第八步	生产商、渠道商去银行进账，将进账单作为已交费凭据，物流海关开发票或收据	渠道商物流中心发《已出租店铺规格与数量汇总表》以及《已出租配送中心规格与数量汇总表》给信息中心
第九步	4：30 后	物流中心、海关领取进账单

7.6.4.1.2 工作流程

渠道商仓储、运输业务工作流程如图 7－37 所示。

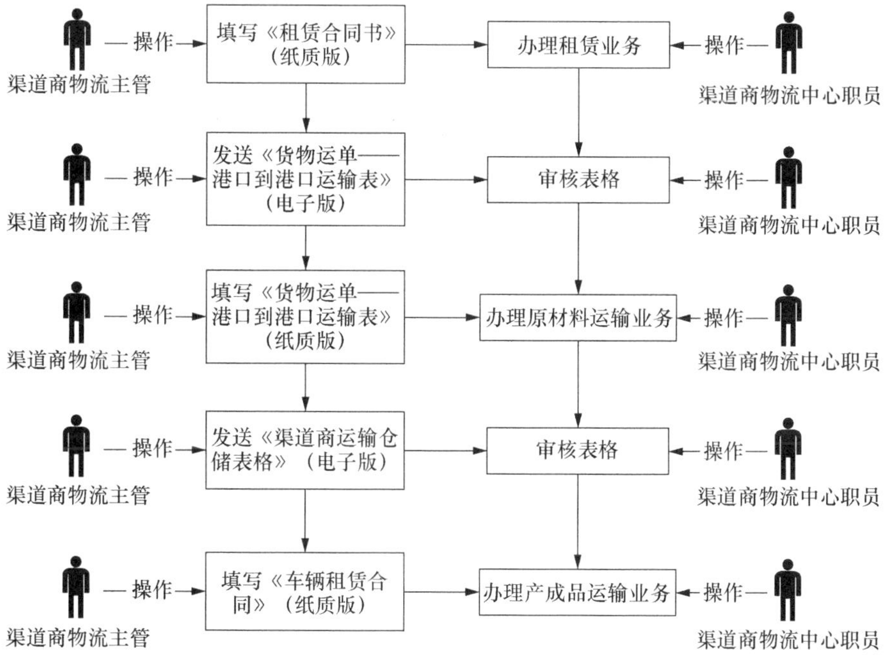

图 7－37 渠道商仓储、运输业务工作流程图

7.6.4.1.3 注意事项

（1）填写电子表格如果出现红色，表示可能出错，请不要自行删除公式，修改表格，因自行修改表格导致错误，后果自负。如果不清楚出错在何处，请咨询物流中心老师。

（2）表格对上个季度数据、下个季度数据并不了解，如从季末配送中心出库量加上店铺原有库存之和超过下个季度的店铺容量，表格无法检测出此类错误。

（3）本季度实际销售数量＝本季度末卖给信息中心的量＝所有门店本季度销售量之和。

（4）本季度的预计销售量，指信息中心根据其店铺数量算出可以销售的数量。

（5）销售量不是每天都必须一样，门店没有货时销售量为0，剩下的天数除销售的最后一天，缺货的前一天以外，每天必须一样。

（6）运输的具体排程应根据实际情况制定，只要不违反规则就行，如放入门店总量不能超过门店最大容量，销货量一定要大于进货量。

（7）日销售量可根据卖给信息中心的数量与销售的天数计算，公式为：

日销售量=本季度销售数量（卖给信息中心的量）/销售的天数

7.6.4.2 审核并收取渠道商仓储、运输费用

仿真平台渠道商企业每季度根据公司经营战略确定企业的仓储运输计划，填写合同书及各种运输表格，并在渠道商物流中心办理相关业务。渠道商物流中心职员根据企业提供的相关资料进行审核，并收取企业的仓储、运输费用，同时给企业开具发票。

7.6.4.2.1 工作流程

渠道商缴纳仓储、运输费用工作流程如图7－38所示。

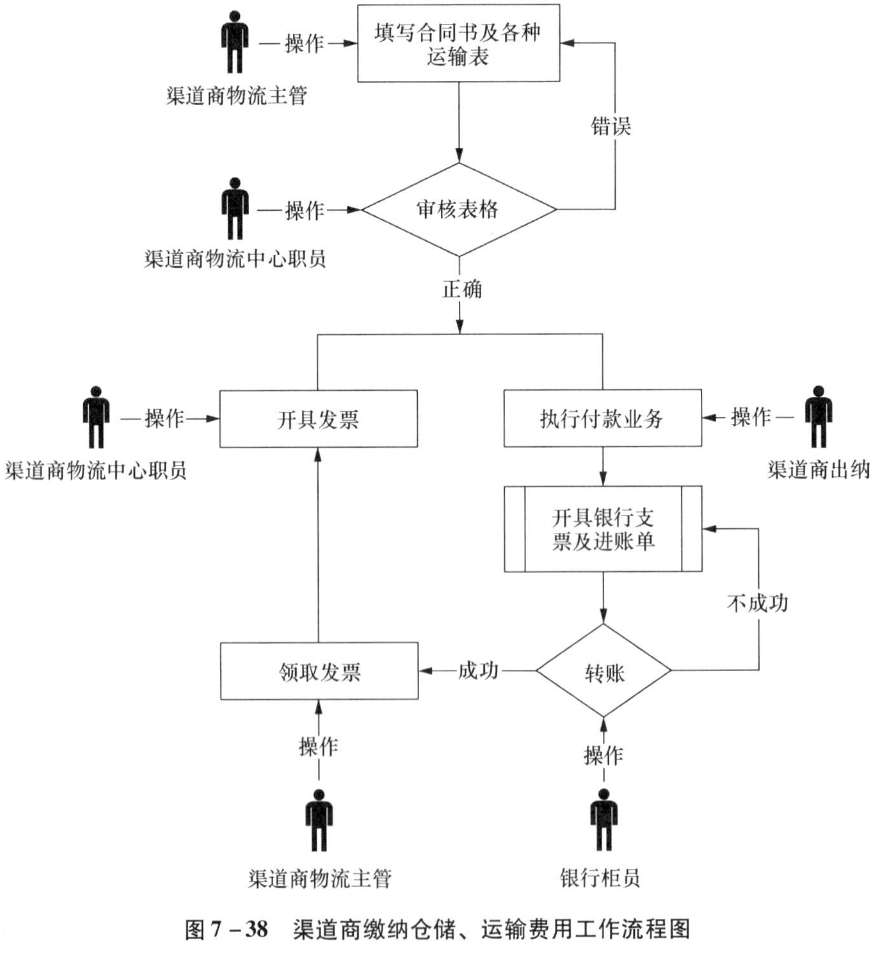

图7－38 渠道商缴纳仓储、运输费用工作流程图

7.6.4.2.2　注意事项

（1）支票、发票及进账单的记账时间为季度末的最后一天。

（2）企业缴纳仓储、运输费用后，渠道商物流中心职员根据渠道商市场的不同，需开具不同的发票。若渠道商市场为国内市场，则开具增值税专用发票；若渠道商市场为国外市场，则开具通用机打发票。

（3）渠道商因断货原因而产生的促销费用由第三方物流中心代为收取。企业缴费后，渠道商物流中心职员根据促销费数额开具通用机打发票。

7.6.5　渠道商物流中心处罚实施细则

7.6.5.1　总规则

（1）在渠道商物流中心累计犯错三次开始扣分（第一次、第二次不扣分、不通报、不罚款，第三次开始通报、罚款、扣分）。

（2）变动金额指绝对值和绝对值之和，如增加运费 1000 元和减少运营费 100 元，那变动金额为 1000 + 100 = 1100 元，而非 1000 - 100 = 900 元。

（3）因渠道商原因导致费用出错需更改费用，当季补当季的立刻办理；当季补上季的，多退少补，在出错的季度办理，并扣分、罚款。

7.6.5.2　实施细则

（1）渠道商迟交相关表格，见表 7 - 12。

表 7 - 12　渠道商迟交相关表格处罚实施细则表

违规类型	违规具体行为	惩罚措施
一般违规	未能在当季规定时间之内交付、缴纳相关表格、费用	扣当季团队经营绩效分 2 分，罚款 5000 元
中等违规	拖延一个季度交表、缴费	扣当季团队经营绩效分 2 分，罚款 20000 元
重大违规	拖延一个季度以上交表	扣当季团队经营绩效分 5 分，罚款 30000 元

（2）渠道商修改数据，见表 7 - 13。

表 7 - 13　渠道商修改数据处罚实施细则表

违规类型	违规具体行为	惩罚措施
一般违规	因修改当季度配送中心出库、入库的数据导致变动运营费的	扣当季团队经营绩效分 2 分，变动金额 5000 元以下罚款 5000 元，变动金额 5000 元以上罚款变动总额的 100%
中等违规	因修改跨季度配送中心出库、入库的数据导致变动运营费的	扣当季团队经营绩效分 3 分，变动金额 5000 元以下罚款 5000 元，变动金额 5000 元以上罚款变动总额的 100%

续表

违规类型	违规具体行为	惩罚措施
一般违规	因修改当季度运输流程导致变动运输费和运营费的	扣当季团队经营绩效分 2 分，变动金额 20000 元以下罚款 10000 元，变动金额 20000 元以上罚款变动总额的 50%
中等违规	因修改跨季度运输流程导致变动运输费和运营费的	扣当季团队经营绩效分 3 分，变动金额 20000 元以下罚款 10000 元，变动金额 20000 元以上罚款变动总额的 50%

（3）渠道商自行修改表格，见表 7－14。

表 7－14　渠道商自行修改表格处罚实施细则表

违规类型	违规具体行为	惩罚措施
重大违规	因用物流的表格做预算，自行修改表格，例如，将第二季度的表格改日期变为第三季度的表格或因为表格显示红色自行修改、删除表格公式，导致表格出错	扣当季团队经营绩效分 3 分，影响金额 200000 元以下罚 20000 元，影响金额 200000 元以上罚款变动总额的 10%

7.7　海关

7.7.1　海关概况

7.7.1.1　概况

跨专业综合模拟仿真平台上的海关是生产商和渠道商之间进行进出口贸易的辅助机构，主要负责的业务包括保险业务、进出口商检业务、进出口地报关业务。

海关在仿真实训期间不断加强对外沟通交流工作，与第三方物流中心、国税局、人才交流中心、工商局、审计所等外围部门建立良好的合作关系，在工作上通过资源共享加强对企业的服务，与各外围机构、企业等有良好的沟通，营造愉悦的工作氛围。始终坚守海关部门工作宗旨，帮助生产商、渠道商进行进出口贸易相关业务，在工作中做到高效便民、用心服务。

7.7.1.2　组织结构

海关分设 A 区、B 区。A 区海关主要负责 A 区共 36 家企业的报关、报检和保险业务。B 区海关主要负责 B 区共 36 家企业的报关、报检和保险业务。

7.7.1.3　工作职责

7.7.1.3.1　海关部长工作职责

海关部长包括A区海关部长和B区海关部长，主要职责如下：

（1）工作职责。

◆ 全面掌握海关的内部事宜，熟知所有海关办事流程，通晓各岗位的工作程序。

◆ 督导下属规范办事、高效服务。懂得合理分配和委派工作任务，分清各项责任并及时收集下属人员的反馈信息，以便及时调整部署。

◆ 培训下属和激励下属，提高各个组员的工作积极性，确保各项服务达到优质水平。

◆ 每个季度完成该区企业的业务汇总，并能进行有关的市场分析，及时做好各项工作汇总报告。

◆ 能够有效处理企业的问题和投诉，并能积极与各部门协调关系，开展工作。

（2）管理职责。

◆ 每日根据指导教师工作部署制定本部门的工作计划和任务。

◆ 定期召开本部门的人员会议，并做好记录和总结，通过会议方式来传达、督导部门工作计划完成情况。

◆ 负责每日整理相关单据，在第二天汇总《生产商、渠道商漏交、错交海关费用汇总表》，并交给审计。

◆ 解决各企业提出的重大投诉和业务问题，若无法解决，一定及时呈报指导老师。

◆ 负责评定部门员工的综合表现并进行评级打分。

7.7.1.3.2　海关职员工作职责

海关职员主要负责管理A区、B区企业的报关、报检和保险业务，主要职责如下：

（1）工作职责。

◆ 办理企业报关业务。审核企业《自理报关注册登记申请书》，批准报关资格。审核生产商、渠道商报关单据，确定并收取报关费。

◆ 办理企业报检业务。审核生产商、渠道商报检单据，确定并收取报检费。

◆ 办理企业保险业务，审核生产商、渠道商投保单、保险单，确定并收取保险费。发生海啸时，为相关企业办理保险理赔。

（2）其他职责。

◆ 按规定执行海关部长的各项工作任务安排。能够配合其他外围机构和企业的有关工作。

◆ 严格执行生产商物流中心的各项制度，确保相关费用收取准确无误。

◆ 定期整理数据，向海关部长及时汇总并出具数据分析结果。

◆ 监督所负责的企业违规情况。

7.7.2 海关工作流程

海关工作内容如图 7－39 所示。

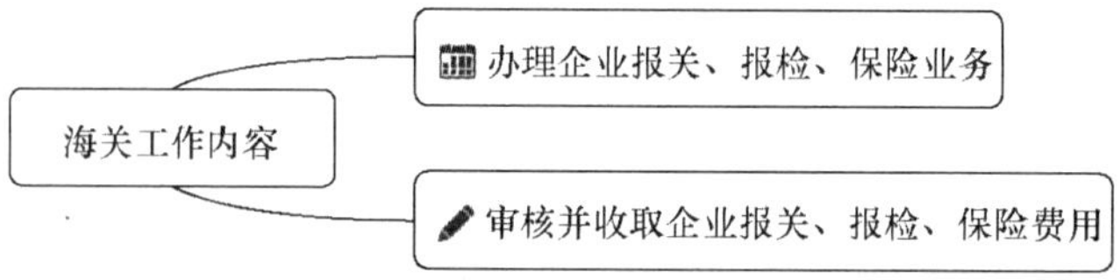

图 7－39 海关工作内容

7.7.2.1 办理企业报关、报检、保险业务

7.7.2.1.1 工作安排表

表 7－15 报关、报检及保险业务工作安排表

步骤	时间（一天作为一季度）	海关
第一步		渠道商带投保单、保险单到海关缴纳保险费，海关根据《货物运单》（电子版）计算核对保险金额、保险费
第二步		生产商携带以下 8 种单据前往海关办理报关报检业务：①商业发票；②出境货物报检单；③自理报关申请书；④出口许可证；⑤出口货物报关单；⑥出口收汇核销单；⑦出口合同；⑧联运提单。交报关费、报检费，生产商报关时间为货物从厂地运到码头，即到起运港的时间
第三步		渠道商接到银行通知后付款赎单，取得联运提单及商业发票后，携带以下 5 种单据前往海关办理报关报检业务：①商业发票；②入境货物报检单；③进口许可证；④进口货物报关单；⑤自理报关申请书。缴纳报关费、报检费，渠道商报关时间为港口运到港口，即货物到目的港的时间
第四步	生产商、渠道商去银行进账，用进账单作为已交费凭据，物流海关开发票或收据	海关总署整理相关单据，在第二天汇总《生产商、渠道商漏交、错交海关费用汇总表》，并交给审计
第五步	4：30 后	物流中心、海关领取进账单

7.7.2.1.2　工作流程

报关、报检、保险业务工作流程如图 7－40 所示。

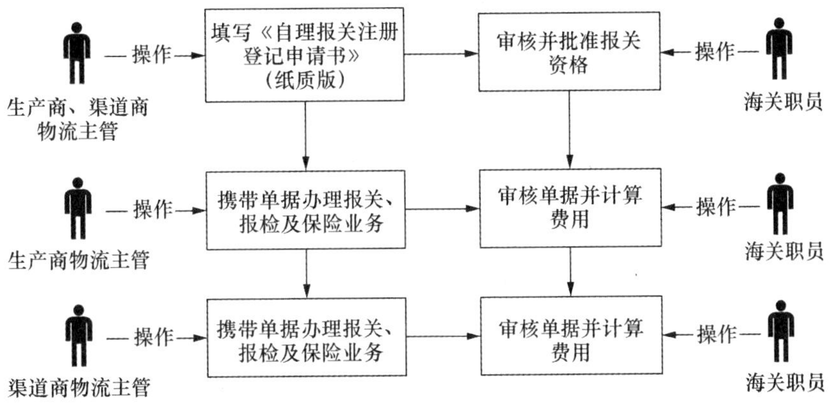

图 7－40　报关、报检、保险业务工作流程图

7.7.2.1.3　注意事项

（1）为节约纸张及简化海关工作流程，减轻报关报检人员工作量，海关统一规定将部分单据合并在一起写，具体规定如下：

其一，生产商报关报检。同一起运港、同一季度、不分具体日期、不分是否相同渠道商与之签订合同，可以合并报关。报关单、报检单、出口许可证可合并在一起写，当单据不够行数时可另起一张。

其二，渠道商报关报检。同一起运港、同一目的港的，同一季度，不分具体日期，不分是否相同生产商与之签订合同，可以合并报关。报关单、报检单可合并在一起写，当单据不够行数时可另起一张。

其三，同一季度的投保单、保险单可合并在一起写，投保日期为最早的起运日。

（2）在当季度启动命运罗盘，抽中某区域的海啸，次季度到某港口的货物损失 5%。

7.7.2.2　审核并收取企业报关、报检、保险费用

仿真平台企业每季度根据公司经营战略确定企业的仓储、运输计划，填写报关、报检及保险相关单据，并在海关办理相关业务。海关职员根据企业提供的相关资料进行审核，并收取企业相关的报关、报检、保险费用，同时给企业开具收据或发票。

7.7.2.2.1 工作流程

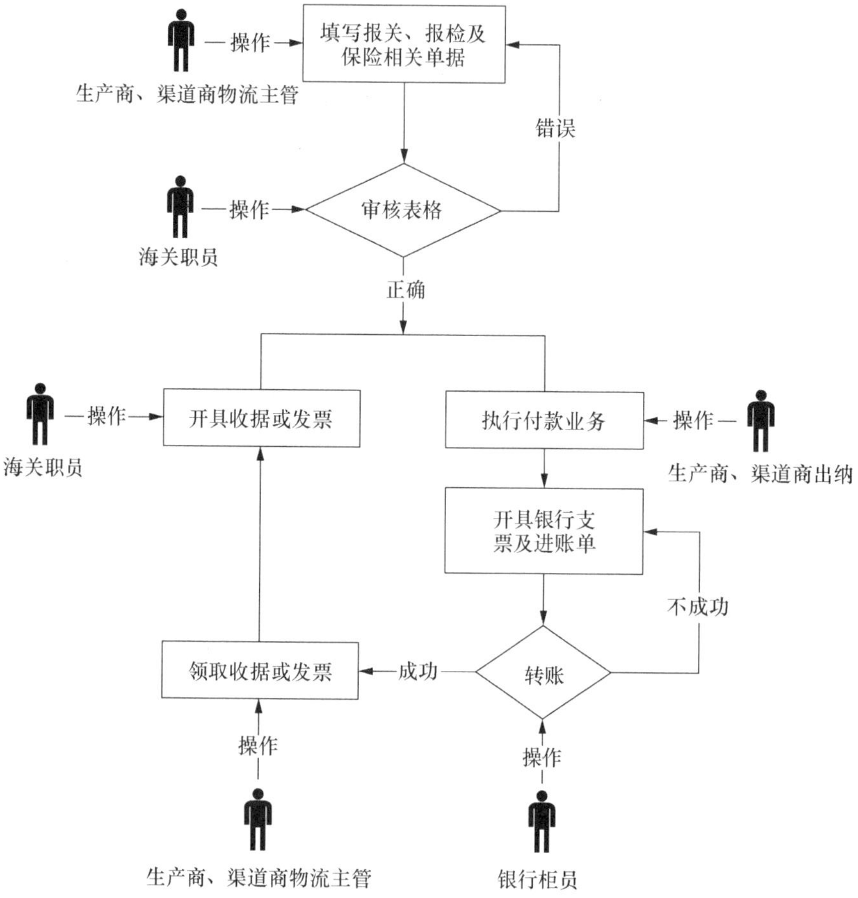

图 7-41 企业缴纳报关、报检、保险费用工作流程图

7.7.2.2.2 注意事项

（1）支票、发票及进账单的记账时间为季度末的最后一天。

（2）企业缴纳报关报检费用后，海关职员根据相应金额数，向企业开具收据。企业缴纳保险费用后，海关职员根据相应金额数，向企业开具发票。

（3）受损的渠道商带投保单、保险单去海关，海关开具支票给渠道商，补偿金额为保险金额的5%，支票日期开在海啸发生的次季度末，付款用途写保险理赔。

7.7.3 海关处罚实施细则

7.7.3.1 总规则

（1）在海关累计犯错三次开始扣分（第一次、第二次不扣分、不通报、不罚款，第三次开始通报、罚款、扣分）。

（2）因生产商、渠道商原因导致费用出错需更改，当季补当季的立刻办理；当季补上季的，多退少补，在出错的季度办理，并扣分、罚款。

7.7.3.2　实施细则

（1）企业延迟办理业务处罚实施细则如表7－16所示。

表7－16　企业延迟办理业务处罚实施细则表

违规类型	违规具体行为	惩罚措施
一般违规	当季未在规定时间缴纳相关费用： ①踩着时间点来报关，在规定时间未完成报关、报检； ②忘记报关，当季发现，但已超过银行、物流办事时间	不分合同次数，共罚20000元，扣当季团队经营绩效分2分
中等违规	拖延一个季度报关、报检、投保	不分合同次数，共罚30000元，扣当季团队经营绩效分3分
重大违规	拖延一个季度以上报关、报检、投保	不分合同次数，共罚50000元，扣当季团队经营绩效分3分

（2）企业修改数据处罚实施细则如表7－17所示。

表7－17　企业修改数据处罚实施细则表

违规类型	违规具体行为	惩罚措施
一般违规	修改当季数据： ①数据有误，导致算错报关费、报检费、保险费； ②因变更合同，导致修改报关数据	不分合同次数，共罚20000元，扣当季团队经营绩效分2分
中等违规	修改跨季数据： ①数据有误，导致算错报关费、报检费、保险费； ②因变更合同，导致修改报关数据	不分合同次数，共罚20000元，扣当季团队经营绩效分3分

7.8　工商行政管理局

7.8.1　工商行政管理局概况

7.8.1.1　概况

工商行政管理局是跨专业综合模拟仿真平台上的政府主管市场监管和行政执法的工作

部门。主要负责平台生产商和渠道商的工商注册登记、变更以及企业间购销合同的备案和变更。

7.8.1.2 组织结构

工商局组织结构相对简单，主要分设 A 区、B 区，各区各设局长 1 名、职员 3 名。

7.8.1.3 工作职责

7.8.1.3.1 局长工作职责

（1）工作职责。

◆ 每日根据指导教师安排部署制定本部门的工作计划和任务。

◆ 定期召开本部门的人员会议，并做好记录和总结。

◆ 每日将合同备案汇总表及时呈交给人力局、国税局、审计局、信息中心等机构。

◆ 解决各企业提出的重大投诉和业务问题，若无法解决，一定及时呈报指导老师。

◆ 负责评定部门员工的综合表现并进行评级打分。

（2）管理职责。

◆ 全面掌握工商局的内部事宜，带领团队成员熟悉工作流程，保证业务顺利进行。

◆ 督导下属规范办事、高效服务；培训下属和激励下属，提高各个职员的工作积极性，确保各项服务达到优质水平。

◆ 每个季度完成该区企业的合同汇总，并能组织职员进行有关的市场分析，及时做好各项工作汇总报告。

◆ 有效处理企业问题和客户的投诉，并能积极与各部门协调关系，开展工作。

7.8.1.3.2 职员工作职责

（1）工作职责。

◆ 进行企业注册的工商登记，收取企业的申请书，查验企业的相关材料，颁发统一社会信用代码的营业执照。

◆ 进行企业合理的工商注册变更，审核变更登记申请书、变更决议（打印纸质版）、新公司章程（打印纸质版），核算无误后颁发新企业法人营业执照。

◆ 每季度初办理企业的合同备案。审核企业间签订的外销合同、内销合同（一式三份），核算无误后工商局盖章并备份。

◆ 每季度末，办理企业的合同变更。审核企业合同变更的内容并重新备份。

（2）其他职责。

◆ 严格执行工商局的各项制度，服从局长管理，并能够有效配合其他外围机构和企业的有关工作。

◆ 监督所负责的企业违规情况。

◆ 定期整理所负责企业数据，向工商局局长及时汇总并出具数据分析结果。

7.8.2　工商行政管理局工作流程

工商局工作内容如图7－42所示。

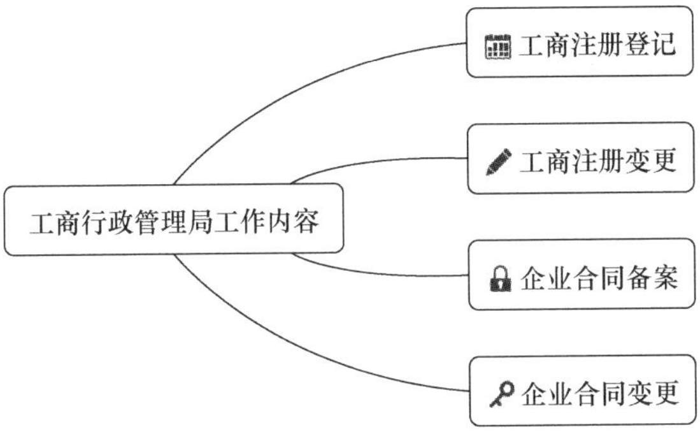

图7－42　工商局工作内容

7.8.2.1　企业工商注册

仿真平台工商注册登记是工商局在对生产商和渠道商进入市场的条件进行审查的基础上，通过注册登记确认申请者从事市场经营活动的资格，使其获得实际营业权的各项活动的总称。为了简化流程，提高办事效率，工商局全面推进“三证合一”制度，所谓“三证合一”，即将企业依次申请的工商营业执照、组织机构代码证和税务登记证三证合为一证，提高市场准入效率；通过“一口受理、并联审批、信息共享、结果互认”，实现由一个部门核发加载统一社会信用代码的营业执照。

7.8.2.1.1　工作流程

工商注册登记工作流程如图7－43所示。

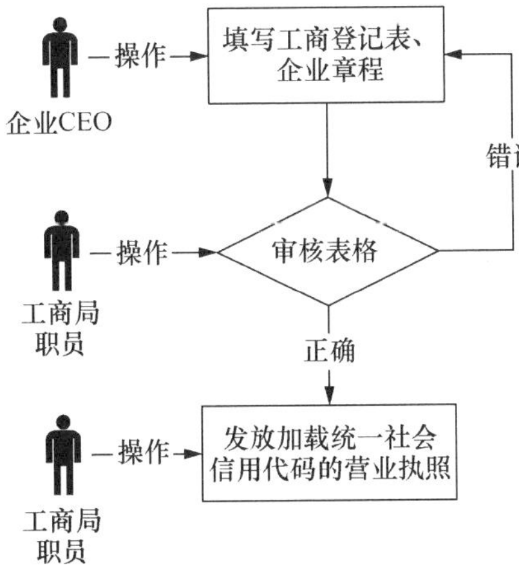

图7－43　工商注册登记工作流程图

7.8.2.1.2　注意事项

（1）企业名称登记。

◆ 企业名称应当使用汉字；企业使用外文名称的，其外文名称应当与中文名称相一致。

◆ 不得直接盗用之前已经参加过仿真实训小组的企业名称。

◆ 企业名称不得含有下列内容和文字：①有损于国家、社会公共利益的；②可能对公众造成欺骗或者误解的；③外国国家（地区）名称、国际组织名称；④政党名称、党政军机关名称、群众组织名称、社会团体名称及部队番号；⑤汉语拼音字母（外文名称中使用的除外）、数字；⑥使用“中国”“中华”或者冠以“国际”字词。

（2）企业章程编写。

◆ 企业章程所规定的内容具有根本性，是对于公司及其运作有根本性影响的事项，诸如公司的性质、宗旨、经营范围、组织机构、议事规则、权利义务分配等；仿真平台有限责任公司章程应当载明下列事项：①公司名称和住所，公司经营范围，公司注册资本；②股东的姓名或者名称，股东的出资方式、出资额和出资时间；③公司的机构及其产生办法、职权、议事规则；④公司法定代表人；⑤股东会会议认为需要规定的其他事项。

7.8.2.2　工商注册变更

公司变更登记是指公司改变名称、住所、法定代表人、经营范围、企业类型、注册资本、营业期限、有限责任公司股东或者股份有限公司发起人的登记。公司变更登记事项应当向原公司机关申请变更登记。未经核准变更登记，公司不得擅自变更登记事项。仿真平台上引起企业变更的原因有且只有以下三种：企业更名、股东变更、企业性质变化（如上市）。

7.8.2.2.1　工作流程

工商注册变更工作流程如图 7－44 所示。

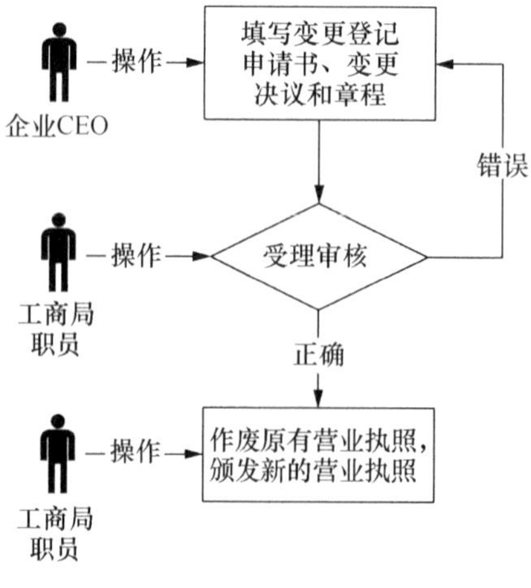

图 7－44　工商注册变更工作流程图

7.8.2.2.2　注意事项

（1）变更公司名称的，应提交公司登记部门出具新的名称核准通知书。

（2）变更法定代表人的，应提交原法定代表人的免职和新法定代表人任职文件、新任法定代表人的身份证明及法定代表人签字备案书。

（3）变更注册资本的，应提交具有法定资格的验资机构出具的对公司注册资本增加部分或者减少后的注册资本的验资证明。

7.8.2.3　企业合同备案

仿真平台企业合同备案是指生产商与渠道商签订合同后，还需将合同提交给工商行政管理局审核并登记的行为。其中合同分为外销合同、内销合同（一式三份）。

7.8.2.3.1　工作流程

合同备案工作流程如图 7－45 所示。

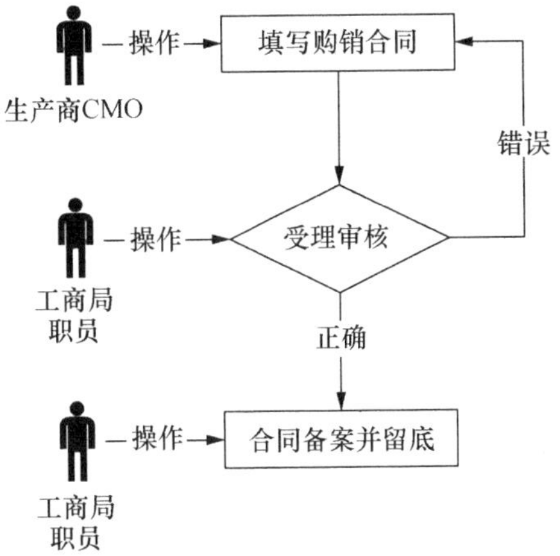

图 7－45　合同备案工作流程图

7.8.2.3.2　注意事项

（1）合同内容。

◆ 合同内容由生产商与渠道商自行协定，一旦备案必须按合同执行。

◆ 生产商在签订合同的时候，跟同个渠道商、同个交货地点的所有的订购，可以签订同一张合同，但是需要分别注明交货批次、交货产品、交货数量、交货金额及交货时间。

◆ 实训时间是三年，采取的是一天当作一季、一周当作一年，所以企业要注意签订合同的时间和交货时间，应标明属于哪一个年份。

（2）合同格式。

◆ 合同需买卖双方盖章，公司名称后均需写上企业编号。

◆ 合同编号不用填写，由工商局编制及填写。

◆ 合同订立内容不能留空，不填以“/”标示。

◆ 国内合同订立是否需要购买保险，需在空白处注明。

◆ 外销合同须在公司中文名称后补上公司英文名称及公司编号。

◆ 外销合同上的币种需跟相应的市场对应，并根据信息中心发布的即时汇率，在合同中转换为人民币。

（统一格式为：美元——USD；日元——JPY；欧元——EUR；澳元——AVD）

◆ 合同表单不允许涂画修改，有需要请另起一份，否则按违规处理。

7.8.2.4 企业合同变更

仿真平台企业合同变更是指生产商与渠道商签订的合同尚未履行或者尚未完全履行，需要对合同内容进行修改或补充所达成的协议。仿真平台合同变更仅指合同内容的变更，不包括合同主体的变更。协商一致是合同变更的必要条件，任何方都不得擅自变更合同。合同的变更必须在工商局重新登记或审批。

7.8.2.4.1 工作流程

合同变更工作流程如图 7－46 所示。

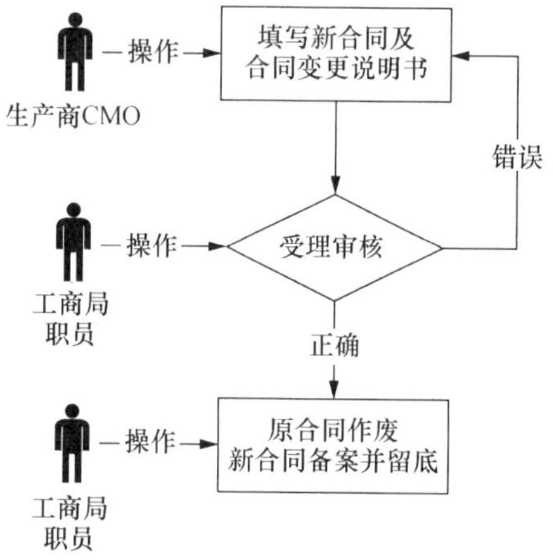

图 7－46　合同变更工作流程图

7.8.2.4.2 注意事项

◆ 合同变更需要签订合同的企业双方同意；且双方需自拟一份合同变更协议书，双方盖章签字后并由工商局备案。

◆ 变更合同只允许变更原合同的交货日期及交货数量，但总订购数量不能变更。

◆ 变更合同销售量不允许超过原合同销售总量的 30%。

◆ 若涉及变更合同的交货日期，变更后交货日期是不同月份的，工商局可对责任方企业进行违规罚金惩罚及违规通报，具体违规处罚见表 7－18。

表7-18 工商局处罚实施细则

违规类型	违规具体行为	惩罚措施
一般违规	①合同表格填写有误 ②材料迟交、缺交 ③企业购销合同存在问题等其他错误	记错1次
中等违规	①企业购销合同变更中，若涉及变更合同的交货日期，变更后交货日期是同月份的 ②如果变更合同销售量≤原合同销售总量的20% ③违规罚金的数额=合同销售数量（变更的那部分数量）×产品出厂指导价×5% ④如果变更合同销售量≤原合同销售总量的30% ⑤违规罚金的数额=合同销售数量（变更的那部分数量）×产品出厂指导价×10% ⑥变更合同销售量不得超过原合同销售总量的30% ⑦最后交货期不得超过次季度末	记错1次、收取罚金
重大违规	①企业购销合同变更中，若涉及变更合同的交货日期，变更后交货日期是跨月、跨季度、跨年的 ②如果变更合同销售量≤原合同销售总量的20% ③违规罚金的数额=合同销售数量（变更的那部分数量）×产品出厂指导价×5% ④如果变更合同销售量≤原合同销售总量的30% ⑤违规罚金的数额=合同销售数量（变更的那部分数量）×产品出厂指导价×10% ⑥变更合同销售量不得超过原合同销售总量的30% ⑦最后交货期不得超过次季度末	记错1次、通报批评、扣5分、收取罚金

7.8.3 工商行政管理局处罚实施细则

企业在工商局的违规行为按影响程度分为一般违规、中等违规和重大违规三种。违规处罚从两个方面来进行：一是按照违规的次数；二是按照违规的影响程度。所有的违规行为都记入违规次数。

若属于一般违规，第一次和第二次不通报批评；企业第三次一般违规，则通报批评并扣企业当年的经营绩效分2分，以后每违规一次扣企业当年经营绩效分1分。

若属于中等违规，第一次和第二次不通报批评，但需收取相应罚金；企业第三次中等违规，则通报批评、扣企业当年的经营绩效分2分并收取相应罚金。以后每违规一次均通报批评、扣企业当年经营绩效分1分并收取相应罚金。

重大违规不给予企业犯错的机会，企业每次发生重大违规行为，均记错1次、通报批评、扣企业当年的经营绩效分5分并收取相应罚金。

以上不管任何程度的违规，超过5次，扣企业当年的经营绩效分3分。

7.9 税务局

7.9.1 概况

税务局是跨专业综合模拟仿真实训平台的一个外围机构，税务局是主管税收工作的直属机构，负责企业申报和缴纳增值税、出口退税、企业所得税、个人所得税以及生产商和渠道商为员工缴纳的住房公积金、养老保险、失业保险等五险一金等，从 2015 年起全国实行了“三证合一”登记制度，原来分别由工商行政管理部门核发营业执照、质量技术监督部门核发组织机构代码证、税务部门核发税务登记证的登记方式，改为一次申请、由工商行政管理部门核发一个加载法人和其他社会组织统一社会信用代码的营业执照（见图 7－47）。企业的组织机构代码证、税务登记证不再发放。

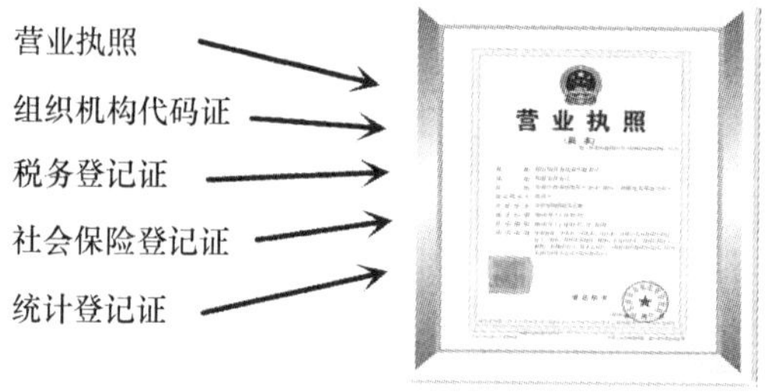

图 7－47 企业营业执照

7.9.2 组织结构

税务局有国家税务局和地方税务局之分，不论是国家税务局，还是地方税务局，其日常工作都是按其职能来执行的。

7.9.2.1 地方税务局

地税属于地方固定财政收入，是由地方管理和使用的税种。在仿真平台中，地税负责企业所得税、个人所得税、教育费附加、车船使用税及“五险一金”的缴纳工作。

7.9.2.2 国家税务局

国税又称中央税，由税务系统征收，是中央政府收入的固定来源，归中央所有。在仿真平台中，国税负责增值税、出口退税、车辆购置税工作。

7.9.3 税务局岗位职责

7.9.3.1 地税局局长岗位职责

（1）全面掌握地税局的内部事宜，熟知所有地税局办事流程，通晓各岗位的工作程序。

（2）督导下属规范办事、高效服务。并懂得合理分配和委派工作任务，分清各项责任并及时收集下属人员的反馈信息，以便及时调整部署。

（3）有能力指导、激励和评价下属员工的工作表现，公平待人，有能力独立高效处理客户的问题和投诉，并积极与各个部门协调关系，开展工作。

（4）每个季度完成该区企业的各项工作汇总，并能进行有关的市场分析，及时做好各项工作汇总报告。

（5）建立良好的公共关系，能广泛听取和搜集企业及各个部门的意见，不断改进工作。

7.9.3.2 地税局职员岗位职责

（1）熟知该岗位地税办事流程，通晓自身岗位的工作程序。

（2）按规定执行地税局局长的各项工作任务安排，并能够配合其他外围机构和企业的有关工作。

（3）季度末负责核算各生产商和渠道商地方税金申报表，并收取各企业每季度缴纳的企业所得税、个人所得税、城建税、教育费附加、营业税以及五险一金。

（4）严格执行地税局的各项制度，确保核算信息准确无误，并定期整理数据，向地税局局长及时汇总并出具数据分析结果。

7.9.3.3 国税局局长岗位职责

（1）全面掌握国税局的内部事宜，熟知所有国税局办事流程，通晓各岗位的工作程序。

（2）带领团队成员迅速熟悉增值税和出口退税的计算方法以及办事流程，保证业务顺利进行。并懂得合理分配和委派工作任务，分清各项责任并及时收集下属人员的反馈信息，以便及时调整部署。

（3）有能力指导、激励和评价下属员工的工作表现，公平待人，有能力独立高效处理客户的问题和投诉，并积极与各个部门协调关系，开展工作。

（4）每个季度完成该区企业的各项工作汇总，及时上报给信息中心和审计中心。并能进行有关的市场分析，及时做好各项工作汇总报告。

（5）建立良好的公共关系，能广泛听取和搜集企业及各个部门的意见，不断改进工作。

7.9.3.4 国税局职员岗位职责

（1）熟知该岗位国税办事流程，通晓自身岗位的工作程序。

（2）按规定执行国税局局长的各项工作任务安排，并能够配合其他外围机构和企业的有关工作。

（3）负责生产商的出口退税和渠道商的增值税工作。

（4）严格执行国税局的各项制度，确保核算信息准确无误，并定期整理数据，向国税局局长及时汇总并出具数据分析结果。

7.9.4 缴纳企业所得税的工作流程

7.9.4.1 企业所得税及其概述

企业所得税是指对中华人民共和国境内的企业（居民企业及非居民企业）和其他取得收入的组织以其生产经营所得为课税对象所征收的一种所得税。企业所得税是对我国内资企业和经营单位的生产经营所得和其他所得征收的一种税。企业所得税纳税人即所有实行独立经济核算的中华人民共和国境内的内资企业或其他组织，包括以下 6 类：国有企业、集体企业、私营企业、联营企业、股份制企业、有生产经营所得和其他所得的其他组织。企业所得税的征税对象是纳税人取得的所得。包括销售货物所得、提供劳务所得、转让财产所得、股息红利所得、利息所得、租金所得、特许权使用费所得、接受捐赠所得和其他所得。在仿真平台中，生产商的企业和渠道商的企业都实行企业所得税的税率为 25%，是对企业合法经营所得扣除成本费用后的纯收益所征收的一种税种，企业所得税可容许延迟一个季度缴纳。

7.9.4.2 企业所得税缴纳方式

企业所得税缴纳方式由纳税义务人按期申报缴纳。即按年计征，分季预缴，企业每个季度末提供已经平账的资产负债表和利润表，计算当季需要缴纳的所得税进行预缴。年度终了后 5 个月内，汇算清缴，多退少补。

7.9.4.3 亏损弥补

企业某一纳税季度发生的亏损可以用下一季度的所得弥补，下一季度的所得不足以弥补的，可以逐季度延续弥补，但最长不得超过 5 年。

7.9.4.4 企业所得税缴纳方式

企业所得税实行按季度预缴，年终汇算清缴，在年终汇算清缴时，企业必须拿审计所审核通过并盖章的纸质版的年度财务会计报表到国税局进行多退少补，企业在年终汇算清缴还需带上 4 个季度的纸质版的资产负债表和利润表。

7.9.4.5 缴纳企业所得税的流程

缴纳企业所得税工作流程如图7－48所示。

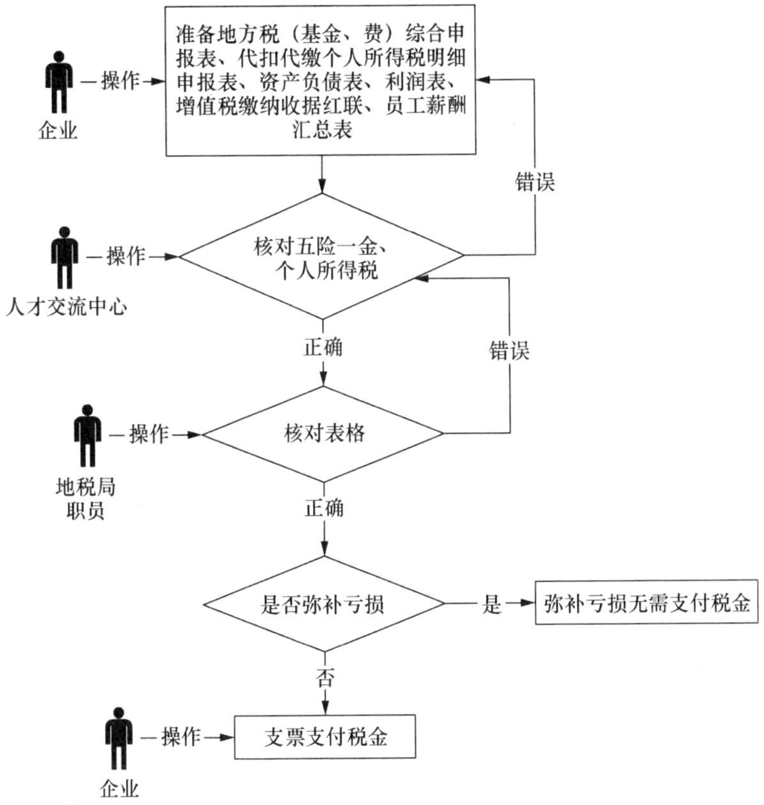

图7－48 缴纳企业所得税工作流程图

7.9.5 缴纳城建税和教育费附加税的工作流程（见图7－49）

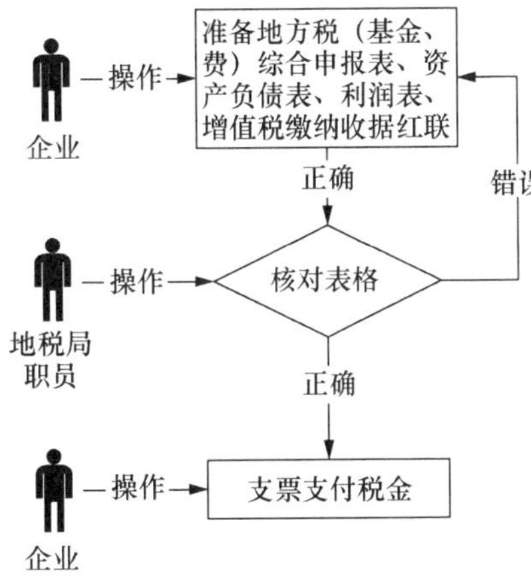

图7－49 缴纳城建税和教育费附加工作流程图

7.9.5.1 城市维护建设税

城市维护建设税简称城建税，是我国为了加强城市的维护建设，扩大和稳定城市维护建设资金的来源，对有经营收入的单位和个人征收的一个税种，为城市建设发展、改造旧城区、发展公共事业和维护公共设施而征收的一个税种。城市维护建设税是对从事工商经营，缴纳增值税、消费税的单位和个人征收的一种税。城建税没有独立的征税对象或税基，而是以增值税、消费税“二税”实际缴纳的税额之和为计税依据，随“二税”同时附征，本质上属于一种附加税，而仿真平台中企业所缴纳的城建税的税率为7%（市级城市），城建税的缴纳金额 =（企业已缴纳的增值税 + 消费税）×7%。

7.9.5.2 教育费附加

教育费附加税是为地方教育事业发展，扩大地方教育经费而征收的一种税种。以纳税人实际缴纳的增值税、消费税的税额为计税依据，属于“税中税”，税率为3%。而仿真平台中所有企业所缴纳的教育费附加税率都为3%，由地税局负责征收，应纳教育费附加 =（实际缴纳的增值税 + 消费税）×3%。

7.9.6 缴纳“五险一金”的工作流程

“五险一金”指的是五种社会保险以及一个公积金，“五险”包括养老保险、医疗保险、失业保险、工伤保险和生育保险；“一金”指的是住房公积金。其中养老保险、医疗保险和失业保险，这三种险是由企业和个人共同缴纳的保费；工伤保险和生育保险完全是由企业承担的，个人不需要缴纳，国家规定的“五险一金”是法定要求，而公积金则不是。而仿真平台的“五险一金”原则上要求企业都要缴纳。生产商和渠道商为员工缴纳的“五险一金”由地税代扣代缴。“五险一金”的缴纳金额 = 基本薪酬 × 缴纳比例。

“五险一金”的缴纳比例如表 7－19 所示。

表 7－19 “五险一金”的缴纳比例表　　单位:%

	个人缴纳比例	公司缴纳比例	合计比例
住房公积金	10	10	20
养老保险	8	12	20
医疗保险	2	10	12
失业保险、工伤保险、生育保险		3	3
合计	20	35	55

“五险一金”的缴纳样例如表 7－20 所示。

表7-20 员工薪酬汇总表

2017年第三季度生产商员工薪酬汇总表				
单位：微微一笑有限责任公司				
员工种类		销售人员	高级管理人员	小计
技术等级				
是否在职				
人数		6	9	91
应领工资金额	标准工资	36000	180000	1296000
	销售提成	143700	—	143700
	加班费	—	—	0
	应付薪酬	179700	180000	1439700
	个人“五险一金”总额（20%）	7200	36000	259200
	个人所得税	11910	2115	16995
	实际发放	160590	141885	1163505
公司缴纳“五险一金”总额（35%）		12600	63000	453600
“五险一金”合计（标准工资55%）		19800	99000	712800
公司薪金支付合计		192300	243000	1893300
总销售额	14370000			

7.9.7 缴纳个人所得税的工作流程

个人所得税是国家对本国公民、居住在本国境内个人的所得和境外个人来源于本国的所得征收的一种所得税。在有些国家，个人所得税是主体税种，在财政收入中占较大比重，对经济亦有较大影响。从2011年9月1日起，中国内地个税免征额调至3500元。

这一税种的作用是调节社会上收入悬殊的现象，由地税代扣代缴。企业员工的工资、薪金所得，是指个人因任职或受雇而取得的工资、薪金、奖金、年终加薪、劳动分红、津贴、补贴以及与任职或受雇有关的其他所得。这就是说，个人取得的所得，只要是与任职、受雇有关，不管其单位的资金开支渠道是以现金、实物，还是以有价证券等形式支付的，都是工资、薪金所得项目的课税对象。仿真平台的企业员工在受雇的公司取得工资、薪金、奖金、分红、加班费、津贴等合计后的总额，扣除标准：个人所得税的免征额为3500元，个人所得税应纳税额=[（工资薪金所得-个人缴纳“五险一金”部分）-3500]×适用税率-速算扣除数。个人所得税的税率表见表7-21。

表 7-21　个人所得税的税率表

级数	含税级距	税率（%）	速算扣除数（元）
1	0~1500 元	3	0
2	1500~4500 元	10	105
3	4500~9000 元	20	555
4	9000~35000 元	25	1005
5	35000~55000 元	30	2755
6	55000~80000 元	35	5505
7	80000 元以上	45	13505

注意事项：

（1）查看工人是否有加班，平时加班按准则中的加班工作核算，节假日加班为平时工资的两倍。

（2）在核算工人工资时，如果存在加班要分月核算，这样算出每个生产工人的当月所得，然后计算个人所得税。

（3）核查销售人员人数是否合理，每位销售人员每个季度能承担的最销售额为 270 万，销售人员人数 = 当季总销售额/270，有小数点向上取整。

（4）销售人员的提成要分月核算，销售收入确认当日确认销售人员的提成，分月核算销售人员所得计提个人所得税。

7.9.8　缴纳增值税工作流程

缴纳增值税工作流程如图 7-50 所示。

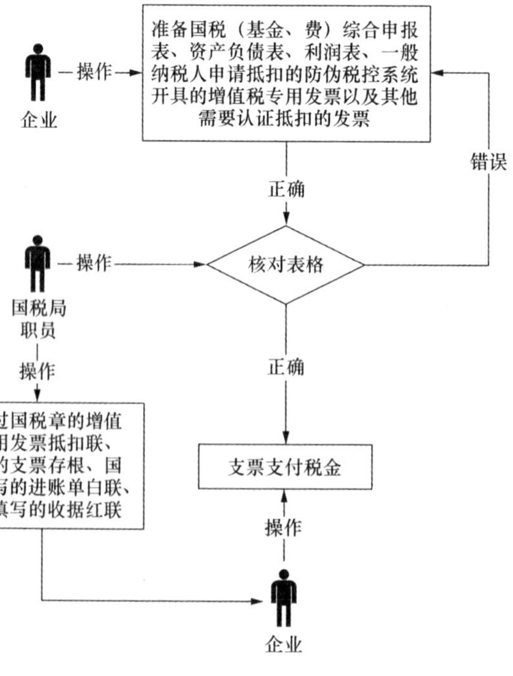

图 7-50　缴纳增值税工作流程图

7.9.8.1 增值税

增值税是以商品（含应税劳务）在流转过程中产生的增值额作为计税依据而征收的一种流转税。从计税原理上说，增值税是对商品生产、流通、劳务服务中多个环节新增价值或商品附加值征收的一种流转税。实行价外税，也就是由消费者负担，有增值才征税，没增值不征税。增值税是对销售货物或者提供加工、修理修配劳务以及进口货物的单位和个人就其实现增值额征收的一个税种。增值税已经成为中国最主要的税种之一，增值税收入占中国全部税收 60% 以上，是最大的税种。增值税由国家税务局负责征收，税收收入中 50% 为中央财政收入，50% 为地方收入。

自 2017 年 7 月 1 日起，增值税一般纳税人取得的 2017 年 7 月 1 日及以后开具的增值税专用发票和机动车销售统一发票，应自开具之日起 360 日内认证或登录增值税发票选择确认平台进行确认，并在规定的纳税申报期内，向主管国税机关申报抵扣进项税额。简并增值税税率有关政策正式实施，原销售或者进口货物适用 13% 税率的全部降至 11%，这个调整会涉及农产品、天然气、食用盐、图书等 23 类产品。2018 年 3 月 28 日，国务院常务会议决定从 2018 年 5 月 1 日起，将制造业等行业增值税税率从 17% 降至 16%，将交通运输、建筑、基础电信服务等行业及农产品等货物的增值税税率从 11% 降至 10%。

7.9.8.2 一般纳税人应纳税额

计算公式：

应纳税额 = 当期销项税额 − 当期进项税额

销项税额 = 不含税销售额 × 税率

不含税销售额 = 含税销售额 ÷（1 + 税率）

销项税额：是指纳税人提供应税服务按照销售额和增值税税率计算的增值税额。

进项税额：是指纳税人购进货物或者接受加工修理修配劳务和应税服务，支付或者负担的增值税税额，一般纳税人申请抵扣的防伪税控系统开具的增值税专用发票以及其他需要认证抵扣的发票，必须自该专用发票开具之日起 360 日内认证，否则，不予抵扣进项税额。

7.9.8.3 注意事项

（1）企业有无增值税都需要按期上交增值税纳税申报表。

（2）增值税专用发票抵扣联抵扣期限为 360 天（4 个季度）。

（3）国外销售或者购货不予抵扣和缴税，但是必须过来备案，国内的予以抵扣并缴税。

（4）公司留有的资料：加盖过国税章的增值税专用发票抵扣联、缴税的支票存根、国税填写的进账单白联、国税填写的收据红联。

（5）国税留有的资料：增值税纳税申报表、国税自填进账单黄联、国税填写的收据白联。

7.9.9 办理出口退税工作流程

办理出口退税工作流程如图 7-51 所示。

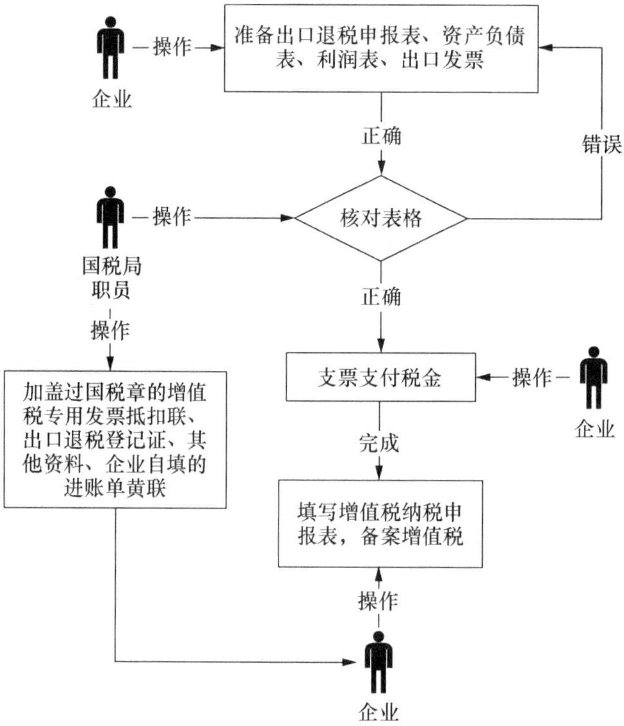

图 7-51 办理出口退税工作流程图

7.9.9.1 出口退税

出口退税是指国家运用税收杠杆奖励出口的一种措施。一般分为两种：一种是退还进口税，即出口产品企业用进口原料或半成品，加工制成产品出口时，退还其已纳的进口税；另一种是退还已纳的国内税款，即企业在商品报关出口时，退还其生产该商品已纳的国内税金。出口退税，有利于增强本国商品在国际市场上的竞争力，为世界各国所采用，而仿真平台的企业是以生产鞋为主要产品，采用的是我国通用做法，就是退还已纳的国内税款，即企业在商品报关出口时，退还其生产该商品已纳的国内税金。仿真平台鞋类的出口退税率为 15%

我国对生产企业出口自产货物的增值税一律实行“免、抵、退”税务管理办法，生产企业出口货物“免、抵、退税额”应根据出口货物离岸价、出口货物退税率计算。出口货物离岸价（FOB）以出口发票上的离岸价为准（委托代理出口的，出口发票可以是委托方开具的或受托方开具的），若以其他价格条件成交的，应扣除按会计制度规定允许冲减出口销售收入的运费、保险费、佣金等。

7.9.9.2 注意事项

（1）增值税专用发票抵扣联抵扣期限为360天（4个季度）。

（2）出口退税登记证第一次需要办理由国税盖章，之后可重复使用。

（3）办理出口退税成功后仍需备案增值税，填写增值税纳税申报表。

（4）办理出口退税本季度要退的一定要退，不能拖到下一季度。

（5）公司留有的资料：加盖过国税章的增值税专用发票抵扣联、出口退税登记证、其他资料、企业自填的进账单黄联。

（6）国税留有的资料：出口退税申报表、退税的支票存根、企业填写的进账单白联。

7.9.9.3 出口退税额计算公式

（1）当期免抵退不得免征和抵扣的税额 = 当期出口货物离岸价格 FOB × 外汇人民币牌价 ×（征税率 − 退税率）。

（2）当期应纳税额 = 当期内销售货物销项税额 −（当期进项税额 + 上期抵税额 − 当期免抵退不得免征和抵扣的税额）。

（3）若当期应纳税额 >0，本期没有出口退税，应办理缴纳增值税业务。若当期应纳税额 <0，可以继续办理出口退税业务。

（4）免抵退税额 = 出口货物离岸价 × 外汇人民币牌价 × 出口货物退税率。

（5）若｜当期应纳税额｜ > 免抵退税额，当期应退出口退税税额 = 免抵退税额。若｜当期应纳税额｜ < 免抵退税额，当期应退出口退税税额 = 期末留抵税额。

（6）留抵结转到下期 =｜当期应纳税额｜ − 当期应退出口退税税额。

7.9.10 税务局注意事项

7.9.10.1 对外办公时间

支付个人所得税、增值税、出口退税、车辆购置税、教育费附加、车船使用税及“五险一金”的在季度末；支付所得税税费在次季度初。

7.9.10.2 提交资料

（1）提交地方税（基金、费）综合申报表、代扣代缴个人所得税明细申报表打印后的手写版本，字迹工整清晰。

（2）提交资产负债表、利润表纸质打印版本。

7.9.10.3 办理支付税费成功后

（1）公司留有的单据。增值税缴纳收据红联，员工薪酬汇总表（要返还给人才交流中心），缴税的支票存根，地税填写的进账单白联，地税填写的收据红联。

（2）地税留有的单据。地方税（基金、费）综合申报表，代扣代缴个人所得税明细申报表，资产负债表，利润表，地税自填进账单黄联，地税填写的收据白联。

7.9.10.4. 逾期则按规则的“税款滞纳罚金说明”缴纳滞纳金

（1）企业所得税可容忍延迟一个季度交。

（2）50 万元以下，延缴两个季度罚款 5000 元，延缴三个季度罚款 8000 元；50 万元以上，延缴两个季度罚款额 ×15%，延缴三个季度罚款额 ×20%。

（3）若涉及的各缴费项目，由于各企业计算错误，税务局的同学没有核算更正，责任在于税务局，老师应酌情对税务局的办事员扣除一定的个人成绩分及团队成绩分。

7.10 人才交流中心

7.10.1 人才交流中心概况

7.10.1.1 概况

跨专业综合模拟仿真平台上的人才交流中心是综合性人才市场社会化服务机构，主要承担平台生产商和渠道商工作人员岗位招聘、培训、解聘及企业薪酬缴纳的工作。具体如下：

◆ 响应生产商、渠道商招聘需求，收取招聘广告费，提供相应职数。

◆ 响应生产商、渠道商培训晋级需求，收取培训费，提供相应职数。

◆ 响应生产商、渠道商解聘人员需求，并备案。

◆ 计算核对生产商、渠道商人力薪酬、奖金、“五险一金”、个税情况。

7.10.1.2 组织结构

人才交流中心组织结构相对简单，主要分设 A 区、B 区，各区各设局长 1 名、职员 4 名。

7.10.1.3 工作职责

7.10.1.3.1 局长

（1）工作职责。

◆ 每日根据指导教师工作部署制定本部门的工作计划和任务。

◆ 定期召开本部门的人员会议，并做好记录和总结。

◆ 每日根据各企业的响应需求，组织人才交流中心职员顺利开展企业的招聘、解聘、培训、薪资核算等工作。

◆ 每日将薪酬汇总表及时呈交给审计局、信息中心等机构。

◆ 解决各企业提出的重大投诉和业务问题，若无法解决，一定及时呈报指导老师。

◆ 负责评定部门员工的综合表现并进行评级打分。

（2）管理职责。

◆ 全面掌握人才交流中心的内部事宜，带领团队成员熟悉工作流程，保证业务顺利进行。

◆ 督导下属规范办事、高效服务；培训下属和激励下属，提高各个职员的工作积极性，确保各项服务达到优质水平。

◆ 每个季度完成该区企业的各项工作汇总，并能进行有关的市场分析，及时做好各项工作汇总报告。

◆ 有效处理企业问题和客户的投诉，并能积极与各部门协调关系，开展工作。

7.10.1.3.2　职员

（1）工作职责。

◆ 季度初响应企业招聘需求和培训需求，收取招聘广告费和培训费，并开具相应的增值税发票和收据。

◆ 季度初响应企业解聘人员需求，并备案，对于解聘人员工作不满一年，按规定扣收补偿金，并开具增值税发票和收据。

◆ 季度末负责核算企业员工人力薪酬、奖金、“五险一金”以及个税情况，收取企业人员工资，并开具相应的增值税发票和收据。

（2）其他职责。

◆ 严格执行人才交流中心的各项制度，服从局长管理，并能够有效配合其他外围机构和企业的有关工作。

◆ 监督所负责的企业违规情况。

◆ 定期整理所负责企业数据，向人才交流中心局长及时汇总并出具数据分析结果。

7.10.2　人才交流中心工作流程

人才交流中心的工作内容如图 7－52 所示。

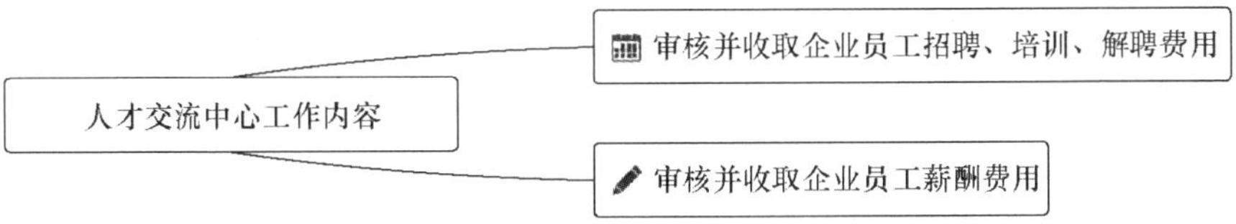

图 7－52　人才交流中心工作内容

7.10.2.1 审核并收取企业员工招聘、培训、解聘费用

仿真平台企业每季度根据公司经营战略确定企业的人力资源战略计划，填写企业人力资源需求计划表，并在人才交流中心进行企业的招聘、培训和解聘工作。人才交流中心职员根据企业提供的人力需求计划表进行审核，并收取企业相关的招聘、培训、解聘费用，同时给企业开具增值税发票和收据。

7.10.2.1.1 工作流程

员工招聘、培训、解聘工作流程如图 7－53 所示。

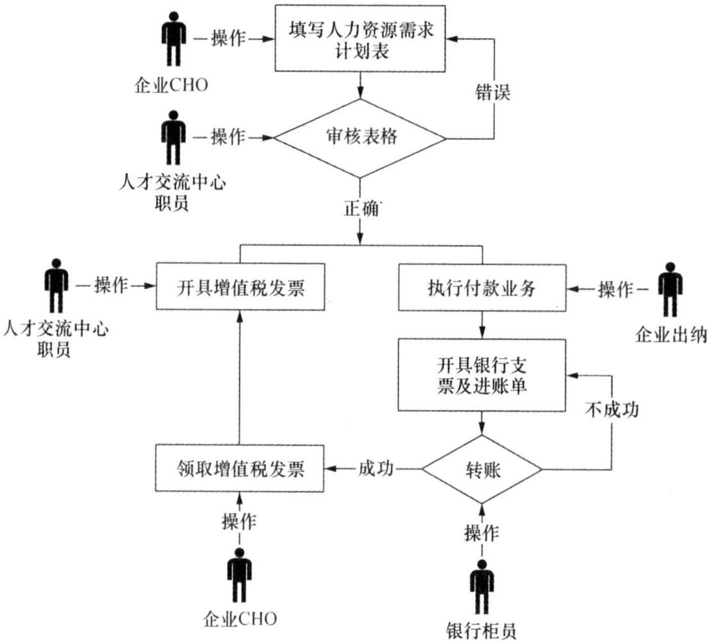

图 7－53 员工招聘、培训、解聘工作流程图

7.10.2.1.2 注意事项

（1）人力资源需求计划表。

◆ 渠道商必须根据季度初的店铺数量有效招聘人员种类和数量。

◆ 生产商“在职人数”和渠道商“店员数量”填写企业在职的总人数，“新增人数”填写企业需要招聘的人数。

（2）人员招聘、培训、解聘。

◆ 国内市场广告费和培训费开具增值税的专用发票，税率为 6%；国外市场开具增值税的通用发票。

◆ 支票、发票及进账单的记账时间均为季度初。

◆ 补交或修改相应费用按照《人才交流中心对企业通报批评、收取罚金的实施细则》处理。

7.10.2.2 审核并收取企业员工薪酬费用

仿真平台企业每季度根据公司生产或销售运营计划，正确填写企业排班表和薪酬汇总表，并在人才交流中心进行企业薪酬缴纳五险一金审核工作。人才交流中心职员根据企业提供的排班表和薪酬汇总表进行审核，待人才交流中心审核完毕并盖章后，拿已盖好章的员工薪酬汇总表和代扣代缴表到地税局审核个人所得税，拿盖有地税局公章的员工薪酬汇总表再回到人力局审核薪酬汇总表中的实际发放，待数据审核完毕后企业才可填写支票和进账单去银行缴纳工资，人才交流中心收取企业的薪酬费用，同时给企业开具收据。

7.10.2.2.1 工作流程

员工薪酬缴纳工作流程如图7－54所示。

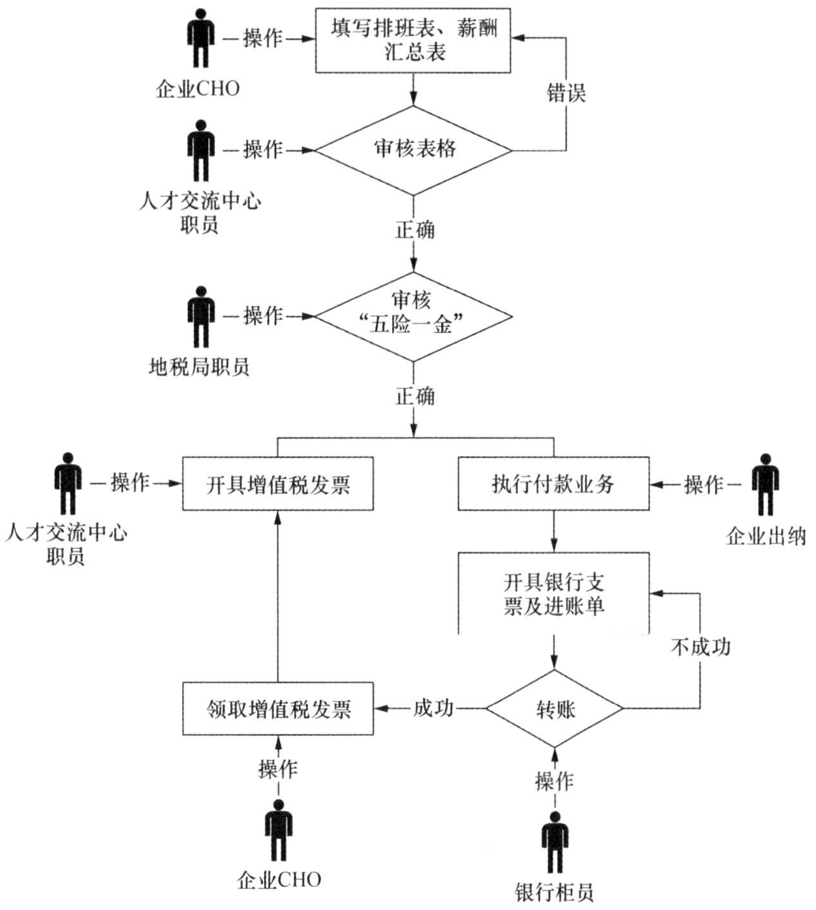

图7－54 员工薪酬缴纳工作流程图

7.10.2.2.2 注意事项

（1）排班表。

◆ 生产商排班表按月份打印（一个月打印在一张 A4 纸上），按技工等级（初级、中级、高级）分成三份表格排班。根据企业要求自行安排排班时间，要求简单清晰。

◆ 渠道商排班表按季度打印（一个季度打印在一张 A4 纸上）按店铺类型（初档、中档、高档）进行排班。企业要求自行安排排班时间，要求简单清晰。

（2）薪酬汇总表。

◆ 员工薪酬汇总表中高级管理人员的季度薪酬合计为 180000（企业根据人数自行分配）。

◆ 个人所得税一栏不能设公式，必须与代扣代缴纳税申报表的数字保持一致。

◆ 生产商销售收入以当月装船日确定，不能平摊到每月。

◆ 渠道商销售收入分市场分店铺类型填写，平摊到每月。

◆ 涉及国内订单的销售额，必须要确保是不含税的，去税后再平摊到每个月。

◆ 薪酬汇总表和代扣代缴表最好由一人填写并办理，且必须要人力局和地税局联合盖章后再统一去银行缴纳工资及个人所得税。并注意缴纳工资进账单收款银行填写人力局，缴纳个人所得税进账单填写地税局。

7.10.3 人才交流中心处罚实施细则

总规则与外围机构处罚条例一致。按影响程度分为一般违规、中等违规和重大违规三种。具体分类详见总规则说明。

表 7－22 人才交流中心处罚实施细则

类型	违规具体行为	惩罚措施
一般违规	①表格填写有误 ②银行进账单数字有误 ③材料迟交、缺交等其他错误 ④当季度初，招聘时间已过，企业补招当季度员工 ⑤当季度末补招当季度员工 ⑥补交员工薪酬：由于企业自身原因，比如重新调整员工加班，加班费用重新计算，或者销售提成计算错误等，导致在当季度末没有办法按时缴纳当季度员工薪酬，此种情况视为补交员工薪酬	记错 1 次
中等违规	招聘广告费、培训费和解聘费，这些费用应当在当季度初缴清。 ①50 万元以下，延缴一个季度罚款 5000 元，延缴两个季度罚款 8000 元 ②50 万元以上（包括 50 万元），延缴一个季度，罚款额 = 滞纳金额 ×15%，延缴两个季度，罚款额 = 滞纳金额 ×20% 不允许拖缴三个季度以上	记错 1 次、收取罚金
重大违规	跨季度甚至是跨年补招员工	记错 1 次、通报批评、扣 5 分、收取罚金

7.11　审计事务所

7.11.1　概况

审计所是跨专业综合模拟仿真实训平台的一个外围机构，主要负责审核企业的财务报表以及监督和审查生产商和渠道商在经营过程中是否违反仿真平台的业务活动规则，以及企业在会计核算过程中是否违反会计准则。审计所位于广东财经大学华商学院厚德楼B504，专门从事审计工作。审计事务所组织结构包括 A 区华信事务所和 B 区铧航事务所（见图 7 – 55）。每个所共有 39 人，由一名正所长带领 24 位生产商审计员，由一名副所长带领 12 位渠道商审计员，另外还有 1 名专项审计员。

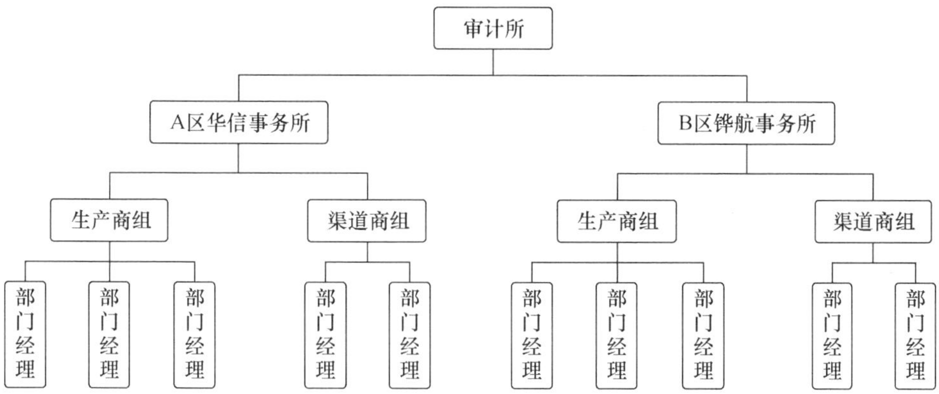

图 7 – 55　审计所机构图

7.11.2　审计规则

跨专业综合模拟仿真实训平台上的生产商和渠道商的年度报表须经审计事务所审核与评估，盖章确认后发布和存档。审计相关细则如下：

其一，会计师事务所的工作人员主要进行各季度的跟踪审计和年度审计。

其二，对被审计单位进行跟踪审计和年度审计时，被审计单位和外围机构应该提供必要的工作条件和协助，主要事项将由会计师事务所工作人员于外勤工作开始前提供清单（包括但不限于审查财务预算、订单记录、营销计划、营销合同、仓储管理记录、招工计划、薪酬分配表、财务资料等）。

其三，在审计年度内，当期发现的错误在当期调整；年度终结后发现的错误在下年度调整。审计年度未调整的错误由指挥部视情况做出处理。

其四，进行终结审计时，被审计单位应在经营年度经营完毕的次日提供审计事务所要求的全部会计资料和其他有关资料，至少包括纸质版的全年记账凭证、年度资产负债表、年度利润表以及电子版的明细账或T字账、季度报表。

其五，审计服务的费用总额为5000元/年，签订合同时立即支付结清。

其六，如果由于被审计单位的原因，致使本约定书所涉及的审计服务无法如期进行，被审计单位将承担其应负的责任，并向会计师事务所支付至少5000元的补偿费。

其七，会计师事务所应在审计过程中给予被审计单位必要的业务说明，在取得被审计单位的全部资料的次日出具审计报告，发布前与被审计单位的指导老师确认意见一致后正式发布。

7.11.3 企业审计需提供的资料

7.11.3.1 生产商需要提供给审计的资料

（1）业务资料。业务资料包括以下内容：①原材料订单；②合同订单；③生产排程表；④生产商运输仓储表格；⑤员工薪酬汇总表；⑥生产商人力资源需求计划表；⑦生产排班表。

（2）财务资料。财务资料包括以下内容：①银行存款日记账；②凭证列表；③产成品明细账；④原材料进销存和产成品进销存；⑤季度和年度财务报表（T字账、试算平衡表、资产负债表、利润表、现金流量表）。

7.11.3.2 渠道商需要提供给审计的资料

（1）业务资料。财务资料包括以下内容：①营销合同；②采购订单计划；③运输排程表；④渠道商运输仓储表格；⑤员工薪酬汇总表；⑥人力资源需求计划表；⑦排班表；⑧配送中心，店铺购买及租赁单。

（2）财务资料。财务资料包括以下内容：①银行存款日记账；②凭证列表；③产成品明细账；④产成品进销存；⑤季度和年度财务报表（T字账、试算平衡表、资产负债表、利润表、现金流量表）。

注：①记账凭证、年度报表必须要上交电子版和纸质版资料。②其他资料企业交电子版即可，企业也可以根据自身情况上交纸质版，审计条件没有受到限制即可。

7.11.4 岗位职责

7.11.4.1 审计所所长岗位职责

（1）招聘审计人员共82名（根据期数不同人数可能有出入），其中4名负责专项审计，进行营业收入、营业成本的专项审计。

（2）协助组建审计所组织机构：项目经理 12 名，部门经理 10 名。

（3）审计所考勤总负责人。

（4）合理分派工作任务，保证审计业务的按时完成。

（5）带领团队成员熟悉审计流程，保证业务顺利进行。

（6）收齐员工的各项资料，组织周例会，收集审计员提出的问题并提出解决问题的方案，按计划布置下周重点工作。

（7）复核审计业务资料，收集被审计单位的年度报表（电子版和纸质版），进行审核盖章，审核无误后发给银行和信息中心进行贷款和评分，撰写机构年度总结。

（8）做好审计所企业文化的建设与传导，注重团队意识和业务知识的培训与交流，组建团结向上、高效有力的员工队伍。

（9）组织审计所主办的财会峰会，代表审计所参加仿真平台的分享会和高峰论坛。总结审计所每一期工作汇报，做好相关的汇报书和资料归档，提交审计所期末总结。

7.11.4.2　部门经理岗位职责

（1）协助审计所所长管理审计所日常工作，对部门审计员合理分派工作任务，保证审计业务的按时完成。

（2）进行二级复核，复核对象有 8 个人，交叉审计，项目经理收齐的审计表单等资料要通过部门经理审核，审核完毕填写《三级复核工作底稿》，再交给所长。

（3）主持并召开部门例会，解决一段时间内审计员遇到的问题和困惑，当被审计单位有突发状况时，跟进、了解事态的发展并积极反馈给指导老师。

（4）每季度末都需要在所长处对企业财务报表进行评分（根据企业财务报表的评分细则严格执行）。要求部门经理的专业能力较强，能够及时发现审计员出现的错误。

（5）协助所长组织审计所的财会峰会以及组织审计所每一年的审计所的分享会。

7.11.4.3　项目经理岗位职责

（1）进行一级复核，复核对象是项目小组内部的 6 个人。对指导老师、所长布置的工作进行传达。

（2）收集审计员每年的审计表单、日记、个人报告、企业的财务资料、业务资料，检查及矫正文件命名方式，使其格式要求统一，并发送给老师。收集作业之后要把组员的资料进行审查，看有没有遗漏的地方。

（3）复核完毕填写《三级复核工作底稿》，并把资料发给所负责的部门经理。

（4）主持并召开部门例会，解决一段时间内审计员遇到的问题和困惑，当被审计单位有突发状况时，跟进、了解事态的发展并积极反馈给指导老师。

（5）每季度末都需要在所长处对企业财务报表进行评分（根据企业财务报表的评分细则严格执行）。

（6）在年度完毕，组长要另外交给所长三份资料：《客户提交资料情况》《报告类型汇总表》以及《错漏汇总表》。要求组长的协调安排能力较强，能合理安排自身审计工作和老师所长布置工作。

7.11.4.4 审计员岗位职责

（1）审计员熟悉审计业务承接流程，初步了解和评价被审计单位，对被审计单位进行风险评估。

（2）审计员需要对企业每季度的财务资料和业务资料进行审核，对企业的季度报表和年度报表进行审查，是否存在违规操作和存在重大错报分险，并反馈给专项审计员的企业的季度年度报表是否准时上交，是否平账。

（3）审核完毕上交项目经理进行一级复核，每季度末都需要在所长处对企业财务报表进行评分（根据企业财务报表的评分细则严格执行）。

（4）审核完毕的季度资产负债表和利润表的电子版要交给专项审计员，纸质版要审核盖章退还企业。企业每一季度的财务资料和业务资料要注意收集，期末收齐交给项目经理归档。

7.11.4.5 专项审计员岗位职责

（1）专项审计员专门负责企业的营业收入和营业成本的专项审计。

（2）负责审计所对外发布信息，注意汇总自己负责区域的季度报表和年度报表是否有准时上交，是否平账。将纸质版的季报审核盖章退还企业，年度报表的电子版要发给信息中心。

（3）年末对审计报告类型汇总，协助所长组织每一年的审计所的分享会。

7.11.5 工作流程图

7.11.5.1 审计所总体工作流程图（见图 7－56）

所长协助组建审计所，组织机构设有部门经理 10 名和项目经理 12 名，由所长组织召开审计所的成立大会，编制审计所章程，完成审计所登记，所长要对审计所成员进行定期开会，分配工作内容，计划布置重点工作，了解被审计单位，确定是否接单，确定三方关系，签订审计业务约定书，在审计业务开始时开展初步业务活动，制定总体审计策略，制定审计具体计划，在审计实施前必须实施风险评估程序，以此作为评估财务报表层次和认定重大错报风险的基础，对生产商和渠道商评估的财务报表层次重大错报风险确定总体应对措施，实施进一步审计程序，以将审计风险降至可接受的低水平，在完成了进一步审计程序后，做好审计阶段的完成工作，根据获得审计证据，进行合理的职业判断，形成审计意见。最后对被审计单位的财务报表进行整合，编制工作底稿及存底，最后出具审计报告，同时编写审计所年度总结报告。

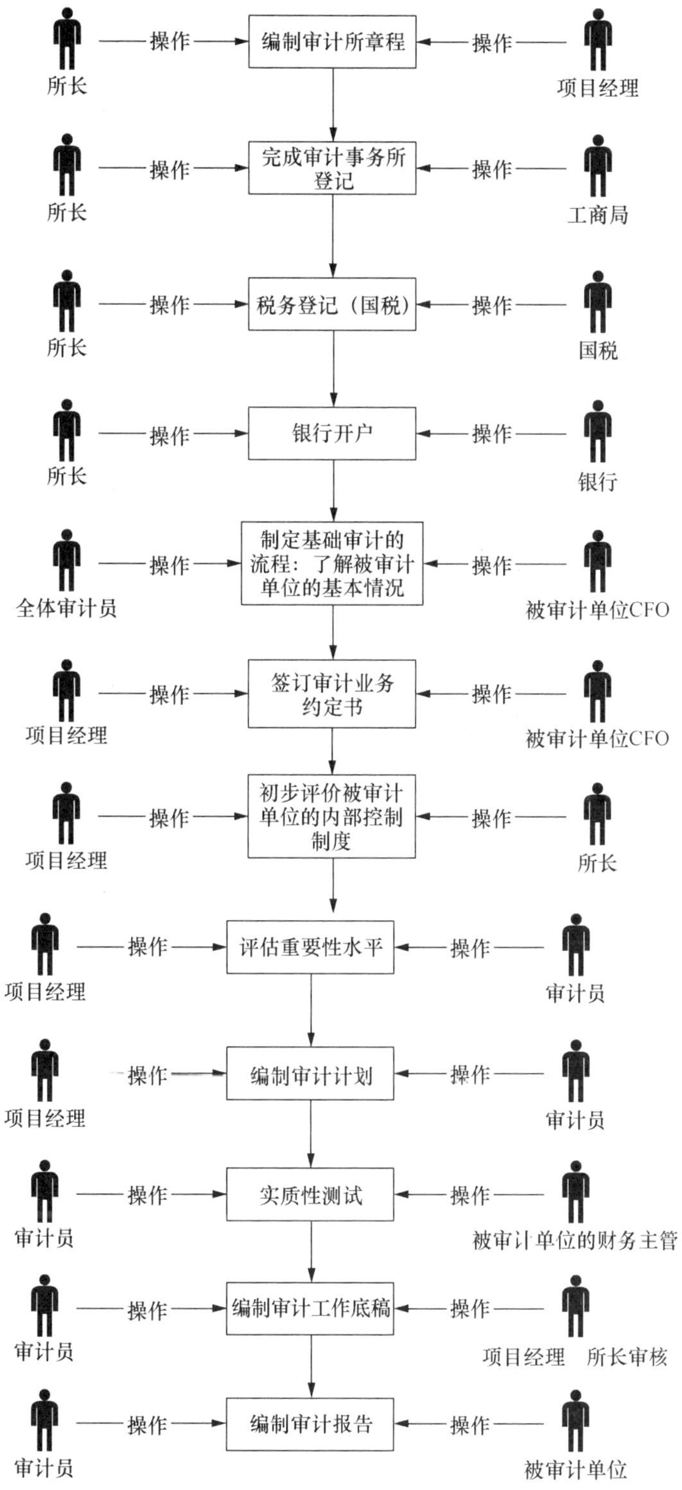

图7-56　审计所总体工作流程图

7.11.5.2 审计实质性测试流程图（见图 7－57）

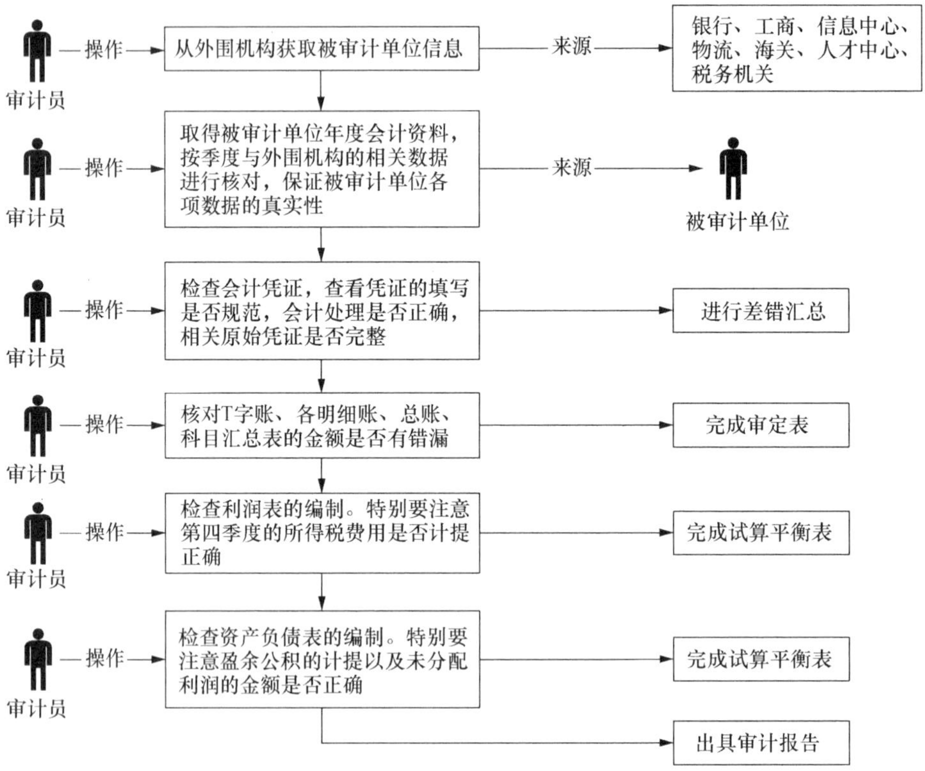

图 7－57 审计实质性测试流程图

7.11.6 渠道商审计流程——审计所

7.11.6.1 人力资源需求计划表（见表 7－23）审计

表 7－23 人力资源需求计划表

澳洲	低档门市店			初级店员						
	中档门市店	35		中级店员		280	2017－01－01	1－1	岗前培训	2017－04－01
	高档门市店			高级店员						
	旗舰店			高级店员						
	器牌专营店			专卖店店员						
				一般管理人员		15	2017－01－01			2017－04－01

7.11.6.1.1 培训费审计

培训费审计重点如下：

◆查看新增门店数、员工的数量、员工的种类以及是否需要岗前培训，何时支付工资。选取AQ04的企业数据第一年第一季度租赁中档门市店35家，新增中级店员280人，每月标准工资为2500元，中级店员都是需要在当季度岗前培训的，此时，培训费为店员标准工资的50%，一次性支付，不按月收取，培训费=2500×280×50%=350000（元），下个季度正式上岗。

一般管理人员新增了15人，但是一般管理人员无需岗前培训，下个季度即可正式上岗，工资也是于次季度末支付。

◆查看解聘人员的数量和解聘时间，若聘期满一年，企业需要解聘员工就在第二年的季度初，例如，AQ04企业于2017年1月1日招的人，在2018年1月1日向人才交流中心提出解聘申请，超过次年季度初的第一天没有到人才交流中心提出申请的，默认续聘1年。若于续聘期间解聘工人必须向人才交流中心支付3个月基本月薪的补偿金（聘期内解聘员工同续聘期内解聘）。

7.11.6.1.2 排班表审计

核算加班时间和加班费是否有误的审计重点：

◆查看员工的加班时间是否正常，每位员工每月最长加班时间累计不超过88小时。

◆店员每月固定工作日为22天，店员在每月22×8小时工作日外的时间安排上班，日工作时间超过8小时或者月工作时间超过176小时，即算作加班。例如，一个月30天，工作时间为9：00～15：00，那么上班时间=30×6=180（小时），这时，每个员工每月加班时间=180－176=4（小时）。

◆确定企业员工每月加班时间，查询加班费标准，如中级店员的加班费标准是30元/小时，则每个员工每月加班费=30×4=120（元），如表7－24所示。

7.11.6.1.3 工资薪酬表审计

（1）店员工资薪金的审计重点。

◆进行应付职工薪酬审计。其主要内容是：应付职工薪酬负债是否真实、应付工资的发放是否及时、应付职工薪酬的计算与会计处理是否正确、应付职工薪酬的列报与披露是否完整与恰当。

◆查看店员人数、级别，查对应员工的标准工资，计算工资。查看是否需要培训，培训的人员应付薪酬=标准工资×50%。

◆个人“五险一金”=员工的标准薪金×20%，公司“五险一金”=员工的标准薪金×35%，“五险一金”的合计=个人“五险一金”+公司“五险一金”。

◆公司薪金支付合计=应付薪酬+公司缴纳“五险一金”，如表7－25所示。

表 7－24　渠道商排班表

2017 年第 二 季度 4 月排班表

2017年 4 月（中　级店员　8人）

上班时间	日	一	二	三	四	五	六
							1
9:00-15:00							A6
15:00-21:00							B6
加班组和加班时长							A4
	2	3	4	5	6	7	8
9:00-15:00	A6	A6	A6	A6	A6	A6	A6
15:00-21:00	B6	B6	B6	B6	B6	B6	B6
加班组和加班时长							B4
	9	10	11	12	13	14	15
9:00-15:00	A6	A6	A6	A6	A6	A6	A6
15:00-21:00	B6	B6	B6	B6	B6	B6	B6
加班组和加班时长							
	16	17	18	19	20	21	22
9:00-15:00	A6	A6	A6	A6	A6	A6	A6
15:00-21:00	B6	B6	B6	B6	B6	B6	B6
加班组和加班时长							
	23	24	25	26	27	28	29
9:00-15:00	A6	A6	A6	A6	A6	A6	A6
15:00-21:00	B6	B6	B6	B6	B6	B6	B6
加班组和加班时长							
	30						
9:00-15:00	A6						
15:00-21:00	B6						
加班组和加班时长							

实际工作天数	A组、B组：	共　30 天
月加班时数	A组、B组：	各 4 小时
月加班人数		共 280 人

备注：低档门店，　每间　人，2人为A组，2人为B组
中档门店，　每间　人，4人为A组，4人为B组
高档门店，　每间　人，5人为A组，5人为B组
旗舰店，　每间　人，8人为A组，8人为B组
（各区域各门店通用）

店类	加班人数	加班总时长
低档门店		
中档门店	280	1120
高档门店		
合计		

表 7－25　渠道商员工薪酬汇总表

单位：AQ04　　　2017年 第1季

员工种类	一般管理人员		店员								品牌网上专卖店员	高级管理人员	小　计
技术等级			初级			中级			高级				
是否在职	在职	现招	在职	岗前培训	提升培训	在职	岗前培训	提升培训	在职	岗前培训			
人　数		15					280					8	303
应领工资金额 标准工资							2100000					180000.00	2280000
应领工资金额 销售提成	—	—		—	—		—	—		—	—	—	0
应领工资金额 加班费	—	—		—	—	0	—	—		—	—	—	0
应领工资金额 **应付薪酬**	**0**					0	1050000					180000.00	1230000
应领工资金额 个人五险一金总额（20%）	0					0	420000					36000	456000
应领工资金额 个人所得税	0					0	0					3480	3480
应领工资金额 **实际发放**	**0**					0	630000					140520	770520
公司缴纳五险一金总额（35%）	0					0	735000					63000	798000
五险一金合计（标准工资55%）	0					0	1155000					99000	1254000
公司薪金支付合计	**0**					0	1785000					243000	2028000
总销售额													

其中：①应付薪酬=标准工资+销售提成+加班费；②实际发放=应付薪酬-个人五险一金总额（20%）-个人所得税；③公司薪金支付合计=应付薪酬+公司缴纳五险一金总额（35%）

高管职务	CEO	CFO	行政秘书	人事主管	会计主管	财务助理	采购主管	物流主管	市场总监	营销策划		小计
工资	22500	22500		22500	22500	22500	22500	22500	22500			180000
个人所得税	435	435		435	435	435	435	435	435			3480

（2）高级管理人员的工资薪金审计重点。

◆查看高级管理人员的每月工资是多少，有几个人，乘以 3 就是一个季度的工资了。实际发放的时候要扣除个人“五险一金”和个税。

例如，高级管理人员的标准工资 =7500（企业自定）×8 ×3 =180000（元）。

实际发放 = 应付薪酬 − 个人“五险一金” − 个税 =180000 −36000 −3480，如表 7 −26 所示。

（3）个人所得税审计审计重点。

◆查看员工的月工资扣除个人缴纳“五险一金”的数额有没有超过 3500 元，若有，则减去 3500 元，得到应纳税所得额，按照税率计算个税。

表7－26 渠道商员工薪酬汇总表

单位： AQ04						2017年 第1季							
员工种类	一般管理人员		店员								品牌网上专卖店员	高级管理 人员	小 计
技术等级			初级			中级			高级				
是否在职	在职	现招	在职	岗前培训	提升培训	在职	岗前培训	提升培训	在职	岗前培训			
人 数		15					280					8	303
应领工资金额 标准工资							2100000					180000.00	2280000
应领工资金额 销售提成	—	—		—	—		—	—		—	—	—	0
应领工资金额 加班费	—	—		—	—	0	—	—		—	—	—	0
应领工资金额 **应付薪酬**	**0**					0	1050000					180000.00	1230000
应领工资金额 个人五险一金总额(20%)	0					0	420000					36000	456000
应领工资金额 个人所得税	0					0	0					3480	3480
应领工资金额 **实际发放**	**0**					0	630000					140520	770520
公司缴纳五险一金总额(35%)	0					0	735000					63000	798000
五险一金合计（标准工资55%）	0					0	1155000					99000	1254000
公司薪金支付合计	**0**					0	1785000					243000	2028000
总销售额													
其中：①应付薪酬=标准工资+销售提成+加班费；②实际发放=应付薪酬-个人五险一金总额(20%)-个人所得税；③公司薪金支付合计=应付薪酬+公司缴纳五险一金总额(35%)													

高管职务	CEO	CFO	行政秘书	人事主管	会计主管	财务助理	采购主管	物流主管	市场总监	营销策划		小计
工资	22500	22500		22500	22500	22500	22500	22500	22500			180000
个人所得税	435	435		435	435	435	435	435	435			3480

◆确定中级门店的销售额，然后按照2%计算销售提成。例如，AQ04的销售额为16832182元，则销售额提成＝16832182×2%＝336643.64（元）如果要计算每个员工每个月的销售提成，则336643.64/280/3＝400.76元。

注意：销售人员的应付薪酬＝标准工资＋加班费＋销售提成。例如，高级管理人员的月标准工资为7500元，应该先扣除个人“五险一金”，再减去3500元起征点后即应纳税所得额，根据税率计算个税。7500－36000/8/3－3500＝2500（元），税率为10%，速算扣除数105，每人每月个税＝2500%×10%－105＝145（元），所有员工的个税＝145×3×8＝3480（元），如表7－27所示。

表7－27 渠道商员工薪酬汇总表

单位：						年 第 季							
员工种类	一般管理人员		店员								品牌网上专卖店员	高级管理人员	小 计
技术等级			初级			中级			高级				
是否在职	在职	现招	在职	岗前培训	提升培训	在职	岗前培训	提升培训	在职	岗前培训			
人 数	15		0	0	0	280	0	0				8	303
应领工资金额 标准工资	157500		0	0	0	2100000	0	0	0	0	0	180000	2437500
应领工资金额 销售提成			0			336643.64			0				336643.64
应领工资金额 加班费			0			151200			0				151200
应领工资金额 **应付薪酬**	**157500**		0	0	0	2587843.64	0	0	0	0	0	180000	2925343.64
应领工资金额 个人五险一金总额(20%)	31500		0	0	0	420000	0	0	0	0	0	36000	487500
应领工资金额 个人所得税												3480	3480
应领工资金额 **实际发放**	**126000**	**0**	**0**	**0**	**0**	**2167843.64**	**0**	**0**	**0**	**0**	**0**	**140520**	2434363.64
公司缴纳五险一金总额(35%)	55125		0	0	0	735000	0	0	0	0	0	63000	853125
五险一金合计（标准工资55%	86625		0	0	0	1155000	0	0	0	0	0	99000	1340625
公司薪金支付合计	**212625**	**0**	**0**	**0**	**0**	**3322843.64**	**0**	**0**	**0**	**0**	**0**	**243000**	3778468.64
总销售额													
其中：①应付薪酬=标准工资+销售提成+加班费；②实际发放=应付薪酬-个人五险一金总额(20%)-个人所得税；③公司薪金支付合计=应付薪酬+公司缴纳五险一金总额(35%)													

高管职务	CEO	CFO	行政秘书	人事主管	会计主管	财务助理	采购主管	物流主管	市场总监	营销策划		小计
工资	22500	22500		22500	22500	22500	22500	22500	22500			180000
个人所得税	435	435		435	435	435	435	435	435			3480

核准： 主管： 制表：

月份		初级店员	中级店员	高级店员
4月	加班人数	0	280	
	加班总时数(/人)	4	4	
	加班费用	25	30	
	加班总费用	0	33600	0
5月	加班人数	64	280	
	加班总时数(/人)	4	4	
	加班费用	25	30	
	加班总费用	0	33600	0
6月	加班人数	0	280	
	加班总时数(/人)	10	10	

月份／销售额	店铺类型	4月	5月	6月	本季度	
1	欧洲中档门店	5610727.33	5610727.33	5610727.33	加班费合计	151200
2						
3					初级店员销售额合计	0
5						
6					中级店员销售额合计	16832182
7						
8					高级店员销售额合计	
10						
11						

7.11.6.2 运输仓储表审计

审计重点：

◆从被审计单位业务资料中获取电子版和纸质版的运输仓储表格，纸质版的车辆租赁合同和不动产租赁合同。

◆与海关的资料比对企业的商检费、报关费和保险费是否正确。

◆渠道商的货物配送要注意是租赁车辆还是自建车队，租赁不同类型的车辆其容积和费用是不同的。

◆如果是自建车队，首先要确定车队是否真的属于公司的财产，这个可以去物流公司寻找相关购买车队的相关发票，以免他们虚报资产。如果确定了是公司的车队，那么要查看被审计单位是否按照规定计提折旧。还有他们在运输时的费用是否计算准确，了解它们车队折旧的计提方法，等等。

◆如果是租赁车队，要了解他们租的是什么，租的数量，这个可以把被审计单位提供的资料与物流中心运输部表格对比，以确认资料是否属实，然后审查他们的交通运输费是否计算正确，分摊的费用是否正确，等等。

◆从物流中心获取店铺汇总表，配送中心已出租规格和数量汇总表、港口到港口运输汇总表和商运仓储表格的记录比对被审计单位的资料是否属实和计算正确。如表 7 – 28 和表 7 – 29 所示。

表 7 – 28 欧洲市场门店数

渠道商	低档			中档			当字中报改造店铺数	上季中改高		高档	旗舰店			合计	
	购买	租赁	总店数	购买	租赁	总店数		未收费	已收费		购买	租赁	总店数		
渠道商1			0		120	120	0	0	10	0			0	130	13000000
渠道商2			0			0	0	0	0	0			0	0	0
渠道商3			0			0	0	0	0	0			0	0	0
渠道商4			0			0	0	0	0	0			0	0	0
渠道商5			0			0	0	0	0	0			0	0	0
渠道商6			0			0	0	0	0	0			0	0	0
渠道商7			0			0	0	0	0	0			0	0	0
渠道商8			0		55	55	0	10	0	0			0	65	6500000
渠道商9			0		90	90	20	0	10	0			0	120	12000000
渠道商10			0			0	0	0	0	0			0	0	0
渠道商11			0		70	70	0	0	10	0			0	80	8000000
渠道商12			0			0	0	0	0	0			0	0	0
合计		0						365		30			0	395	39500000

7.11.6.3 港口—港口的运输费用审计

审计重点：

◆确定车辆是租赁车辆还是自建车队。注意车辆的类型、容积和费用。

◆确认货物离开港口的时间和数量，查看是否有因没有及时运输而堆存在港口的货物，计算堆存的时间并且计算堆存费（要与货物到港的数量时间、货物离开港口运往配

表7-29　港口到港口运输费用表

起运港	目的港	签订合同的生产商编号	合同号	产品种类	产品数量	合同金额	标箱数	到起运港日期（合同约定生产商该天必须货至港口）	装船日期	起运港堆存天数	起运日	到目的港日期	目的港堆存天数（不超过10天）	离开目的港口
广州	欧洲	AS10	AW6-13-1002	P5	25,000	¥ 3850000.00	10	2017-10-3	2017/10/4		2017-10-5	2017-10-19		2017-10-2
广州	欧洲	AS05	AW6-13-0501	P4	17,000	¥ 2363000.00	7	2017-10-3	2017/10/4		2017-10-5	2017-10-19		2017-10-2
广州	欧洲	AS24	AW5-13-2402	P6	15,000	¥ 2700000.00	6	2017-10-3	2017/10/4		2017-10-5	2017-10-19		2017-10-2
广州	欧洲	AS24	AW5-13-2402	P4	2,000	¥ 278000.00	1	2017-11-4	2017/11/5		2017-11-6	2017-11-20		2017-11-2
广州	欧洲	AS24	AW5-13-2402	P6	18,000	¥ 3240000.00	8	2017-11-4	2017/11/5		2017-11-6	2017-11-20		2017-11-2
广州	欧洲	AS05	AW6-13-0502	P4	25,000	¥ 3475000.00	10	2017-11-4	2017/11/5		2017-11-6	2017-11-20		2017-11-2
广州	欧洲	AS05	AW6-13-0502	P5	28,000	¥ 4340000.00	12	2017-11-4	2017/11/5		2017-11-6	2017-11-20		2017-11-2
广州	欧洲	AS15	AW5-14-1502	P5	15,000	¥ 2325000.00	6	2017-12-11	2017-12-12		2017-12-13	2017-12-27		2017-12-2
广州	欧洲	AS05	AW6-14-0501	P4	30,000	¥ 4170000.00	12	2017-12-11	2017-12-12		2017-12-13	2017-12-27		2017-12-2
广州	欧洲	AS05	AW6-14-0501	P6	25,000	¥ 4500000.00	10	2017-12-11	2017-12-12		2017-12-13	2017-12-27		2017-12-2
	亚洲													
	亚洲													
	亚洲													
	亚洲													
	亚洲													
	亚洲													

送中心的时间、数量进行比对）。

◆计算公式：

运输费用＝车辆数量×每辆车的租赁、自营费用

堆存费：货物到了港口，没有及时运到配送中心，堆存在港口的费用。

堆存费加上租箱费合计租金20元/标箱/日，配送中心—店铺的运输费用产品数量/每标箱容量＝20000/2500＝8。

运输费用＝标箱数×标箱日运费×运输时长＝8×1000×15

注意：1标箱可以容纳25箱鞋，100双鞋＝1箱，体积为1立方米1标箱可以容纳2500双鞋。货物的装船日期、运输所需的天数和到港日期、货物的数量是否与标箱的容量符合，如表7-30所示。

表7-30　港口到港口运输费用表

剪贴板　字体　对齐方式　数字　样式　单元格　编辑

AR12　fx 2

到　2018/3/31

港口到港口运输费用

目的港	签订合同的生产商编号	合同号	产品种类	产品数量	合同金额（合同上的金额，税前）	标箱数	到起运港日期（合同约定生产商该天必须货至港口）	装船日期	起运港堆存天数	起运日	到目的港日期	目的港堆存天数（不超过10天）	离开目的港口日期	港口到港口运输天数	船号	运费	
欧洲	AS05	AW6-14-0501	P4	20000	¥ 2780000.00	8	2018/1/7	2018/1/8	0	2018/1/9	2018/1/23		2018/1/2	15		¥ 12000.00	¥
欧洲	AS05	AW6-14-0501	P6	20000	¥ 3600000.00	8	2018/1/7	2018/1/8	0	2018/1/9	2018/1/23		2018/1/24	15		¥ 12000.00	¥
欧洲	AS05	AW6-14-0502	P5	40000	¥ 6200000.00	16	2018/2/3	2018/2/4	0	2018/2/5	2018/2/19		2018/2/20	15		¥ 24000.00	¥
欧洲	AS05	AW6-14-0502	P6	35000	¥ 6300000.00	14	2018/2/3	2018/2/4	0	2018/2/5	2018/2/19		2018/2/20	15		¥ 21000.00	¥
欧洲	AS04	AW6-14-0401	P4	9300	¥ 1251000.00	4	2018/2/3	2018/2/4	0	2018/2/5	2018/2/19		2018/2/20	15		¥ 6000.00	¥
欧洲	AS04	AW6-21-0402	P4	20000	¥ 2780000.00	8	2018/3/11	2018/3/12	0	2018/3/13	2018/3/27		2018/3/28	15		¥ 12000.00	¥
欧洲	AS05	AW6-21-0502	P5	32000	¥ 4736000.00	13	2018/3/11	2018/3/12	0	2018/3/13	2018/3/27		2018/3/28	15		¥ 19500.00	¥
欧洲	AS05	AW6-21-0502	P6	26000	¥ 4446000.00	11	2018/3/11	2018/3/12	0	2018/3/13	2018/3/27		2018/3/28	15		¥ 16500.00	¥

7.11.6.4　港口—配送中心的运输费用审计

审计重点：

◆查看店面的个数，计算出车辆类型和一辆车所配送的店面数，得出最大配送门店数，最大门店数一定是要大于或等于店面的个数（但低档、中档、高档店最后一个的最大门店数可以小于店面个数）。

◆查看配送中心的个数，确定从配送中心到店面的天数。例如，配送中心≤5，运输天数为 3 天。

◆货物的数量要符合车辆容积。

◆最大配送门店数 = 车辆数量 × 一辆车一次运输的门店数 = 35 × 2 = 70。其中，车辆数量 = 鞋子数量 ÷ 车辆容积，如表 7 – 31 所示。

表 7 – 31　港口到配送中心运输费用表

序号	运输方式	产品种类	产品数量	标的			起运日	最大运输量	到货期	运输天数	运费
				货柜车	中型货车	小型车					
1	外包第三方	P4/P6	40000	16			2018/1/24	40000	2018/1/24	1	¥ 16000.00
2	外包第三方	P4/P5/P6	84000	34			2018/2/20	85000	2018/2/20	1	¥ 34000.00
3	外包第三方	P4/P5/P6	78000	31		1	2018/3/28	78000	2018/3/28	1	¥ 31300.00
4	外包第三方							0	1900/1/0	1	¥ -
5	外包第三方							0	1900/1/0	1	¥ -
6	外包第三方							0	1900/1/0	1	¥ -

7.11.6.5　配送中心—店铺的运输费用审计

审计重点：

注意小型车的数量和配送一辆车所配送店面的数量。

运输费用计算公式：

所配送门店数 = 车辆数量 × 一辆一次配送的店面

单日运费：中型货车 500 元，小型货车 300 元。

货柜车和中型货车：所配送门店数 × 配送标准时长 ×0.25 × 单日运费 ×2。

小型车：①配送的门店数等于 1，所配送的门店数 × 配送标准时长 × 单日运费 ×2；②配送的门店数大于 1，所配送门店数 × 配送标准时长 ×0.25 × 单日运费 ×2；③每季季末的在配送中心的库存数等于下一季度初的库存数。

注意：①配送中心的总容量。②货物离开配送中心的日期和货物到达配送中心并且入库的日期（需要查看配送中心到店铺、港口到配送中心表格上的日期），如表 7 – 32 所示。

表 7－32　配送中心到店铺运输费用表

剪贴板　字体　对齐方式　数字　样式　单元格　编辑

BA5　f_x =市场!T$2

AJ	AK	AL	AM	AN	AO	AP	AQ	AR	AS	AT	AU	AV	AW	AX	AY	AZ	BA	BB
配送中心到店铺运输费用																		
配送至店面的种类（下拉选择）	店面的个数	产品种类	产品数量	货柜车			中型货车			小型车			最大配送门店数	最大配送量	起运日	到货期	单程运输天数	运费
				数量	一辆车一次配送店面数	运费	数量	一辆车一次配送店面数	运费	数量	一辆车一次配送店面数	运费						
中档店	70	P4/P5/P6	35000			¥ -	35	2	¥ 52500.00			¥ -	70	35000	2018/1/13	2018/1/15	3	¥ 52500.00
中档店	70	P4/P5/P6	35000			¥ -	35	2	¥ 52500.00			¥ -	70	35000	2018/1/28	2018/1/30	3	¥ 52500.00
中档店	70	P4/P5/P6	14633			¥ -			¥ -	30	3	¥ 40500.00	90	15000	2018/2/13	2018/2/15	3	¥ 40500.00
中档店	70	P4/P5/P6	35000			¥ -	35	2	¥ 52500.00			¥ -	70	35000	2018/2/21	2018/2/23	3	¥ 52500.00
中档店	70	P4/P5/P6	35000			¥ -	35	2	¥ 52500.00			¥ -	70	35000	2018/3/8	2018/3/10	3	¥ 52500.00
中档店	70	P4/P5/P6	14000			¥ -			¥ -	28	3	¥ 37800.00	84	14000	2018/3/23	2018/3/25	3	¥ 37800.00
中档店	70	P4/P5/P6	32468			¥ -	32	2	¥ 48000.00	1	6	¥ 2700.00	70	32500	2018/3/29	2018/3/31	3	¥ 50700.00
[illegible]	[illegible]	[illegible]	[illegible]			[illegible]	[illegible]	[illegible]	[illegible]			[illegible]	[illegible]	[illegible]	[illegible]	[illegible]	[illegible]	[illegible]

7.11.6.6　销售费用和银行存款审计

审计重点：

◆各个仓储、运输费用与仓储、运输汇总表的金额和海关、物流核对计算是否一致。

◆查看财务资料中的会计凭证，丁字账中的销售费用的金额是否正确填写和是否每一笔都有完整记录，没有遗漏。

◆查看银行存款，是否有正确和完整支付运输仓储费、商检费、报关费和保险费用，如表 7－33 和表 7－34 所示。

表 7－33　凭证汇总表

A	B	C	D	E	F
日期	凭证字号	摘要	科目	借方金额	贷方金额
2018/3/31	记 19	支付运输费	销售费用——运输费	123000.00	
2018/3/31	记 28	支付报关、商检费用	销售费用——商检费	96279.00	
2018/3/31	记 29	支付运营费	销售费用——运营费	10459.08	
2018/3/31	记 30	支付租车费	销售费用——租车费	432300.00	

7.11.6.7　进销存表、产品明细账审计

审计重点：

◆核对购销合同与工商局合同备案，如表 7－35 和表 7－36 所示。

表 7-34 销售费用汇总表

汇总表

	店铺装修费	店铺租金	店铺改造升级费	店铺管理费	配送中心运营费	配送中心租金	港口到港口运费	堆存费	港口到配送中心运费	配送中心到店铺运费
含税价	¥ -	¥8000000.00	¥5000000.00	¥320000.00	¥10459.08	¥150000.00	¥123000.00	¥ -	¥81300.00	¥351000.00
增值税税率	11%	11%	11%	6%	6%	11%	11%	6%	11%	11%
增值税	¥ -	¥792792.79	¥495495.50	¥18113.21	¥592.02	¥14864.86	¥12189.19	¥ -	¥8056.76	¥34000.00
不含税价	¥ -	¥7207207.21	¥4504504.50	¥301886.79	¥9867.05	¥135135.14	¥110810.81	¥ -	¥73243.24	¥316000.00
合计	¥8000000.00	¥6035.74								

表 7－35　购销合同

渠道商	渠道商公司中文名	产品名称	区域市场	成交数量（件）	交货价格（元）	交货时间	合同交货时间	合同编号	购货期	合同价格（元）	金额（元）
BQ11	迈德多	P6	亚洲	5000	169	2—6	2018. 06. 28	BW3－22－1901	2018. 04. 01	180	900000
BQ11	迈德多	P6	亚洲	25000	169	2—7	2018. 07. 06	BW3－22－1901	2018. 04. 01	180	4500000
BQ11	迈德多	P6	亚洲	5000	169	2—8	2018. 08. 10	BW3－22－1901	2018. 04. 01	180	900000
BQ11	迈德多	P6	亚洲	25000	169	2—8	2018. 08. 18	BW3－22－1901	2018. 04. 01	180	4500000
BQ11	迈德多	P10	亚洲	6000	485	2—6	2018. 06. 20	BW3－22－1901	2018. 04. 01	520	3120000

表 7－36　产成品汇总账

库 存 商 品 明 细 账　　　　总页　　分页

类别　品名 P5　规格　计量单位　存放地点

2017年		摘要	入库			出库			余额		
月	日		数量购进	单价	金额	数量领用	单价	金额	数量	单价	金额
		第一季度结余合计							75000	160. 25	12019000. 00
5	19	产成品入库	28000	155	4340000						
6	30	产成品出库				23000	150	3519000			
		产成品出库				20000	170	3400000			
		产成品出库				30000	160	4800000			
		产成品出库				23000	155. 00	3565000. 00			
		第二季度结余合计							7000	153. 57	1075000. 00

◆查看信息中心给出的预销售额汇总表，由该表可以知道企业销售在各个市场、各种产品的数量，如表 7－37 所示。

表 7－37　订单明细表

第二年第二季						
2－1 签合同				购进		
地区	品名	装运时间	到货日期	数量	单价	总额
亚洲	P6	2018/5/11	2018/5/17	20000	180	3600000
亚洲	P6	2018/5/19	2018/5/25	12000	174	2088000
亚洲	P5	2018/5/19	2018/5/25	28000	155	4340000
亚洲	P4	2018/4/22	2018/4/28	12000	140	1680000
亚洲	P4	2018/4/9	2018/4/15	40000	140	5600000
亚洲	P4	2018/5/6	2018/5/12	30000	146	4380000
亚洲	P10	2018/6/1	2018/6/7	7000	490	3430000
国内	P6	2018/5/3	2018/5/8	20000	180	3600000
国内	P6	2018/6/1	2018/6/6	14000	175	3450000
国内	P4	2018/4/18	2018/4/23	5000	140	700000
国内	P4	2018/4/4	2018/4/9	15000	146	2190000
2－2 签合同						
国内	P6	2018/6/21	2018/6/26	25000	180	4500000
亚洲	P6	2018/6/20	2018/6/26	21000	183	3843000
亚洲	P10	2018/6/20	2018/6/26	6000	520	3120000

◆将企业进销存表出库部分与上表核对，查看出库数量是否与预销售额汇总表一致。审查重点：品名、品名所属市场、数量、金额、交货时间。

◆到货时间。国内：5 天；亚洲：6 天；美洲：10 天；澳洲：8 天；欧洲：15 天。

◆将本季入库产品与上期结存产品的数量和金额分市场、分类别加总起来。

◆将已计算的各产品总数减去对应的售出数，若余额为零，则出库金额为本季入库产品与上期结存产品金额合计数；若余额不为零，则采用先进先出法计算售出产品总金额，并核对产品明细出库与结存。

7.11.6.8 销售收入循环审计重点

审计重点：

◆有关营业收入、应收账款等账簿资料与相关报表项目数据进行核对，检查数据一致性，如表 7－38 和表 7－39 所示。

◆根据营业收入和相关税率、费率，测试营业税金及教育附加计算的正确性。

◆核查当季与上一季的订单记录表，筛选出合同交货时间为当季的订单（图例当季为第二季）。相应的合同订单总销售额相加，得出本季的主营业务收入。

◆核查相应的记账凭证，审查企业是否正确入账，核查主营业务收入丁字账贷方发生额是否与记账凭证一致。

◆主营业务收入丁字账贷方发生额合计数为利润表中主营业务收入的填列数，当季主营业务收入（总销售额）＝3000000＋3000000＋3720000＋4320000＋20880000＋3100000＋3100000＋4500000＋4500000＝31328000。

表 7－38 订单记录表

年度	季度	产品名称	区域市场	响应数量（件）	最低价格（元）	交货时间	合同交货时间	签订与否	成效价格	总的销售额
第 2 年度	第 1 季度	P6	美洲	20000	165	2—3	2018. 3. 12	已签订	170	3400000
第 2 年度	第 1 季度	P5	欧洲	40000	155	2—3	2018. 3. 21	已签订	150	6000000
第 2 年度	第 1 季度	P5	欧洲	20000	155	2—5	2018. 5. 1	已签订	150	3000000
第 2 年度	第 1 季度	P5	欧洲	20000	155	2—5	2018. 5. 2	已签订	150	3000000
第 2 年度	第 1 季度	P6	欧洲	35000	177	2—3	2018. 3. 11	已签订	180	6300000
第 2 年度	第 1 季度	P6	欧洲	5000	177	2—3	2018. 3. 21	已签订	180	900000
第 2 年度	第 1 季度	P5	美洲	24000	155	2—5	2018. 05. 20	已签订	155	3720000
第 2 年度	第 1 季度	P6	美洲	24000	180	2—5	2018. 04. 11	已签订	180	4320000
第 2 年度	第 1 季度	P5	亚洲	23000	151	2—3	2018. 3. 22	已签订	153	3519000
第 2 年度	第 1 季度	P6	亚洲	12000	169	2—6	2018. 05. 19	已签订	174	2088000

表7-39 凭证汇总表

记-10	销售商品	100202 银行存款 大发银行	4320000.00	
	销售商品	500101 主营业务收入_ P5		4320000.00
记-11	销售商品	100202 银行存款 大发银行	3000000.00	
	销售商品	500101 主营业务收入_ P5		3000000.00
记-12	销售商品	100202 银行存款 大发银行	3000000.00	
	销售商品	500101 主营业务收入_ P5		3000000.00
记-13	销售商品	100202 银行存款 大发银行	2088000.00	
	销售商品	500101 主营业务收入_ P5		2088000.00
记-14	销售商品	100202 银行存款 大发银行	3720000.00	
	销售商品	500101 主营业务收入_ P5		3720000.00
记-15	销售商品	1122 应收账款	4500000.00	
	销售商品	500101 主营业务收入_ P5		4500000.00
记-16	销售商品	100202 银行存款 大发银行	3100000.00	
	销售商品	500101 主营业务收入_ P5		3100000.00
记-17	销售商品	100202 银行存款 大发银行	4500000.00	
	销售商品	500101 主营业务收入_ P5		4500000.00
记-18	销售商品	1122 应收账款	3100000.00	
	销售商品	500101 主营业务收入_ P5		3100000.00

7.11.6.9 销售成本循环审计

审计重点：

◆核查产成品明细账本期出库金额和进销存表，如表7-40所示。

表7-40 产成品明细账

库 存 商 品 明 细 账

品名 PS 规格________ 计量单位________ 存

		出库				
单价	金额	数量		单价	金额	
	千百十万千百十元角分	领用	其他		千百十万千百十元角分	03
103.29	1962582.21					03
104.23	8859690.27					02
		19000		103.29	1962582.21	00
		8500		104.23	8859690.21	00
						18

7	P6 成品	75000	122.40	9179877.92	86000	122.58	10541479.92

◆当企业存在出口销售额核查应缴税金贷方发生的当期不得免征和抵扣税额（进项税额转出）。

◆核查与主营业务成本借方发生额及其相关科目，如库存商品贷方发生额。

◆主营业务成本丁字账借方发生额合计为利润表中主营业务成本的填列数额。

7.11.7 生产商审计流程

7.11.7.1 销售与收款循环审计

销售收入项目审计主要包括：对工商局合同备案与企业合同订单的核对，应交货时间的确认，产品类别、市场、销售数量、销售总额一一核对，如表7－41和表7－42所示。

表7－41 订单记录表

年度	季度	产品名称	区域市场	响应数量（件）	最低价格（元）	交货时间	合同交货时间	签订与否	成交价格	总的销售额
第2年度	第2季度	P5	欧洲	20000	155	2—6	2018.6.11	已签订	155	3100000
第2年度	第2季度	P5	欧洲	20000	155	2—6	2018.6.22	已签订	155	3100000
第2年度	第2季度	P6	欧洲	25000	177	2—6	2018.6.11	已签订	180	4500000
第2年度	第2季度	P6	欧洲	25000	177	2—6	2018.6.22	已签订	180	4500000
第2年度	第1季度	P6	美洲	20000	165	2—3	2018.3.12	已签订	170	3400000
第2年度	第1季度	P5	欧洲	40000	155	2—3	2018.3.21	已签订	150	6000000
第2年度	第1季度	P5	欧洲	20000	155	2—5	2018.5.1	已签订	150	3000000
第2年度	第1季度	P5	欧洲	20000	155	2—5	2018.5.2	已签订	150	3000000
第2年度	第1季度	P6	欧洲	35000	177	2—3	2018.3.11	已签订	180	6300000
第2年度	第1季度	P6	欧洲	5000	177	2—3	2018.3.21	已签订	180	900000
第2年度	第1季度	P5	美洲	24000	155	2—5	2018.05.20	已签订	155	3720000
第2年度	第1季度	P6	美洲	24000	180	2—5	2018.04.11	已签订	180	4320000
第2年度	第1季度	P5	亚洲	23000	151	2—3	2018.3.22	已签订	153	3519000
第2年度	第1季度	P6	亚洲	12000	169	2—5	2018.05.19	已签订	174	2088000

审计重点：

◆核查当季与上一季的订单记录表，筛选出合同交货时间为当季的订单，与相应的工商局合同备案核对。

◆记录相应的销售产品种类和数量合计。

◆相应的合同订单总销售额相加，得出本季的主营业务收入。

◆核查相应的记账凭证，审查企业是否正确入账，如表7－43和表7－44所示。

表 7-42　主营业务收入 T 字账

凭证号	主营业务收入	
	借方	贷方
期初		
10		4320000.00
11		3000000.00
12		3000000.00
13		2088000.00
14		3720000.00
15		4500000.00
16		3100000.00
17		4500000.00
18		3100000.00
43	31328000.00	
	31328000.00	**31328000.00**

表 7-43　凭证汇总表

记-10	销售商品	100202 银行存款_大发银行	4320000.00	
	销售商品	500101 主营业务收入_P5		4320000.00
记-11	销售商品	100202 银行存款_大发银行	3000000.00	
	销售商品	500101 主营业务收入_P5		3000000.00
记-12	销售商品	100202 银行存款_大发银行	3000000.00	
	销售商品	500101 主营业务收入_P5		3000000.00
记-13	销售商品	100202 银行存款_大发银行	2088000.00	
	销售商品	500101 主营业务收入_P5		2088000.00
记-14	销售商品	100202 银行存款_大发银行	3720000.00	
	销售商品	500101 主营业务收入_P5		3720000.00
记-15	销售商品	1122 应收账款	4500000.00	
	销售商品	500101 主营业务收入_P5		4500000.00
记-16	销售商品	100202 银行存款_大发银行	3100000.00	
	销售商品	500101 主营业务收入_P5		3100000.00
记-17	销售商品	100202 银行存款_大发银行	4500000.00	
	销售商品	500101 主营业务收入_P5		4500000.00
记-18	销售商品	1122 应收账款	3100000.00	
	销售商品	500101 主营业务收入_P5		3100000.00

表 7-44　利润表

硬橙有限责任公司	2018年2期		单位：元
项目	**行次**	**本年累计金额**	**本月金额**
一、营业收入	1		31328000
减：营业成本	2		21990312.40
税金及附加	3		0.00
其中：消费税	4		0.00
营业税	5		0.00
城市维护建设税	6		0.00
资源税	7		0.00

当季主营业务收入（总销售额）=3000000+3000000+3720000+4320000+20880000+3100000+3100000+4500000+4500000=31328000

◆核查主营业务收入丁字账贷方发生额是否与记账凭证一致。

◆主营业务收入丁字账贷方发生额合计数为利润表中主营业务收入的填列数。

7.11.7.2 采购材料付款循环审计

审计重点：

◆原材料的购买根据排产表本季生产的各种产品的总数，核算至少需要多少各种类原材料，核查信息中心的原材料订单信息与企业的原材料订单是否一致，如表 7－45 所示。

表 7－45 原材料采购计划表

季度	原材料种类	产地	计划采购数量	实际采购数量	到货时间	采购价格	采购总价	含税价格	运杂费	含运费单价	含运费金额
2	猪皮	当地	297500	297500	2018-4-2	18.00	5355000.00	6265350.00	30000.00	18.09	5382027.03
2	羊皮	当地	292500	292500	2018-4-2	20.70	6054750.00	7084057.50	30000.00	20.79	6081777.03
2	PU底	当地	160000	160000	2018-4-2	13.50	2160000.00	2527200.00	32000.00	13.68	2188828.83
2	P5辅料		85000	85000		4.60	391000.00	457470.00			
2	P6辅料		75000	75000		6.21	465750.00	544927.50			

◆审查相应原材料的运输仓储表，核查原材料的运费和仓储费，如表 7－46 和表7－47 所示。

表 7－46 进销存汇总表

物品目录		上月结存			本月入库		
物料编号	名称	数量	单价	金额	数量	单价	金额
1	猪皮	0.00	0.00	0.00	297500.00	18.09	5382027.03
2	PU底	0.00	0.00	0.00	160000.00	13.68	2188828.83
3	羊皮	0.00	0.00	0.00	292500.00	20.79	6081777.02
4	P5辅料	0.00	0.00	0.00	85000.00	4.60	391000.00
5	P6辅料	0.00	0.00	0.00	75000.00	6.21	465750.00

表 7－47 运费汇总表

序号	鞋面材料种类	数量（英尺）	标箱数/AMA	金额（可以不填）	购买地	运输方式	运输路径	运输时长	20尺柜单日运费	起运日	到货日	入库时间	运费
1	猪皮	297500.00	15		当地	外包第三方	公路	2	¥1000.00	2018-4-1	2018-4-2	2018-4-3	¥30000.00
2	羊皮	292500.00	15		当地	外包第三方	公路	2	¥1000.00	2018-4-1	2018-4-2	2018-4-3	¥30000.00

序号	鞋底材料种类	数量（双）	标箱数/AMA	金额（可以不填）	购买地	运输方式	运输路径	运输时长	20尺柜单日运费	起运日	到货日	入库时间	运费
1	PU底	160000.00	16		当地	外包第三方	公路	2	¥1000.00	2018-4-1	2018-4-2	2018-4-3	¥32000.00
2	-		0		远地	外包第三方	航空	3	¥20000.00	##################	##############		¥ -

◆原材料运费价税分离后计入原材料成本。

◆原材料的入库，领用做核查相应原材料的明细账，进销存表，以及原材料丁字账，如表 7 – 48 所示。

表 7 – 48　原材料 T 字账

凭证号	原材料 借方	原材料 贷方	凭证号
期初			
4	5355000.00		
4	6054750.00		
4	2160000.00		
4	391000.00		
4	465750.00		
6	27027.03		
6	27027.02		
6	28828.83		
7		5382027.03	
7		1162815.32	
7		391000.00	
8		6081777.02	
8		1026013.51	
8		465750.00	
	14509382.88	**14509382.88**	0.00

7.11.7.3　固定资产项目审计包括生产线的购买、折旧审计

审计重点：

◆检查该固定资产是否为新增。

◆检查企业计提生产线是否用不含税价格。

◆检查计提的使用年限是否正确。

注意：①采用直线法计提折旧；②当月增加的固定资产不计提折旧；③当月减少的固定资产计提折旧。

◆手工生产线使用寿命为 10 年，其他生产线设备使用寿命为 15 年，残值为 0。

例如，企业第一季度购买一条全自动生产线Ⅰ，售价 800 万元，不含税价 6837606.84 元，如表 7 – 49 所示。

第一季度应计提折旧 $6837606.84/15 \times 2/12 = 75973.41$（元）

第二季度应计提折旧 $6834606.84/15 \times 3/12 = 113960.11$（元）

表 7 – 49　生产线明细表

产品线类别	含税售价	1 年后研发	研发期	研发后改造升级	改造期	改造费用
手工作坊生产线	200 万					
半自动生产线Ⅰ	500 万	50 万/季度	2 季度	半自动生产线Ⅱ	1 季度	20 万
全自动生产线Ⅰ	800 万	75 万/季度	2 季度	全自动生产线Ⅱ	1 季度	30 万

7.11.7.4　生产与仓储循环审计

生产项目的审计包括以下几个方面：生产排程、生产排班、生产所需原材料的购买、技工和车间管理人员的配置、生产所涉及相关的原材料的运输，仓储、生产线的转产、维修。

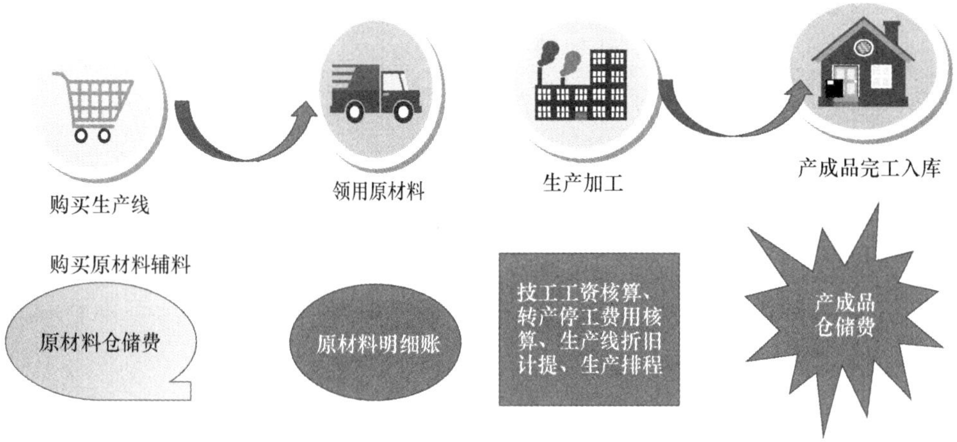

图 7－58　生产项目审计流程

（1）生产排程审计。审计重点：

◆根据订单记录表来了解生产计划及执行情况、存货入库环节控制情况、存货发出环节控制情况、成本费用控制情况、职工薪酬控制情况、盘存制度及执行情况，如表 7－50 所示。

表 7－50　订单记录表

年度	季度	产品名称	区域市场	响应数量（件）	最低价格（元）	交货时间	合同交货时间	签订与否	成交价格	总的销售额
第1年度	第2季度	P6	欧洲	10000	173	1—6	2017.06.23	已签订	170	1700000
第1年度	第2季度	P6	欧洲	10000	173	1—7	2017.07.05	已签订	170	1700000
第1年度	第2季度	P6	美洲	60000	172	1—6	2017.06.16	已签订	170	10200000

注：合同交货时间为装船日，企业应在前一天将产品起运到码头。检查生产排程表在起运日是否已有足够的产品。

◆每条生产线有几批工人生产，检查工人的工作时长（技术工人每周一至周六是正常工作日，工作时长为 8 小时，每日工作不得超过 12 小时），检查生产线周末是否加班，与排班表是否一致。

◆根据生产排程表，核算加班工时，计算加班工资（初级技工 35 元/小时、中级技工 45 元/小时、高级技工 60 元/小时）。每条生产线超 16 小时的需计算额外维修费（生产线每日的最大工作时间为 20 小时/天）。

◆检查生产线的转产情况，核算调试费。

◆根据生产排程表，核算总工时或总产量和各产品的各自工时或产量，分摊生产成本。加班时，不需要配备车间管理人员，如表 7－51 所示。

技工加班工资：

表 7－51　生产线排程表

全自动生产线Ⅰ代																								
日期	星期	是否加班	产品	是否转产	模式1规模经济	模式2规模经济	前8个小时					后8个小时					最后4个小时					日工时	加班工时/正常上班	日产量	累计库存量
							配人力层次	人数	生产能力/小时	工作时间	日产量	配人力层次	人数	生产能力/小时	工作时间	日产量	配人力层次	人数	生产能力/小时	工作时间	日产量			原库存	
2017/6/12	星期一	正常上班	P6	否	0%	0%	高级技工	33	72	8	576	高级技工	33	72	8	576	中级技工	40	60	0	0	16	0	1152	66816
2017/6/13	星期二	正常上班	P6	否	0%	0%	高级技工	33	72	8	576	高级技工	33	72	8	576	中级技工	40	60	0	0	16	0	1152	67968
2017/6/14	星期三	正常上班	P6	否	0%	0%	高级技工	33	72	8	576	高级技工	33	72	8	576	中级技工	40	60	0	0	16	0	1152	69120
2017/6/15	星期四	正常上班	P6	否	0%	0%	高级技工	33	72	8	576	高级技工	33	72	8	576	中级技工	40	60	0	0	16	0	1152	70272
2017/6/16	星期五	正常上班	P6	否	0%	0%	高级技工	33	72	8	576	高级技工	33	72	8	576	中级技工	40	60	0	0	16	0	1152	71424
2017/6/17	星期六	正常上班	P6	否	0%	0%	高级技工	33	72	8	576	高级技工	33	72	8	576	中级技工	40	60	0	0	16	0	1152	72576
2017/6/18	星期日	正常上班	P6	否	0%	0%	高级技工	33	72	0	0	高级技工	33	72	0	0	中级技工	40	60	0	0	0	0	0	72576
2017/6/19	星期一	正常上班	P6	否	0%	0%	高级技工	33	72	8	576	高级技工	33	72	8	576	中级技工	40	60	0	0	16	0	1152	73728
2017/6/20	星期二	正常上班	P6	否	0%	0%	高级技工	33	72	8	576	高级技工	33	72	8	576	中级技工	40	60	0	0	16	0	1152	74880
2017/6/21	星期三	正常上班	P6	否	0%	0%	高级技工	33	72	8	576	高级技工	33	72	8	576	中级技工	40	60	0	0	16	0	1152	76032
2017/6/22	星期四	正常上班	P6	否	0%	0%	高级技工	33	72	8	576	高级技工	33	72	8	576	中级技工	40	60	0	0	16	0	1152	77184
2017/6/23	星期五	正常上班	P6	否	0%	0%	高级技工	33	72	8	576	高级技工	33	72	8	576	中级技工	40	60	0	0	16	0	1152	78336
2017/6/24	星期六	正常上班	P6	否	0%	0%	高级技工	33	72	8	576	高级技工	33	72	8	576	中级技工	40	60	0	0	16	0	1152	79488
2017/6/25	星期日	正常上班	P6	否	0%	0%	高级技工	33	72	0	0	高级技工	33	72	0	0	中级技工	40	60	0	0	0	0	0	79488
2017/6/26	星期一	正常上班	P6	否	0%	0%	高级技工	33	72	8	576	高级技工	33	72	8	576	中级技工	40	60	0	0	16	0	1152	80640

（2）原材料领用审计。审计重点：

◆根据生产排程表季末累计库存量，检查原材料采购是否足够，如表 7－51 和表 7－52 所示。

表 7－52　原材料采购计划表

订单编号	年度	季度	原材料种类	产地	计划采购数量	实际采购数量	到货时间	采购价格	采购总价	含税价格	运杂费	含运费单价	含运费金额
458	1	3	羊皮	当地	20000	20000	2017/7/2	20.70	414000.00	484380.00	1801.80	20.79	415801.80
483	1	3	羊皮	邻地	400000	400000	2017/7/7 2017/7/11 2017/7/16 2017/7/20	20.61	8244000.00	9645480.00	54054.05	20.75	8298054.05
490	1	3	PU 底	邻地	100000	100000	2017/7/8 2017/7/16 2017/7/25 2017/8/3	13.41	1341000.00	1568970.00	27027.03	13.68	1368027.03

◆检查原材料采购表中运费计算是否正确。

◆重计算原材料领用数量，检查进销存表和原材料明细账、T 字账是否正确。

根据生产排程表，累计库存量为 104832 个 P6，一个 P6 需要 3.9 平方英尺羊皮，1 对 PU 底，则原材料库存至少需要羊皮 $3.9 \times 104832 = 408844.8$ 平方英尺，PU 底 $1 \times 104832 = 104832$（双），根据重新计算的数据，检查进销存表、原材料明细表。

（3）产成品、原材料仓储费审计。审计重点：

◆检查企业原材料和产成品分别租用了什么仓库。

◆根据产品出入库，检查仓储表是否正确。

◆检查原材料和产成品的仓储费用是否归集正确，原材料仓储费用计入制造费用。产成品仓储费用计入管理费用。

产成品完工入库，涉及仓储费用，那么，审查企业租用什么仓库，如表 7－53 和表 7－54 所示。

表 7－53　仓库明细表

指标	平房仓库	楼房仓库	立体货架仓库
最大容量（立方米）	5000	10000	15000
存储费（元/立方米×日）	1	0.5	0.5
租赁价格（元/季）	6 万	15 万	24 万
…	…	…	…

表 7－54　仓储费用表

仓库类型	平房仓库	仓库数量	2								
时间	P1（双）			P6（双）			总入库量	总出库量	总库存（双）	体积（立方米）	存储费
	入库	出库	库存	入库	出库	库存					
2017/9/17			0	1152		96625	1152	0	96625	966	¥ 966.25
2017/9/18			0	1152		97777	1152	0	97777	978	¥ 977.77
2017/9/19			0	1152	39000	59929	1152	39000	59929	599	¥ 599.29
2017/9/20			0	1152	13000	48081	1152	13000	48081	481	¥ 480.81
2017/9/21			0	1152		49233	1152	0	49233	492	¥ 492.33
2017/9/22			0	1152		50385	1152	0	50385	504	¥ 503.85
2017/9/23			0	1152		51537	1152	0	51537	515	¥ 515.37
2017/9/24			0	1152		52689	1152	0	52689	527	¥ 526.89
2017/9/25			0	1152		53841	1152	0	53841	538	¥ 538.41
2017/9/26			0	1152		54993	1152	0	54993	550	¥ 549.93
2017/9/27			0	1152		56145	1152	0	56145	561	¥ 561.45
2017/9/28			0	1152		57297	1152	0	57297	573	¥ 572.97
2017/9/29			0	1152		58449	1152	0	58449	584	¥ 584.49
2017/9/30			0	1152		59601	1152	0	59601	596	¥ 596.01
合计	0	0		104832	62000			62000			¥ 48651.72

（4）技工工资薪金审计。审计重点：

◆如果企业有停产，应该先将技工基本工资进行一个分配，将停工应该计入管理费用的工资剔除。

◆将生产工人基本工资核算加总得出技工基本工资应该计入生产成本的总数。

◆核算技工加班工资，技工的加班工资全部计入产品生产成本。

◆将基本工资和加班工资加总就是计入产品生产成本的总工资。

◆生产多种产品的应该按工时或者数量分摊生产成本。

◆企业承担技工“五险一金”的部分按基本工资的核算方法，先剔除停工部分，再按工时或者数量分摊计入相应的产品成本。

◆查看相应的会计分录是否入账正确，核查生产成本丁字账，如表7－55、表7－56和表7－57所示。

表7－55 记账凭证汇总表

记-34	计提工资	400103 生产成本_P5	1180080.00	
	计提工资	400104 生产成本_P6	871200.00	
	计提工资	400105 制造费用_工资	90000.00	
	计提工资	560110 销售费用_工资	385280.00	
	计提工资	560209 管理费用_工资	457200.00	
	计提工资	2211 应付职工薪酬		2983760.00
记-35	计提企业承担五险一金	400103 生产成本_P5	291060.00	
	计提企业承担五险一金	400104 生产成本_P6	304920.00	
	计提企业承担五险一金	410106 制造费用_五险一金	31500.00	
	计提企业承担五险一金	560118 销售费用_五险一金	25200.00	
	计提企业承担五险一金	560219 管理费用_五险一金	160020.00	
	计提企业承担五险一金	2211 应付职工薪酬		812700.00

表7－56 生产成本T字账

凭证号	生产成本 借方	生产成本 贷方
期初		
7	6935842.35	
8	7573540.53	
21	100256.41	
21	119230.77	
34	1180080.00	
34	871200.00	
35	291060.00	
35	304920.00	
39	352451.51	
39	310986.62	
40		8859690.27
40		9179877.92
	18039568.19	18039568.19

(5) 水电费、转产费计入生产成本核算审计。审计重点：

◆水电费核查用相应产品生产的总数乘以相应产品单位消耗的水电，得出该产品计入生产成本的水电费。

◆与仓储表的水电费合计核对是否一致。

◆转产费直接根据排产表，将转产费直接计入下一个产品的成本。

◆核查相应的记账凭证和生产成本丁字账，如表7－58和表7－59所示。

表 7－57　制造费用 T 字账

凭证号	制造费用 借方	制造费用 贷方	凭
期初			
19	270270.27		
22	43747.64		
32	227920.22		
34	90000.00		
35	31500.00		
39		270270.27	
39		90000.00	
39		43747.64	
39		227920.22	
39		31500.00	
	663438.13	**663438.13**	

表 7－58　生产成本 T 字账

凭证号	生产成本 借方	生产成本 贷方	凭
期初			
7	6935842.35		
8	7573540.53		
21	100256.41		
21	119230.77		
34	1180080.00		
34	871200.00		
35	291060.00		
35	304920.00		
39	352451.51		
39	310986.62		
40		8859690.27	
40		9179877.92	
	18039568.19	**18039568.19**	

（6）完工产品入库的审计。审计重点：

◆生产成本结转至库存商品。

◆库存商品入库，核查相应记账凭证。

◆核查生产成本，库存商品丁字账。

◆核查产成品明细账和进销存表。

◆详见表 7－60 库存商品 T 字账、表 7－61 生产成本 T 字账、表 7－62 记账凭证汇总表、表 7－63 进销存汇总表。

表 7－59　水电费明细

凭证号	生产成本 借方	生产成本 贷方
期初		
7	6935842.35	
8	7573540.53	
21	100256.41	
21	119230.77	
34	1180080.00	
34	871200.00	
35	291060.00	
35	304920.00	
39	352451.51	
39	310986.62	
40		8859690.27
40		9179877.92
	18039568.19	**18039568.19**

如表 7－60　库存商品 T 字账

凭证号	库存商品 借方	库存商品 贷方	
期初	4548167.93		
40	8859690.27		
40	9179877.92		
41		1962582.21	
41		2585585.72	
42		8859690.27	
42		7955894.20	
	22587736.12	**21363752.40**	1

表 7－61　生产成本 T 字账

凭证号	生产成本 借方	生产成本 贷方
期初		
7	6935842.35	
8	7573540.53	
21	100256.41	
21	119230.77	
34	1180080.00	
34	871200.00	
35	291060.00	
35	304920.00	
39	352451.51	
39	310986.62	
40		8859690.27
40		9179877.92
	18039568.19	**18039568.19**

结转完工产品	140501 库存商品_P5	8,859,690.27		
结转完工产品	140502 库存商品_P6	9,179,877.92		
结转完工产品	400103 生产成本_P5			8,859,690.27
	400104 生产成本_P6			9,179,877.92

表 7－62　记账凭证汇总表

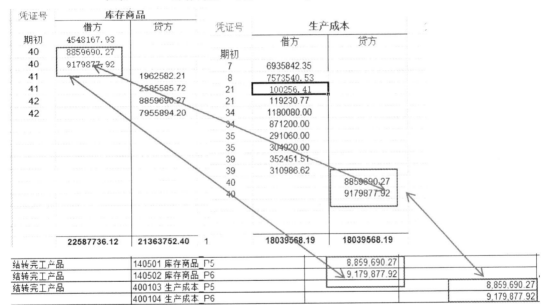

物品目录		上月结存		
	名称	数量	单价	金额
1	猪皮	0.00	0.00	0.00
2	PU底	0.00	0.00	0.00
3	羊皮	0.00	0.00	0.00
4	P5辅料	0.00	0.00	0.00
5	P6辅料	0.00	0.00	0.00
6	P5成品	19000	103.29	1962582.21
7	P6成品	21000.00	123.12	2585585.72

表 7－63　进销存汇总表

本月入库			
数量	单价	金额	数
297500.00	18.09	5382027.03	
160000.00	13.68	2188828.83	
292500.00	20.79	6081777.02	
85000.00	4.60	391000.00	
75000.00	6.21	465750.00	
85000.00	104.23	8859690.27	
75000	122.40	9179877.92	

7.11.7.5　工资薪金循环审计

工资薪金项目的审计包括：生产工人工资核算、加班工资核算、技工培训期间的工资核算、销售人员销售提成核算、车间管理人员数量、销售人员数量是否合规则、个人所得税的核算、“五险一金”的核算。

（1）生产工人工资核算。审计重点：

◆核查生产排产表和排班表，两表的排班排产要对应，如表 7－64 和表 7－65 所示。

◆查看企业是否存在停产，如果因为企业自身的原因导致 2 天以上的停产，停产工人基本工资部分要计入管理费用。

◆查看工人是否有加班，平时加班按准则中的加班工作核算，节假日加班为平时工资的两倍。

◆在核算工人工资时，如果存在加班要分月核算，这样算出每个生产工人的当月所得进而计算个人所得税。

◆车间管理人员人数。注意：车间管理人员不得少于技工总数的 5%，最少 10 人。

表 7－64　生产排程表

全自动生产线 I 代

日期	星期	是否加班	产品	是否转产	模式1规模经济	模式2规模经济	前8个小时					后8个小时					最后4个小时					日工时	加班工时/正常上班	日产量	累计库存量
							工人级别	人数	生产能力	工作时间	日产量	工人级别	人数	生产能力	工作时间	日产量	工人级别	人数	生产能力	工作时间	日产量			原库存	19000
2018-4-1	星期日		P5	否	5%	0%	高级技工	33	72	0	0	高级技工	33	72	0	0	高级技工	33	65	0	0	0	0	0	19000
2018-4-2	星期一	正常上班	P5	否	5%	0%	高级技工	33	72	0	0	高级技工	33	72	0	0	高级技工	33	65	0	0	0	0	0	19000
2018-4-3	星期二	正常上班	P5	否	0%	0%	高级技工	33	72	0	停产0	高级技工	33	72	0	0	高级技工	33	72	0	0	0	0	0	19000
2018-4-4	星期三	正常上班	P5	否	0%	0%	高级技工	33	72	0	0	高级技工	33	72	0	0	高级技工	33	72	0	0	0	0	0	19000
2018-4-5	星期四		P5	否	0%	0%	高级技工	33	72	0	0	高级技工	33	72	0	0	高级技工	33	72	0	0	0	0	0	19000
2018-4-6	星期五	正常上班	P5	否	0%	0%	高级技工	33	72	8	576	高级技工	33	72	8	576	高级技工	33	72	0	0	16	0	1152	20152
2018-4-7	星期六	正常上班	P5	否	0%	0%	高级技工	33	72	8	576	高级技工	33	72	8	576	高级技工	33	72	0	0	16	0	1152	21304
2018-4-8	星期日	正常上班	P5	否	0%	0%	高级技工	33	72	8	576	高级技工	33	72	8	576	高级技工	33	72	0	0	16	0	1152	22456
2018-4-9	星期一	正常上班	P5	否	0%	0%	高级技工	33	72	8	576	高级技工	33	72	8	576	高级技工	33	72	0	0	16	0	1152	23608
2018-4-10	星期二	正常上班	P5	否	0%	0%	高级技工	33	72	8	576	高级技工	33	72	8	576	高级技工	33	72	0	0	16	0	1152	24760
2018-4-11	星期三	正常上班	P5	否	0%	0%	高级技工	33	72	8	576	高级技工	33	72	8	576	高级技工	33	72	0	0	16	0	1152	25912
2018-4-12	星期四	正常上班	P5	否	0%	0%	高级技工	33	72	8	576	高级技工	33	72	8	576	高级技工	33	72	0	0	16	0	1152	27064
2018-4-13	星期五	正常上班	P5	否	0%	0%	高级技工	33	72	8	576	高级技工	33	72	8	576	高级技工	33	72	0	0	16	0	1152	28216
2018-4-14	星期六	正常上班	P5	否	0%	0%	高级技工	33	72	8	576	高级技工	33	72	8	576	高级技工	33	72	0	0	16	0	1152	29368
2018-4-15	星期日	正常上班	P5	否	0%	0%	高级技工	33	72	8	576	高级技工	33	72	8	576	高级技工	33	72	0	0	16	0	1152	30520
2018-4-16	星期一	正常上班	P5	否	0%	0%	高级技工	33	72	8	576	高级技工	33	72	8	576	高级技工	33	72	0	0	16	0	1152	31672
2018-4-17	星期二	正常上班	P5	否	0%	0%	高级技工	33	72	8	576	高级技工	33	72	8	576	高级技工	33	72	0	0	16	0	1152	32824

表 7－65　生产排班表

2018 年第二季度排班表（生产商 BS04）

	2018年4 月 （ 高级技工 132 人）						
	日	一	二	三	四	五	六
	1	2	3	4	5	6	7
	周日	上班	上班 停产	上班	清明节	上班	上班
正常工作时长	0	0	0	0	0	A8B8C8D8	A8B8C8D8
加班时长							
	8	9	10	11	12	13	14
	周日	上班	上班	上班	上班	上班	上班
正常工作时长	A8 B8	A8B8C8D8	A8B8C8D8	A8B8C8D8	A8B8C8D8	A8B8C8D8	A8B8C8D8
加班时长	16						
	15	16	17	18	19	20	21
	周日	上班	上班	上班	上班	上班	上班
正常工作时长	A8 B8	A8B8C8D8	A8B8C8D8	A8B8C8D8	A8B8C8D8	A8B8C8D8	A8B8C8D8
加班时长	16						
	22	23	24	25	26	27	28
	周日	上班	上班	上班	上班	上班	上班
正常工作时长	A8 B8	A8B8C8D8	A8B8C8D8	A8B8C8D8	A8B8C8D8	A8B8C8D8	A8B8C8D8
加班时长	16						
	29	30					

（2）销售人员工资核算审计。审计重点：

◆销售人员工资由基本工资和业务提成组成，主要的核查重点在于提成工资的核算。

◆核查销售人员人数是否合理，每位销售人员每个季度能承担的最销售额为 270 万元，销售人员人数＝当季总销售额/270，有小数点向上取整，如表 7－66 所示。

◆销售人员的提成要分月核算，销售收入确认当月确认销售人员的提成，分月核算销售人员所得计提个人所得税。

◆根据合同订单核算每个月的销售额，所有销售人员每月的销售提成＝当月的销售额×1%。查看工资薪酬表的销售人数，每人每月的销售提成＝当月的销售额×1%÷人数。无销售额就无提成。

◆销售人员个税＝（标准工资＋提成－个人“五险一金”－3500）×税率－速算扣除数。

表 7－66　订单记录表

年度	季度	产品名称	区域市场	响应数量（件）	最低价格（元）	交货时间	合同交货时间	签订与否	成交价格	总的销售额
第 2 年度	第 1 季度	P6	美洲	20000	165	2—3	2018. 3. 12	已签订	170	3400000
第 2 年度	第 1 季度	P5	欧洲	40000	155	2—3	2018. 3. 21	已签订	150	6000000
第 2 年度	第 1 季度	P5	欧洲	20000	155	2—5	2018. 5. 1	已签订	150	3000000
第 2 年度	第 1 季度	P5	欧洲	20000	155	2—5	2018. 5. 2	已签订	150	3000000
第 2 年度	第 1 季度	P6	欧洲	35000	177	2—3	2018. 3. 11	已签订	180	6300000
第 2 年度	第 1 季度	P6	欧洲	5000	177	2—3	2018. 3. 21	已签订	180	900000
第 2 年度	第 1 季度	P5	美洲	24000	155	2—5	2018. 05. 20	已签订	155	3720000
第 2 年度	第 1 季度	P6	美洲	24000	180	2—5	2018. 4. 11	已签订	180	4320000

续表

年度	季度	产品名称	区域市场	响应数量（件）	最低价格（元）	交货时间	合同交货时间	签订与否	成交价格	总的销售额
第2年度	第1季度	P5	亚洲	23000	151	2—3	2018. 3. 22	已签订	153	3519000
第2年度	第1季度	P6	亚洲	12000	169	2—5	2018. 05. 19	已签订	174	2088000
第2年度	第2季度	P5	欧洲	20000	155	2—6	2018. 6. 11	已签订	155	3100000
第2年度	第2季度	P5	欧洲	20000	155	2—6	2018. 6. 22	已签订	155	3100000
第2年度	第2季度	P6	欧洲	25000	177	2—6	2018. 6. 11	已签订	180	4500000
第2年度	第2季度	P6	欧洲	25000	177	2—6	2018. 6. 22	已签订	180	4500000

当季主营业务收入（总销售额）=3000000+3000000+3720000+4320000+20880000+3100000+3100000+4500000+4500000=31328000

当季销售人员人数应为：31328000÷2700000=12（个）。

7.11.7.6 主营业务成本项目审计

生产成本项目的审计包括以下几个方面：已销产品成本、出口销售不得免征和抵扣的税额。

（1）已销产品的成本核算审计。审计重点：

◆查看当季销售订单，核查销售每种产品的数量。

◆企业若存在期初库存，按企业选择的方法，先进先出或者加权平均结转上期产品成本。

◆企业的出库商品生产成本，即出库产品成本＝（产品总成本/产品数量）×出库数量核算出当期销售成品的成本。

◆核查相应的记账凭证，库存商品和主营业务成本的丁字账，产成品明细账和进销存表。

◆主营业务成本总额＝已销成品成本＋不得免征和抵扣的税额。

（2）出口销售不得免征和抵扣的税额审计。审计重点：

◆查看当期销售总额。

◆计算当期不得免征和抵扣的税额＝当期销售总额×2%。

◆核查国税的计算结果。

◆核查相应记账凭证和丁字账。

7.11.7.7 出口退税项目审计

出口退税项目的审计包括以下几个方面：当期不得免征和抵扣税额、当期应纳税额、“免抵退”税额、应退税额、“免抵”税额的计算；出口退税的三种情况。

审计重点：

◆核对企业当期国税可抵扣的进项税额应该注意，在计算出口退税时进项税额要以国税当期可抵扣为准，而不是企业当期的进项税加总。

◆核查企业当期出口销售额合计。

◆核查企业上期是否有留抵的。

◆计算企业当期应纳税额 = 当期销项税额 − （当期进项 − 当期出口销售额 × 2%） − 上期留抵税额。

◆计算企业当期不得免征和抵扣税额 = 当期出口销售额 × 2%，做进项税额转出计入主营业务收入。

◆计算当期免抵退税额 = 当期出口销售额 × 15%。

◆比较企业当期应纳税额和免抵退税额的绝对值，谁小退谁，退税额要做进项税额转出。

◆免抵税额 = 当期退税额 − 当期免抵退税额。

◆若企业不存在内销，无论企业当期是否有免抵税额，都不需要计提营业税金及附加，若企业存在内销则要以免抵税额10%计提营业税金及附加，如表7－67所示。

表7－67 出口退税汇总表

生厂商	公司名称	当期对内销售额	当期销项税额	当期进项税额	当期货物出口销售额（RMB）	当期不得免征和抵扣税额（进项税额转出）	上期留抵税额	当期应纳税额（正：纳税；负：退税）	当期“免抵退”的税额(限额)
生厂商1	足迹有限责任公司	2450000	416500.00	3271669.46	¥ 16443000.00	¥ 328860.00	¥ -	¥ -2526309.46	¥ 2466450.00
生厂商2	致臻有限责任公司	26585000	4519450.00	2917546.89	¥ -	¥ -	¥ -	¥ 1601903.11	¥ -
生厂商3	步侣有限责任公司	0	0.00	1135080.30	¥ 15066000.00	¥ 301320.00	¥ -	¥ -833700.30	¥ 2209900.00
生厂商4	硬橙有限责任公司	0	0.00	2573385.13	¥ 31328000.00	¥ 626560.00	¥ -	¥ -1946825.13	¥ 4699200.00
生厂商5	千与千行有限责任公司		0.00	2781037.25	¥ 27790000.00	¥ 555800.00	¥ -	¥ -2225237.25	¥ 4168500.00

7.11.7.8 所得税费用项目审计

审计重点：

◆利润总额 × 25% 算出应计提的所得税费用。

◆核查计提所得税费用记账凭证。

◆所得税费用结转至本年利润借方。

◆计提的所得税费用在应交税金贷方体现。

7.11.7.9 货币资金项目审计

审计重点：

◆核对银行存款日记账，银行流水。

◆核对银行存款丁字账余额，如表7－68所示。

表 7－68　银行存款日记账

银行存款日记账（第二年第二季度）

日期	凭证号	摘要	对应科目	借方	贷方	借或贷	余额
2018.04.01		期初余额		4865722.78		借	4865722.78
2018.04.01		有钱途银行短期贷款		2000000.00		借	6865722.78
2018.04.01		大发银行短期贷款		4000000.00		借	10865722.78
2018.04.01		企业所得税			1179318.98	借	9686403.80
2018.04.01		招聘广告费			5000.00	借	9681403.80
2018.04.01		季初支付50%原材料费用	原材料		7938303.75	借	1743100.05
2018.04.06		收到货款		6000000.00		借	7743100.05
2018.04.06		收到货款		900000.00		借	8643100.05
2018.05.26		收到货款		2088000.00		借	20955016.05
2018.05.31		收到货款		3720000.00		借	24675016.05
2018.06.27		收到货款		4500000.00		借	29175016.05
2018.06.27		收到货款		3100000.00		借	32275016.05
2018.06.30		原材料运输费			92000.00	借	32183016.05
2018.06.30		产成品运输费			77000.00	借	32106016.05
2018.06.30		支付仓储费、水电费			762954.90	借	31343061.15
2018.06.30		审计费			5000.00	借	31338061.15
2018.06.30		有钱途银行短期贷款利息			95000.00	借	31243061.15
2018.06.30		银行贷款还款			5000000.00	借	24029311.15
2018.06.30		五险一金费			1277100.00	借	22752211.15
2018.06.30		个人所得税			62459.01	借	22689752.14
2018.06.30		职工薪酬			2456900.99	借	20232851.15
2018.06.30		季末原材料			8940701.25	借	11292149.90
2018.06.30		国税退税		1946825.13		借	13238975.03

7.11.7.10　盈余公积和未分配利润审计

审计重点：

◆核查记账凭证本期是否计提盈余公积（盈余公积年末计提，年末净利润的 10%）。

◆核查盈余公积丁字账，贷方余额为资产负债表中盈余公积的填列数、未分配利润。

◆核查记账结转本年利润至未分配利润的记账凭证。

◆核查未分配利润丁字账余额，期初和本期发生额，资产负债表本期期末数为本期净利加上上期期末数。

◆季度资产负债表“未分配利润”科目期末数－“未分配利润”科目期初数＝利润表“净利润”科目累计数。

◆年末资产负债表“期末未分配利润”期末数＝利润表“净利润”＋“年初未分配利润”－本期分配利润－计提公积金、公益金。

7.12　赛事活动筹划部

7.12.1　赛事活动筹划部岗位职责

赛事活动筹划部岗位职责如表 7－69 所示。

表7－69　赛事活动筹划部各岗位职责

岗位	职责
新闻采访	①对重大新闻事件进行采访；②制定专访提纲，完成对重要新闻人物的采访；③配合文案编辑完成新闻人物采访稿或新闻事件的专题报道
摄影	①负责各项活动、会议的拍摄工作，必要时协助采访工作；②对所拍摄图片、影像进行编辑处理；③参与专题摄像的前期策划；④各类活动图片、视频的归档、整理储存等
视频制作	①协同摄影工作，承担摄像、视频编辑、视频美工、后期制作等工作内容；②能够完成多媒体内容的采集、录制、加工、编辑转码；③完成期末总结回顾视频；④维护日常摄影等各类视频设备的借用、归还等
文案写作	①根据特定主题或者任务撰写策划方案，参与策划方案的阐述和执行；②将策划工作人员的策划思路、表现及形式用完整的文字表达出来，充分理解策划意图的情况下帮助策划人员完成策划方案的写作；③撰写各类新闻稿件；④负责仿真实训新媒体平台的网站信息、新闻的更新与维护
文案编辑	①在文案写作的基础上，对各类文案内容进行编辑加工、审核及监控；②协同文案写作进行稿件撰写；③运用信息发布系统或相关软件进行网页制作、编辑、对外发放；④组织网上调查及公众号管理；⑤进行公众号专题、栏目、频道的策划及实施
活动策划	①组织策划各种平台赛事活动和非比赛性质活动；②洞悉客户市场，根据市场的动态、客户要求，能独立完成活动策划案撰写提案（目前未能完成，建议今后可以尝试创新和改进）；③完成活动策划、活动创意，配合活动执行完成各类活动的执行；④负责所有策划方案执行的跟踪和督导
活动执行	①完成各类赛事活动和非比赛性质活动的前期跟进、中期执行与项目后期制作工作；②配合活动策划和文案写作组完成活动策划策略、创意方案的讨论与撰写工作；③参与活动前期筹备；④参与活动现场的管理，如主持工作、解决突发问题等；⑤负责各类活动各类文件、数据和照片的汇总、整理，供文案写作和文案编辑岗位使用

7.12.2　赛事活动筹划部业务流程

赛事策划部总共分两大组别：新闻采编组和活动策划筹备组。其中，新闻采编组包括新闻采访，摄影、视频制作，文案写作，文案编辑，活动策划筹备组包括活动策划组和活动执行组（见图7－59）。

赛事活动筹划部由于其特殊性，并没有明显的业务活动流程，基本可以按照新闻事件和赛事活动两条主线，依据岗位职责各司其职，通力分工协作。

对新闻采编组而言，新闻采编组会对仿真实习平台发生的各类新闻事件、重要会议、各企业和外围机构发生的各种市场现象和经营现状、学习心态、学习方法、学生思想动态等各类真实和虚拟事项进行专题采访、报道、话题讨论等；业务流程遵循：专题讨论与制定—新闻采访（素材收集）—文案写作—文案编辑—摄影、视频制作—公众号推送。

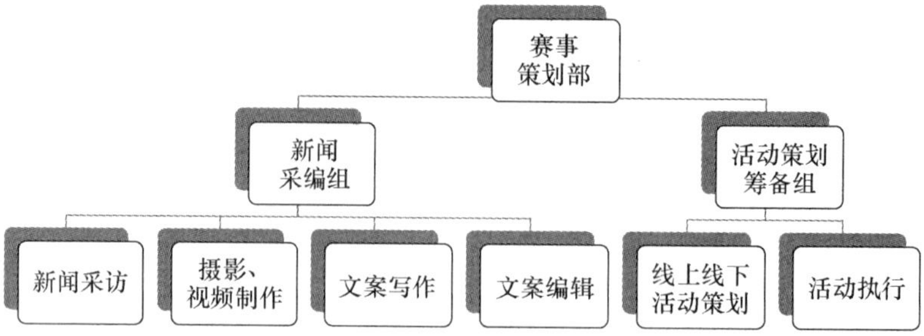

图7-59　赛事活动筹划部的组织结构图

对活动策划筹备组而言，针对具有比赛性质的赛事活动，业务流程遵循：先期的线上线下宣传—组织参赛者报名—参赛者作品搜集—组织评委进行各赛事环节的作品评选—评分细节制定—赛事活动比赛过程期间的赛场监控、现场布置—评分统计—赛事结果公示—证书制定与发放。除此以外，活动策划筹备组还需要对非比赛性质的活动进行筹备，如期初的实习动员大会和期末的总结表彰大会的筹备工作。

（注：本部分的表格只为方便学生理解文字内容，有些并不十分完整。）

第3篇
企业经营仿真实习表单

在社会经济生活中，组织日常经济管理的每一个环节都离不开表单，依据数字说话的财务管理更是如此。表单既是信息载体，同时又具有简明、清晰、标准化、通用性强等不可替代的优点。特别是正确的会计凭证传递，对于协调单位内各部门、各环节的工作，加强内部控制及岗位责任制，实现会计有效监督，及时处理和加工会计信息，具有无可替代的重要作用。同时表单也是实现管理标准化、现代化的重要工具，尤其是实施会计信息化管理后，财务表单几乎不可或缺。

从专业实习角度，对表单的正确识别和恰当使用，便成为参加仿真实习同学的重要学习内容。仿真实习平台中各生产商、渠道商及外围机构业务流程在相关章节已介绍，此处针对存货核算管理部分补充说明。

存货是企业（仿真平台生产商和渠道商）的重要资产，其特点是，一方面有较强的流动性，另一方面具有时效性和发生潜在损失的可能性。因此，加强存货的日常管理，可以有效降低存货管理风险，保证存货信息的账实相符。同时，存货管理水平也是一个企业综合财务管理水平的具体体现，所以应当按照业务管理流程严格执行。

在实际工作中，从存货日常管理角度，存货管理的流程主要可分为采购、验收、保管、出库和盘点等环节。一是存货采购环节。要做好存货规划，严格采购制度，建立存货请购、询价与审批机制。二是验收入库环节。验收质检部门同采购部门职责分离，建立严格的质量控制标准，健全验收流程；外购存货的验收应当重点关注合同、发票等原始单据与存货的数量、质量、规格等核对一致，存货是否有残次损坏；自制存货的验收，应当重点关注产品质量，检验合格的半成品、产成品才能办理入库手续，不合格品应及时查明原因、落实责任、报批处理。三是存货仓储保管环节。企业需建立完善的存货仓储保管制度，加强存货的日常保管和检查工作，严格限制未经授权的人员接触存货。四是存货出库环节。企业应当明确存货发出和领用的审批权限，健全存货出库手续。五是存货盘点环节。定期和不定期的存货盘点，不仅可以及时检查存货质量是否有变质损坏现象，以便企业及时处理减少损失，最重要的是检查存货的账实相符情况。有的企业采用日事清进行存货管理。日事清即通过看板按照项目、部门、时间等维度组织团队工作清单，创建团队工作计划，让团队工作可视化。任务会自动分解至团队相关成员的个人日程中去，让个人的日程和团队的工作安排打通，实时跟进。

仿真实习平台条件所限，有些环节模糊，注意根据拟定的时间节点做上述环节的操作，不能忽视。同时，恰当使用存货收发货凭证，办理相关业务手续并据以进行会计处理。

本篇就仿真实习平台在实习过程中所使用的主要实习表单，按企业和外围组织机构业务要求列示其主要种类式样。分三个部分，即生产制造商实习表单、品牌渠道商表单及外围机构表单。

存货核算管理主要环节关系如下图所示。

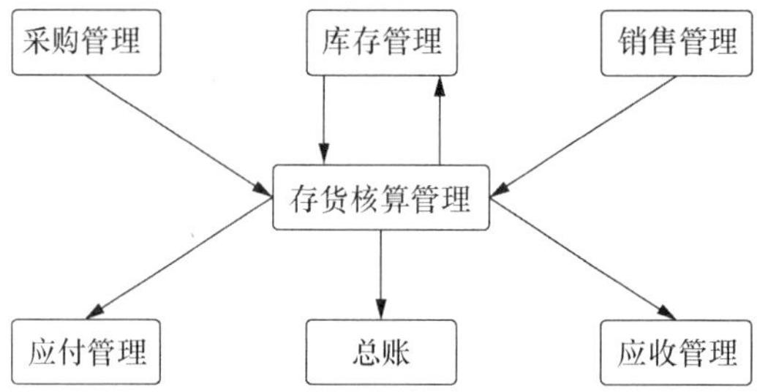

存货核算管理主要环节关系图

第❽章
生产制造商实习表单

仿真实习平台所设生产制造企业，主要是从事鞋类生产制造活动，其业务流程，大致从原材料采购运输开始，进入生产排产与生产制造环节，产品完工入库，直至出售再借助运输，最后经过销售进入品牌渠道商环节。日常业务活动所需表单主要有以下种类式样。

表 8－1　生产制造商实习表单目录

序号	名　称	备　注
1	不动产租赁合同书	
2	国内购销合同	
3	中华人民共和国出口许可证	
4	中华人民共和国海关出口货物报关单	
5	材料入库汇总表	第一联：存根联（仓库） 第二联：记账联 第三联：生产部门
6	发出材料汇总表	备注： 第一联：存根联（仓库） 第二联：记账联 第三联：生产部门
7	工资费用分配表	第一联：存根联 第二联：记账联
8	生产成本计算表	第一联：记账联 第二联：仓库留存
9	产品入库单	第一联：存根联（仓库） 第二联：记账联 第三联：生产部
10	产成品出库单	本单一式两联，第一联为仓库记账联，第二联交采购员办理付款并作为财务记账联
11	记账凭证	
12	资产负债表	
13	利润及利润分配表	
14	增值税专用发票	见第 10 章

不动产租赁合同书

一、订立合同双方

出租方：（以下称甲方）
承租方：（以下称乙方）
甲乙双方经友好协商，达成一致订立本合同，双方共同遵守。

二、出租标的

标的所在地区	种类	数量	有效期		租金（元）/季度	装修费（万元）/升级改造费	备注
			起租日	退租日			

三、租金及交付方式

1. 装修费、升级改造费一次性付清。
2. 租金按季度收取，每季末30日前一次付清当季租金。

四、甲方的权利和义务

1. 甲方负责提供安全生产、消防安全、治安防范的大环境（防火、防盗、防鼠、防雨、防洪、社会治安等），如遇火灾、偷盗、损坏等造成的损失，由甲方负责依据损失情况进行赔偿。甲方派看守人员，保留库房大门钥匙。

甲方负责对仓库的监护，并负责库房、地面、门窗等库房设施的维护、维修。

2. 甲方负责提供水源、电源、照明设施等库房设施。

3. 甲方负责按照乙方的要求对仓库进行定期的排风。

4. 由于不可抗力等因素，导致直接影响货物的储存安全，甲方应及时将事故情况通知乙方，并在两天内提供事故详情，依据对乙方设备影响的程度，双方协商合理解决。

甲方盖章　　　　乙方盖章
甲方代表签字　　　　乙方代表签字
年　月　日　　　　年　月　日

国内购销合同

卖方：　　　　　　　　　　　　买方：

合同号：　　　　　　　　　签订时间：　　　　　　　　　　　签约地：

根据《中华人民共和国合同法》，供需双方经过友好协商，签订本合同，双方达成如下协议，并共同遵守执行：

1. 卖方提供的产品名称、数量、金额、供货时间

产品名称	数量（双）	单价（元）	价款（元）	税额（元）	价税合计（元）	交货时间
合　计						

（第一联：销货方留存　　第二联：购货方留存　　第三联：工商备案）

2. 包装

采用纸箱包装，每箱 100 双。

3. 产品质量标准

商品质量：按商品样本质量标准验收，如产品有质量问题，卖方需承担相关责任。

4. 交货方式

码头/机场。

5. 货款结算方式及时间

□赊销，在交货时间后　天内付全款。

□签订合同时，买方支付货款总额的　　%，货到买方指定地点的次日，支付余款。

6. 合同违约责任

（1）买方延付货款，使对方造成损失，应赔付对方货款总额的　　%的违约金。

（2）付款后卖方无货，应赔付对方此批货款总额　　%的违约金。

7. 本合同在执行中发生纠纷，签订合同双方不能协商解决时，可申请仲裁机构仲裁或向人民法院提出诉讼。

卖方单位（盖章）：　　　　　　　　　　买方单位（盖章）：

卖方代表（签字）：　　　　　　　　　　买方代表（签字）：

中华人民共和国出口许可证

1. 出口商： Exporter	3. 出口许可证号： Export licence No.
2. 发货人： Consignor	4. 出口许可证有效截止日期： Export licence expiry date
5. 贸易方式： Terms of trade	8. 进口国（地区）： Country/Region of purchase
6. 合同号： Contract No.	9. 支付方式： Payment conditions
7. 报关口岸： Place of clearance	10. 运输方式： Mode of transport
11. 商品名称： Deascription of goods	商品编码： Code of goods

12. 规格、等级 Specificartion	13. 单位 Unit	14. 数量 Quantity	15. 单价（ ） Unit price	16. 总值（ ） Amout	17. 总值折美元 Amount in USD
18. 总计 Total					

19. 备注 Supplementary details	20. 发证机关签章 ssuing authoritys stamp & signature 21. 发证日期 Licence date

中华人民共和国海关出口货物报关单

预录入编号：　　　　　　　　　　　　　　　　　　　　海关编号：

<table>
<tr><td colspan="2">出口口岸</td><td colspan="3">备案号</td><td colspan="2">出口日期</td><td>申报日期</td></tr>
<tr><td colspan="2">经管单位</td><td>运输方式</td><td colspan="3">运输工具名称</td><td colspan="2">提运单号</td></tr>
<tr><td colspan="2">发货单位</td><td colspan="2">贸易方式</td><td colspan="3">征免性质</td><td>结汇方式</td></tr>
<tr><td>许可证号</td><td colspan="2">运抵国（地区）</td><td colspan="3">指运港</td><td colspan="2">境内货源地</td></tr>
<tr><td>批准文号</td><td>成交方式</td><td colspan="2">运费</td><td>保费</td><td colspan="3">杂费</td></tr>
<tr><td>合同协议号</td><td colspan="2">件数</td><td>包装种类</td><td>毛重（公斤）</td><td colspan="3">净重（公斤）</td></tr>
<tr><td>集装箱号</td><td colspan="4">随附单据</td><td colspan="3">生产厂家</td></tr>
<tr><td colspan="8">标记唛码及备注</td></tr>
<tr><td colspan="8">项号商品编号　商品名称　规格型号　数量及单位　最终目的国（地区）单价　总价　币制　征免</td></tr>
<tr><td colspan="8"></td></tr>
<tr><td colspan="8"></td></tr>
<tr><td colspan="8"></td></tr>
<tr><td colspan="8"></td></tr>
<tr><td colspan="8"></td></tr>
<tr><td colspan="8">税费征收情况</td></tr>
<tr><td colspan="4" rowspan="3">录入员　录入单位　兹声明以上申报无讹并承担法律责任

报关员

单位地址　　　　　　　　申报单位（签章）

邮编　　　　电话　　　　填制日期</td><td colspan="4">海关审单批注及放行日期（签章）

审单　　　　　　审价</td></tr>
<tr><td colspan="4">征税　　　　　　统计</td></tr>
<tr><td colspan="4">查验　　　　　　放行</td></tr>
</table>

材料入库汇总表

年　　月　　日　　　　　　　　　　　　第　　号

材料编号	材料名称	计量单位	数　　量		计　　划		实　际　价　格			
			来料量	入库量	单价	金额	单价	金额	运杂费	合计
合　　计										

会计主管　　　　　　记账　　　　　　审核　　　　　　制单

发出材料汇总表

年　　月　　日　　　　　　　　　　　　第　　号

总账科目	明细科目	材料名称	领用数量	计划成本	成本差异	实际成本
备　　注					合计	

会计主管　　　　　　记账　　　　　　审核　　　　　　制单

工资费用分配表

单位名称　　　　　　　　年　　月　　日　　　　　　　　第　　号

产品、车间和部门	生产耗用工时	分配率	分配金额	备　注
合计				

复核　　　　　　制表

生产成本计算表

完工产品：

产品名称：　　　　年　　月　　　　在产品：

摘　　要	成本项目				合　计
	直接材料	直接人工	制造费用	其他费用	
月初在产品成本					
本月生产费用					
合　　计					
本月完工产品成本					
月末在产品成本					
单位产品成本					

审核人：　　　　制表人：

产品入库单

凭证编号

交库部门：　　　　年　　月　　日　　　　仓库：

产品编号	产品名称	计量单位	交库数量	检验结果			实收数量
				合格率	合格品	不合格品	
合　计							

主管：　　　　记账：　　　　保管：　　　　交库：

产成品出库单

编号：　　　　年　月　日

产品名称	购货方	规格型号	数量	单位	体积	订单号	金额	
							单价	总额

销售员：　　　　库管员：

记 账 凭 证

字第 号

年 月 日

摘 要	总账科目	明细科目	借方金额											贷方金额											√
			亿	千	百	十	万	千	百	十	元	角	分	亿	千	百	十	万	千	百	十	元	角	分	
合 计																									

附单据 张

会计主管： 记账： 复核： 出纳： 制单：

记 账 凭 证

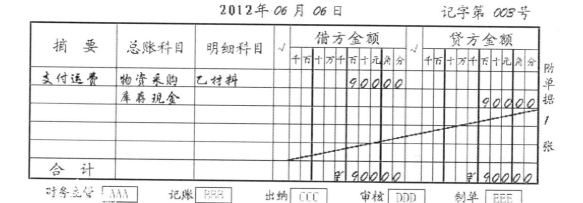

2012年06月06日 记字第003号

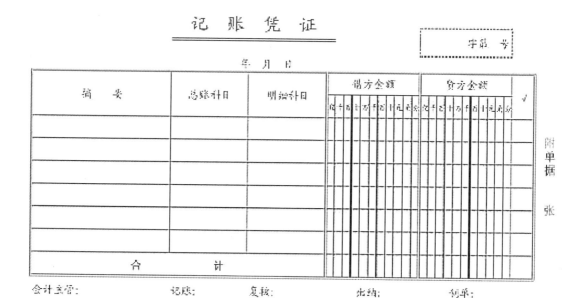

摘 要	总账科目	明细科目	√	借方金额										√	贷方金额									
				千	百	十	万	千	百	十	元	角	分		千	百	十	万	千	百	十	元	角	分
支付运费	物资采购	乙材料							9	0	0	0	0											
	库存现金																			9	0	0	0	0
合 计								¥	9	0	0	0	0						¥	9	0	0	0	0

附单据 1 张

财务主管 AAA 记账 BBB 出纳 CCC 审核 DDD 制单 EEE

资产负债表

会企 01 表 单位：元

纳税人识别号			纳税人名称				
资产负债日			报表所属期		至		
资产	行次	年初数	期末数	负债和所有者权益（或股东权益）	行次	年初数	期末数
流动资产：				流动负债：			
货币资金	1			短期借款	33		
短期投资	2			应付票据	34		
应收票据	3			应付账款	35		
应收股利	4			预收账款	36		
应收利息	5			应付工资	37		
应收账款	6			应付福利费	38		
其他应收款	7			应付股利	39		
预付账款	8			应交税金	40		
应收补贴款	9			其他应交款	41		
存货	10			其他应付款	42		
待摊费用	11			预提费用	43		
一年内到期的长期债权投资	12			预计负债	44		
其他流动资产	13			一年内到期的长期负债	45		
流动资产合计	14			其他流动负债	46		
长期投资：							
长期股权投资	15			流动负债合计	47		
长期债权投资	16			长期负债：			
长期投资合计	17			长期借款	48		
固定资产：				应付债券	49		
固定资产原价	18			长期应付款	50		
减：累计折旧				专项应付款	51		
固定资产净值	20			其他长期负债	52		
减：固定资产减值准备	21			长期负债合计	53		
固定资产净额	22			递延税项：			
工程物资				递延税款贷项	54		
在建工程	24			负债合计	55		
固定资产清理	25						
固定资产合计	26			所有者权益（或股东权益）			
无形资产及其他资产：				实收资本（或股本）	56		
无形资产	27			减：已归还投资	57		
长期待摊费用	28			实收资本（或股本）净额	58		
其他长期资产	29			资本公积	59		
无形资产及其他资产合计	30			盈余公积	60		
				其中：法定公益金	61		
递延税项：				未分配利润	62		
递延税款借项	31			所有者权益（或股东权益）合计	63		
资产合计	32			负债和所有者权益（或股东权益）合计	64		

企业负责人： 合计机构负责人： 制表人：

利润表及利润分配表　　　　会企 02 表　　　　单位：元

纳税人识别号			纳税人名称		
报送日期			报表所属期	至	
项　　目	行次	本期数	本年累计数		
一、主营业务收入	1				
减：主营业务成本	2				
主营业务税金及附加	3				
其中：城市维护建设税	4				
教育费附加	5				
二、主营业务利润（亏损以“－”号填列）	6				
加：其他业务利润（亏损以“－”号填列）	7				
减：销售费用	8				
管理费用	9				
账务费用	10				
三、营业利润（亏损以“－”号填列）	11				
加：投资收益（亏损以“－填列”）	12				
补贴收入	13				
营业外收入	14				
减：营业外支出	15				
其中：坏账损失	16				
自然灾害等不可抗力因素造成的损失	17				
税收滞纳金	18				
加：以前年度损益调整	19				
四、利润总额（亏损总以“－”号填列）	20				
减：所得税	21				
五、净利润（净亏损“－”号填列）	22				
加：（一）年初未分配利润	23				
（二）盈余公积补亏	24				
（三）其他调整因素	25				
六、当年可供分配利润	26				
减：（一）提取法定盈余公积	27				
（二）提取任意盈余公积	28				
（三）提取职工奖励及福利基金	29				
（四）提取储备基金	30				
（五）提取企业发展基金	31				
（六）利润归还投资	32				
（七）补充流动资本	33				
（八）单项留用的利润	34				
（九）其他	35				
七、可供投资者分配的利润	36				
减：（一）应付优先股股利	37				
（二）提取任意盈余公积	38				
（三）应付普通股股利	39				
（四）转作资本（股本）的普通股股利	40				
（五）其他	41				
八、未分配利润	42				
其中：应由以后年度税前利润弥补亏损	43				

第9章 品牌渠道商实习表单

品牌渠道商主要从事鞋类的购销活动，连接生产商和最终消费者。通过调节市场，同时赚取差价获取利润，其业务涉及内销外销，并通过营销策略，如租住门店、广告投入扩大其市场占有率，其业务流程相对生产制造商简单。日常业务活动所需表单主要有商品购入环节，商品销售环节，外贸涉及出关报关环节，物流运输环节等。避免重复，前文已涉及的表单不再列示。除去增值税专用发票、记账凭证、会计报表等，渠道商实习表单主要还有以下种类式样。

表9-1　品牌渠道商实习表单目录

序号	名称	备注
1	不动产租赁合同书	见第8章
2	品牌渠道商采购计划表	第一联：存根联 第二联：销售部门 第三联：财务部门
3	品牌渠道商商品品牌登记表	
4	中华人民共和国进口许可证	
5	中华人民共和国海关进口货物报关单	
6	××国出入境检验检疫入境货物报检单	
7	工资费用分配表	见第8章
8	采购商品入库单	第二联会计记账联
9	销售商品出库单	第二联财务记账联
10	增值税专用发票	见第10章
11	记账凭证	见第8章
12	资产负债表	见第8章
13	利润及利润分配表	见第8章

品牌渠道商商品采购订单登记表

公司名称：

年 季

订单编号	商品名称	供货商	采购数量	采购单价（元）	金额（万元）	交货时间	交货地点	支付货款时间	销售市场

制单： 审核：

中华人民共和国进口许可证

1. 进口商： Importer			3. 进口许可证号： Import licence No.		
2. 发货人： Consignor			4. 进口许可证有效截止日期： Import licence expiry date		
5. 贸易方式： Terms of trade			8. 进口国（地区）： Country /Region of exportation		
6. 合同号： Contract No.			9. 支付方式： Payment conditions		
7. 报关口岸： Place of clearance			10. 运输方式： Mode of transport		
11. 商品名称： Deascription of goods					商品编码： Code of goods
12. 规格、等级 Specification	13. 单位 Unit	14. 数量 Quantity	15. 单价（ ） Unit price	16. 总值（ ） Amount	17. 总值折美元 Amount in USD
18. 总计 Total					
19. 备注 Supplementary details			20. 发证机关签章 ssuing authoritys stamp & signature 21. 发证日期 Licence date		

××国出入境检验检疫

入境货物报检单

报检单位（加盖公章）：　　　　　　　　　　　　　　　　　　　　　*编　号报检

单位登记号：　　　　联系人：　　　　电话：　　　　报检日期：　　　年　月　日

收货人	（中文）			企业性质（划“√”）	□合资□合作□外资
	（外文）				
发货人	（中文）				
	（外文）				
货物名称（中/外）	H. S. 编码	原产国（地区）	数/重量	货物总值	包装种类及数量
运输工具名称号码				合同号	
贸易方式		贸易国别（地区）		提单/运单号	
到货日期		启运国家（地区）		许可证/审批号	
卸毕日期		启运口岸		入境口岸	
索赔有效期至		经停口岸		目的地	
集装箱规格、数量及号码					
合同订立特殊条款以及其他要求				货物存放地点	
				用途	
随附单据（划“√”或补填）		标记及记号		*外商投资财产（划“√”）	□是□否
□合同 □发票 □提/运单 □兽医卫生证书 □植物检疫证书 □动物检疫证书	□到货通知 □装箱单 □质保书 □理货清单 □磅码单 □验收报告			*检验检疫费	
				总金额（人民币元）	
				计费人	
				收费人	

采购商品入库单

编号：　　　　年　季

产品名称	订单号	数量	单价	金额	存放地点
合计：					

仓管：　　　　会计：

销售商品出库单

编号：　　　　　年　季

产品名称	数量	单价	金额	存放地点
合计：				

第一联　仓库留存

仓管：　　　　会计：

车辆租赁合同

一、订立合同双方

出租方：　　　　　　　　（以下简称甲方）

承租方：　　　　　　　　（以下简称乙方）

二、甲方职责

负责提供能够满足甲方使用条件和安全要求的车辆和驾驶人员，并提交车辆行驶证、道路运输证、税讫、检字、全额保险单等证照、资料给甲方备案，保险单及保险凭证须为原件。

三、乙方职责

按时向甲方支付出租费用。承担车辆运营所产成所有费用，包括车辆在租赁期间的养路费、运管费、工商费等各种费用及车辆使用税、个人所得税等，以及各种税，油、胎、料消耗、安全事故费，商务事故费，车辆日常维护、维修保养、例保等费用，以及车辆保险费，车辆年、季检费，过桥费。

四、租赁事项

产品种类	产品数量	起运日	到运日	运输天数	运输标的			运费	备注
					货柜车	中型货车	小型车		

出租人签章：　　　　　　　　承租人签章

代表签字：　　　　　　　　　代表签字

年　月　日　　　　　　　　　年　月　日

品牌渠道商采购计划表

公司名称：

年　月

制造公司	商品名称	计量单位	销售市场	订货数量	采购单价（元）	采购金额（万元）	计划交货时间	计划交货地点	付款计划

制单：　　　　　　　　　　　　审核：

第❶⓿章

外围辅助机构实习表单

在仿真实习平台，作为外围辅助机构，主要任务为生产制造商及品牌渠道商提供外围服务，其业务活动依据生产商与渠道商需要而设立。仿真实习平台外围辅助机构主要有人力、工商、税务；银行；信息中心；审计；海关、物流等外围机构。其中信息中心负责信息发布，同时扮演客户即消费者、供应商等多重角色。在此列示各外围机构所需主要表单种类式样。

表 10－1　外围辅助机构实习表单目录

序号	名称	备注
1	中国工商银行支票	银行
2	中国工商银行电汇凭证	银行
3	中国（　）银行进账单	银行
4	银行贷款协议	银行
5	开立银行结算账户申请书	银行
6	信用证	银行
7	退税申请书	税务
8	提货单	物流、海关
9	联运提单	物流、海关
10	货物运单	物流、海关
11	借款本金收回凭证	银行
12	会计事务所工作底稿	审计
13	收据	信息中心
14	增值税专用发票	信息中心 第一联：销货方记账联 第二联：购货方记账联 第三联：抵扣联

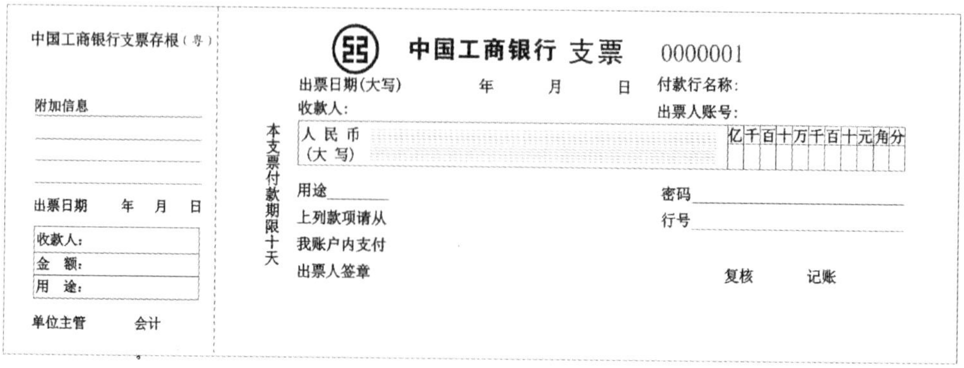
中国工商银行支票存根（粤）
附加信息
出票日期　年　月　日
收款人：
金　额：
用　途：
单位主管　　会计

中国工商银行 支票　0000001
出票日期（大写）　年　月　日　付款行名称：
收款人：　出票人账号：
本支票付款期限十天
人民币（大写）　亿 千 百 十 万 千 百 十 元 角 分
用途　　密码
上列款项请从　　行号
我账户内支付
出票人签章　　复核　记账

中国工商银行　电汇凭证（回　单）　№ 0000001

INDUSTRIAL AND COMMERCIAL BANK OF CHINA

□普通　□加急　　委托日期　　年　　月　　日

汇款人	全　称		收款人	全　称	
	账　号			账　号	
	汇出地点	省　　市/县		汇入地点	省　　市/县
汇出行名称			汇入行名称		
金额	人民币（大写）		亿 千 百 十 万 千 百 十 元 角 分		
			支付密码		
			附加信息及用途：		
	汇出行签章		复核	记账	

第一联 付款方留存　第二联 收款方留存　第三联 付款行留存　第四联 收款行留存

中国（　）银行进账单　第　联

年　月　日

出票人	全称		收款人	全称												此联是开户银行交给持票人的回单
	账号			账号												
	开户银行			开户银行												
金额	人民币（大写）					亿	千	百	十	万	千	百	十	元	角	分
票据种类		票据张数														
票据号码																
复核　记账				开户银行签章												

银行贷款协议

贷款方：________银行　　借款方：________公司：　　保证方：________

贷款种类：____________________贷款

借款金额：人民币____________________（大写）元整

借款期限与利率：自______年______月______日至______年______月______日，年息百分之______，（从贷款当日开始，每季度结息一次）。

银行中间业务费：财务评审费每年________万元。额度占用费一次性收取________万元。

保证方的担保费：每年收取________万元。

违约责任：____

抵押物：____

担保责任（如有担保方）：全额补偿

银行是否可以提前收回贷款：________________________________

其他约定（如银行在什么情况下可提前收回贷款、企业主动提前还款的手续费等）：

____

____

开立单位银行结算账户申请书

存款人名称			电话	
地址			邮编	
存款人类别		组织机构代码		
法定代表人（　　） 单位负责人（　　）	姓名			
	证件种类		证件号码	
行业分类	A（　）B（　）C（　）D（　）E（　）F（　）G（　）H（　）I（　）J（　） K（　）L（　）M（　）N（　）O（　）P（　）Q（　）R（　）S（　）T（　）			
注册资金	币种：	金额：	地区代码	290000
经营范围				
证明文件种类		证明文件编号		
国税登记证号		地税登记证号		
关联企业	关联企业信息填列在“关联企业登记表”上。			
账户性质	基本（　　）　一般（　　）　专用（√）　临时（　　）			
资金性质		有效日期至	年　月　日	

以下为存款人上级法人或主管单位信息：

上级法人或主管单位名称				
基本存款账户开户许可证核准号		组织机构代码		
法定代表人（　　） 单位负责人（　　）	姓名			
	证件种类		证件号码	

以下栏目由开户银行审核后填写：

开户银行名称			
开户银行代码		账号	
账户名称			
基本存款账户开户许可证核准号		开户日期	

本存款人申请开立单位银行结算账户，并承诺所提供的开户资料真实、有效。 存款人（公章） 年　月　日	开户银行审核意见： 经办人（签章） 开户银行（签章） 年　月　日	人民银行审核意见： （非核准类账户除外） 经办人（签章） 人民银行（签章） 年　月　日

填写说明：

1. 申在开立临时存款账户，必须填列有效日期；申请开立专用存款账户，必须填列资金性质。
2. “行业分类”中各字母代表的行业种类如下：C：制造业；H：批发和零售业；K：房地产业；L：租赁和商务服务业；M：科学研究、技术服务和地质勘查业；S：公共管理和社会组织；T：其他行业。
3. 带括号的选项填“√”。
4. 申请开立核准类贩户，填写本表一式三联，一联开户单位留存，一联开户银行留存，一联人民银行留存。

信用证

LOGICAL TERMINAL E102

M T S700 ISSUE OF A OOCUMENTARY CREDIT

PAGE 00001

FUNC MSG700

UMR 06881051

MSGACK DWS7651 AUTH OK, KEY B198081689580FC5 , BKCHCNBJ RJHISARI RECORO

BASIC HEAOER F 01 BKCHCNBJA940 0588 550628

APPLICATION HEAOER 0 700 1057 010320 RJHISARIAXXX 7277 977367 020213 1557 N

* (HEAD OFFICE)

USER HEAOER

SERVICE COOE 103:

BANK. PRIORITY 113:

MSG USER REF. 108:

INFO. FROM CI 115:

SEQUENCE OF TOTAL	*	27	1/1
FORM OF OOC. CREOIT	*	40A	IRREVOCABLE
DOC. CREOIT NUMBER	*	20	
DATE OF ISSUE		31C	
DATE/PLACE EXP	*	31D	
APPLICANT	*	50	
BENEFICIARY	*	59	
AMOUNT	*	32B	
AVAILABLE WITH/BY	*	41D	BANK OF HUASHANG (　) DISTRICT
DRAFTS AT…		42C	SIGHT
DRAWEE		42A	ISSUE BANK
PARTIAL SHIPMTS		43P	
TRANSSHIPMENT		43T	
LOAOING ON BRO		44A	
DISTINATION PROT		44B	
LATEST SHIPMENT		44C	
GOOOS OESCRIPT		45A	
DOCS REQUIREO		46A	DOCUMENTS REQUIRED: +
DD. CONOITIONS		47A	ADDITIONAL CONDITION:
CHARGES		71B	ALL BANK ARE FOR BENEFICIARY' S ACCOUNT
CONFIRMAT INSTR	*	49	WITHOUT
REIMBURS. BANK		53D	
INS PAYING BANK		78	
SENO REC INFO		72	
TRAILER			

第一联：渠道商留存 第二联：生产商留存 第三联：银行留存

退税申请书

申请单位（人）					地址		
开户银行					账号		
原交税凭证						申请退税金额	
填发日期			票证字号	税别	税额		
年	月	日					
合计							
申请退税金额 人民币（大写）							

申请退税原因：

申请退税单位（人）：　　　　　　经办人：

盖章：　　　　　　　　　　　　　年　月　日

局长审批意见	会计部门 审核意见	税政部门 审核意见	征收单位 审核意见
	经办人： 年　月　日	经办人： 年　月　日	经办人： 年　月　日

集装箱船务代理有限公司

CONTAINER SHIPPING AGENCY CO. , LTD

提货单

D E L I V E R Y O R D E R

地区、场站

收货人/通知方：

年　月　日

船名	航次	起运港	目的港
提单号	交付条款	海运费	合同号
货名		集装箱号/铅封号	
集装箱数			
件数			
重量			
体积			
标志			

请核对放货

集装箱船务代理有限公司

凡属法定检验、检疫的进口商品，必须向有关监督机构申报。

收货人章　　　海关章

<table>
<tr><td colspan="2">托运人
Shipper</td><td colspan="2" rowspan="5">SINOTRANS
B/L No. 000001
中国外轮代理公司
CHINA OCEAN SHIPPING
AGENCY
联运提单
COMBINED TRANSPORT
BILL OF LADING
RECEIVED the foods in apparent good order and condition as specified below unless otherwise stated herein. The Carrier. in accordance with the provisions contained in this document.
(1) undertakes to perform or to procure the performance of the entire transport form the place at which the goods are taken in charge to the place designated for delivery in this document. and
(2) assumes liability as prescribed in this document for such transport one of the bills of Lading must be surrendered duty indorsed in exchange for the goods or delivery order</td></tr>
<tr><td colspan="2">收货人或指示
Consignee or order</td></tr>
<tr><td colspan="2">通知地址:
Notity address</td></tr>
<tr><td>前段运输
Pre – carriage by</td><td>收货地点
Place of Receipt</td></tr>
<tr><td>海运船只
Ocean Vessel</td><td>装货港
Port of Loading</td></tr>
<tr><td>卸货港
Port of Discharge</td><td>交货地点
Place of Delivery</td><td>运费支付地
Freight payable at</td><td>正本提单份数
Number of original Bs/L</td></tr>
<tr><td colspan="4">标志和号码　件数和包装种类　货　名　毛　重（公斤）　尺码（立方米）
Marks and Nos. Number and kind of packages Description of goods Gross weight (kgs.) Measurement (m^3)

以上细目由托运人提供
ABOVE PARTICULARS FINISHED BY SHIPPER</td></tr>
<tr><td colspan="2" rowspan="3">运费和费用
Freight and charges</td><td colspan="2">IN WITNESS whereof the number of original bills of Lading stated above have been signed, one of which being accomplished, the other (s) to be void.</td></tr>
<tr><td colspan="2">签单地点和日期
Place and date of issue</td></tr>
<tr><td colspan="2">代表承运人签字
Signed for or on behalf of the carrier
代　理
as Agents</td></tr>
</table>

货物运单——港口到港口运输表

托运人（单位）：　　经办人：　　地址：　　运单编号：

发货人		地址		电话		装货地点	
发货人		地址		电话		卸货地点	
注意事项	1. 托运人请勿填写栏内的项目。 2. 货物名称应填写具体品名，如货物品名过多，不能在运单内逐一填写须另附物品清单。					托运人签章 年 月 日	承运人签章 年 月 日

附

序号	货物名称	起运日	到运日	数量	货柜数	运费	货运路径
1							
2							
3							
4							
5							
6							
7							
8							
9							
10							

借款本金收回凭证

000001

扣款日期：　　年　月　日　　单位：元

付款单位	全称		收款单位	全称	
	账号			账号	
	开户银行			开户银行	
拨款金额	人民币：（大写）			人民币：（小写）	
用途：					
拨款单位盖章：					

会计事务所工作底稿

被审计企业： 会计期间：

审计日期：　　年　月　日至　　年　月　日

被审计企业参加人员： 审计组参加人员：

姓名： 职务： 姓名： 职务：

姓名： 职务： 姓名： 职务：

序号	审计内容	审计结果	审计证据	被审计企业意见		

审计组组长签名： 审计员签名：

日期： 日期：

收　据

№ 000001

20　年　月　日

（内部使用）

兹 收 到		
金额(大写)　拾　万　仟　佰　拾　元　角　分		
备注		¥

核准　会计　记账　出纳　经手人

广东增值税专用发票

No. 000001

记 账 联

开票日期：

购货单位	名　称： 纳税人识别号： 地址、电话： 开户行及账号：				密码区		
货物或应税劳务名称	规格型号	单位	数量	单价	金额	税率	税额
合　计							
价税合计（大写）							
销货单位	名　称： 纳税人识别号： 地址、电话： 开户行及账号：				备注		

第一联：记账联 销货方记账凭证

收款人： 复核： 开票人： 销货单位：（章）

第 4 篇
企业经营仿真实习组织管理与成果

第11章 企业经营仿真实习组织与管理

11.1 企业经营仿真实习的组织工作

企业经营仿真实习的组织工作主要包括四个方面：班级分组、组建教师团队、招聘企业 CEO 及外围机构负责人、企业员工招聘。

11.1.1 班级分组

确定本年度仿真所有班级后，按照专业总人数等分配各期班级分组及其相应周数。以 2018 年第 1 期为例，请参看表 11－1 所示。

表 11－1 2018 年第 1 期班级分组表

期数	序号	系部	专业及方向	班级	人数
2018 年第 1 期（1～4 周）	1	会计学院	财务管理	2015 本财务管理 1 班	64
	2	会计学院	财务管理	2015 本财务管理 2 班	64
	3	会计学院	会计学（实验班）	2015 本会计学 1 班	51
	4	会计学院	会计学	2015 本会计学 2 班	64
	5	会计学院	会计学	2015 本会计学 3 班	61
	6	会计学院	会计学	2015 本会计学 4 班	59
	7	会计学院	会计学	2015 本会计学 5 班	59
	8	会计学院	会计学	2015 本会计学 6 班	60
	9	会计学院	会计学	2015 本会计学 7 班	60
	10	会计学院	会计学	2015 本会计学 8 班	59
	11	会计学院	会计学（注册会计师方向）	2015 本会计学 9 班	68

续表

期数	序号	系部	专业及方向	班级	人数
2018 年第 1 期（1 ~4 周）	12	工商管理系	市场营销（实验班）	2015 本市场营销 1 班	60
	13	公共管理系	人力资源管理	2015 本人力资源管理 1 班	53
	14	经济与金融系	国际经济与贸易（实验班）	2015 本国贸 1 班	59
	15	经济与金融系	国际经济与贸易	2015 本国贸 2 班	69
				合计	910

11. 1. 2 组建教师团队

按照本年度教学岗位安排及各专业人数比例，确定教师团队中相应专业的教师人数，由相关部门统一发布教师团队构成信息，各系部按照专业需求结合教师个人意见等指派教师加入仿真教学团队。

需指派的教师人数为 18 人，岗位及基本要求如表 11 －2 所示。

表 11 －2 校内仿真综合实习教师需求计划表

序号	岗位类别	人数	基本要求
1	副总指导	1	会计、财管、审计专业优先考虑
2	生产商指导老师	6	物流、国贸、财务、会计专业优先考虑
3	渠道商指导老师	4	市营、财管、会计专业优先考虑
4	审计指导老师	2	审计、会计、财务管理专业优先考虑
5	信息中心指导老师	1	信息管理、统计专业、善于做数据分析和数据挖掘者优先考虑
6	赛事活动策划指导老师	1	擅长活动策划、赛事组织者优先考虑
7	工商、税务、人力指导老师	1	工商管理、税务、人力专业优先考虑
8	海关、物流指导老师	1	国贸、国商、物流专业优先考虑
9	商业银行指导老师	1	金融、国贸、会计专业优先考虑
合计		18	曾担任仿真实习指导老师者优先考虑；近期担任手工沙盘、电子沙盘、ERP 等实验课程的老师优先考虑

11. 1. 3 招聘企业 CEO 及外围机构负责人

首先，召集各仿真班级班长和学习委员召开宣讲会。宣讲会内容包括校内仿真综合实习简介、仿真教师团队介绍、各班级 CEO 报名工作开展、后续仿真工作安排等方面。

其次，组织 CEO 现场面试。根据宣讲会后各班级汇总的报名表，对各期的 CEO 组织现场面试。

最后，根据面试的结果结合专业需求等安排各期各企业 CEO，有关外围机构负责人的招聘由各指导老师自行负责。所需招聘表、面试要求等如下所示：

（1）每期 CEO 招聘计划如表 11－3 所示。

表 11－3　每期 CEO 招聘计划表

招聘岗位	人数
生产商 CEO	每期 48 人
渠道商 CEO	每期 24 人

（2）每期外围机构负责人招聘计划（直接与外围指导老师邮件联系）如表 11－4 所示。

表 11－4　每期外围机构负责人招聘计划表

序号	招聘岗位	人数
1	指挥部助理	每期 1 人
2	赛事活动筹划部部长	每期 1 人
3	信息中心部长	每期 4 人
4	商业银行行长	每期 4 人
5	物流中心部长	每期 4 人
6	海关署长	每期 2 人
7	审计所所长	每期 4 人
8	工商局局长	每期 2 人
9	税务局局长	每期 4 人
10	人力资源局局长	每期 2 人
11	中央银行行长	每期 1 人
12	统计局局长	每期 1 人
13	银监会负责人	每期 1 人

（3）CEO 现场面试时间及要求。

其一，报名者需在面试时提交竞选 PPT，请以“张三—2018 年第 1 期 CEO 竞选 PPT”命名文件；就职演说 PPT 原则上不超过 10 页，演讲时间 2 分钟（严格控制时间），可分为两部分内容，一是自我介绍，二是简历中的重点，其他内容请自行书写。

其二，报名者需在面试时提交简历一式两份（简历仅限一页，可双面）。个人简历重点介绍在手工沙盘课程、电子沙盘课程中担任的岗位和经营业绩，介绍参加各种比赛的情况或实践活动情况，例如创业大赛、企业模拟经营大赛、企业实习经历等。

其三，CEO 现场面试安排。①CEO 面试安排，所有班级报名应聘 CEO 人员均须参加面试，未在名单内人员也可到现场参加面试，但到场需提供所需材料。②初步拟定的面试时间：具体通知。③面试地点：具体的各教室分配学生名单请参考后续通知，面试当日见教室外张贴公告。

11.1.4 企业员工招聘

所有企业确定 CEO 后，召集 CEO 进行培训，统一说明招聘员工的相关事项。根据每一期企业和机构专业人数配比表来招聘员工。由仿真实习指挥部安排各企业招聘的时间和地点，各组织招聘完毕后将各组成员名单统一发至指导老师邮箱。指导老师根据专业人数配比表将完成对各企业组织的审核，符合要求的发至平台秘书邮箱汇总。

各外围机构的员工招聘由各指导老师及外围负责人自行招聘。

专业人数配比表模板可参考表 11－5。

表 11－5 2018 年第 1 期专业人数配比表

<table>
<tr><td colspan="6">2018 年第 1 期厂商员工专业构成人数配比</td></tr>
<tr><td></td><td>市营、物流</td><td>国贸、国商</td><td>人力、信管</td><td>财管、会计</td><td>平台合计</td></tr>
<tr><td>生产商（含 CEO 共计 9 人）</td><td colspan="3">以上专业招聘 2 人，
同班级至多 2 人同组</td><td>7</td><td>432</td></tr>
<tr><td>渠道商（含 CEO 共计 10 人）</td><td colspan="3">以上专业招聘 3 人，
同班级至多 2 人同组</td><td>7</td><td>240</td></tr>
<tr><td colspan="6">2018 年第 1 期外围机构员工构成</td></tr>
<tr><td></td><td>市营、物流</td><td>国贸、国商</td><td>人力、信管</td><td>财管、会计</td><td>各部门合计</td></tr>
<tr><td>赛事活动筹划部（含负责人、1 名指挥部助理共计 10 人）</td><td colspan="3">剩余专业共计招聘 4 人</td><td>6</td><td>10</td></tr>
<tr><td>信息中心（含负责人共计 36 人）</td><td colspan="3">剩余专业共计招聘 14 人</td><td>22</td><td>36</td></tr>
<tr><td>海关（含负责人共计 8 人）</td><td>0</td><td>8</td><td>0</td><td>0</td><td>8</td></tr>
<tr><td>第三方物流（含负责人共计 18 人）</td><td>市营 0
物流 0</td><td>18</td><td>0</td><td>0</td><td>18</td></tr>
<tr><td>人力资源（含负责人共计 10 人）</td><td>0</td><td>0</td><td>10</td><td>0</td><td>10</td></tr>
<tr><td>工商（含负责人共计 6 人）</td><td colspan="3">剩余专业共计招聘 6 人</td><td>0</td><td>6</td></tr>
<tr><td>税务（含负责人共计 18 人）</td><td colspan="3" rowspan="2">0</td><td>18</td><td>18</td></tr>
<tr><td>审计（含负责人共计 84 人）</td><td>84</td><td>84</td></tr>
<tr><td>商业银行（含负责人共计 40 人）</td><td rowspan="2">0</td><td>9</td><td rowspan="2">0</td><td>31</td><td>40</td></tr>
<tr><td>中央银行、统计局、银监会（含负责人共计 8 人）</td><td>4</td><td>4</td><td>8</td></tr>
<tr><td>合计</td><td></td><td></td><td></td><td></td><td>910</td></tr>
</table>

11.2　企业经营仿真实习的管理工作

企业经营仿真实习的管理工作主要分为人员管理与实验室管理。其中，人员管理分为教师团队管理和学生团队管理。学生团队管理在第 12 章企业经营仿真实习成绩考核办法介绍。本章主要介绍教师团队管理和实验室管理。

11.2.1　教师团队管理

企业经营仿真实习教师团队分为指挥部团队和各岗位指导教师团队两部分。

指挥部团队在实验教学与管理中心的领导下开展工作，共有 5 名成员。1 名总指导，3 名副总指导，1 名教学秘书。

各岗位指导教师团队在指挥部团队的领导下开展工作，其中，生产商指导教师 6 名，品牌渠道商指导教师 4 名，外围辅助机构指导教师 5 ~ 6 名。其具体工作职责如表 11 - 6 所示。

表 11 - 6　企业经营仿真实习教师团队工作职责

序号	岗位名称	岗位职责
1	总指导	统筹安排仿真平台的全部事宜。主要分为学生管理、教师管理、平台发展三大方面。统筹指导学生团队构建方案、CEO 招聘、选拔、培训、管理、考核方案、学生团队管理方案。统筹指导教师团队构建方案、教师招聘、选拔、培训、管理、考核与评价方案、教师团队管理方案。统筹平台课程设计、教学设计、规则完善与升级，平台科研教研项目申报与管理，促进平台教学成果转化
2	副总指导 1	主要负责实验室硬件设备管理与技术支持，协助总指导完成相关工作
3	副总指导 2	主要负责生产商、审计、工商税务人力部门、实验耗材的运营与管理，协助总指导完成相关工作
4	副总指导 3	负责渠道商、信息中心、海关物流、银行、赛事筹划部的运营与管理，协助总指导完成相关工作
5	教学秘书	教学秘书协助指挥部成员完成平台各项事宜，主要包括学生团队构建、指导教师团队构建、实习成绩管理、外联沟通等事宜
6	各岗位指导老师	参与构建学生团队并对之进行管理；制定培训规则并对实习过程中的问题进行答疑解惑；指导并批改实习报告；总结每期问题并改进，修改完善生产商工作手册，参与仿真实习平台规则完善和教学设计；总结每期工作，做好资料归档；协助指挥部完成相关工作

11.2.2 实验室管理

经管学科跨专业综合仿真实习平台包括实习总指挥部1间、实验成果展示室1间、项目体验室9间、企业模拟实验室8间、交易活动及培训实验室2间、社会机构模拟实验室1间、企业模拟讨论室1间、模拟综合银行实验室1间、模拟综合财务实验室1间、审计实验室1间。实验室的装修环境和设备也高度仿真了真实的企业或外部机构，例如，模拟银行实验室装修是按照真实银行的装修进行设计的，实验室也购进了银行日常运作的一整套设备。其他实验室在装修上面和家具方面也参考目前企业流行的样式进行了设计，通过实验室实习环境的仿真，使学生充分感受到在企业实习的氛围。

该平台设备、设施也比较先进。建有实验教学专用局域网，实验管理中心能随时监控到各实验室网络的使用情况，确保了实验教学网络的安全性和高可用性；建有云计算实验教学系统（Vmware 桌面云），实现了教学设施资源的共享和统一集中管理，也促进了实验教学设施建设方式的变革；建设网络型教学平台，推进实验教学改革，引进了清华教育在线的通用网络教学平台和多媒体资源库平台，进一步提高教学效率和教学质量；建成了第三代网络化视频监控系统，可以远程监视和监听到实验室的实时情况，实现了实验教学质量和教学设备安全远程监控。为学生提供了高质量、高水平的实验教学平台。

11.2.2.1 实验指导教师工作规范

（1）实习指导教师须提前十分钟到达实验室，检查实验室上课准备情况。

（2）自觉维护并教育学生维护实验室环境卫生，严禁随地吐痰，丢垃圾；严禁在实验室内闲聊、抽烟、吃零食等与实验教学无关的事情；禁止在实验室对非教学用各类电器进行充电。

（3）熟悉实验教学大纲、实验教材或实验指导书，熟悉仪器设备使用的注意事项；熟练掌握设备安全操作规范。要做好实验教学指导、布置实验报告等环节；实验过程要及时纠正学生的违规操作，确保人身及设备安全。

（4）务必向学生讲解实验室各项管理制度，对学生进行实验前的安全、纪律教育；检查学生出勤情况、记录考勤、检查安全用具，组织好学生分组和工位以及教学设备、材料等的分配。

（5）妥善处理突发事故，保护事故现场，协助事故调查。

（6）结束前组织清场整理。做好实验室、仪器设备整理清洁与清点，规范填写《实验室使用情况登记本》。

（7）课后组织学生搞好实验室日常清洁卫生，做好“五关”（关灯、关电、关空调、关窗、关门）。

（8）协助实验教学与网络技术中心处理其他特发事情。

11.2.2.2　实验室课后加班制度

（1）实验室课后的加班，仅限于仿真实习平台教师或学生课后继续使用本实验室。

（2）加班申请人事先向所在实验室负责教师提出申请，教师按实习课程需要适当批准学生加班申请。

（3）教师审批加班时，要认真审核学生加班信息，要对课后申请加班学生的行为给予说明，并采取相应措施加以管理；申请表须由教师本人签名，不得由学生代签。

（4）申请人须在当天下班前 15 分钟（上午 11：40 前，下午 17：20 前）把已有教师签名的申请表送到指挥部审批，审批完毕后请把该表送到楼管值班处备案。

（5）课后加班期间须严格遵守实验室管理规则，保持实验室卫生，严禁在实验室区域（实验室及走廊）进食。

（6）听从老师或楼管人员的管理，不做实习以外的操作，确保自身安全和实验室设备安全，如因操作不当而引起的安全事故，需追究当事人的责任。

（7）加班时间完毕，不得在实验室逗留，并请协助楼管人员关好设备、门、窗、电后，有序离开实验室。

本制度自颁布之日起实施。

如有发现不遵守本制度者，对于以后的加班申请不予批准。

11.2.2.3　实验室卫生管理制度

（1）实习期间，实验指导老师为本实验室卫生管理责任人，负责执行《实验室卫生管理制度》，维护实验室的整洁美观。

（2）爱护实验室文化环境，不准随地吐痰、扔垃圾、乱涂乱画，共同营造良好的室内卫生环境。

（3）实验课指导教师须安排学生值日，并在白板上写明，每节课后组织卫生值日员按要求“小扫”，进行卫生清洁。

（4）小扫要求：地面、左面清理干净；黑板、白班抹干净；设备、设施、桌凳等还原并摆放整齐；锁好窗户，拉好窗帘；清洁用具清洗干净并放在指定位置。

（5）实验指导教师负责安排和组织学生每周进行大扫除，妥善安排大扫除具体时间、组别、人数等。

（6）大扫除要求：地面、墙壁都必须打扫干净；所有门、窗、灯、扇、桌、凳、电脑、空调、排气扇、黑板、白班以及其他设备、设施、家具等都必须抹干净。设备、设施、座椅等必须摆放整齐；锁好窗户，拉好窗帘；清洁用具清洗干净并放在指定位置。

（7）大扫除后必须经实验室管理员验收通过，指导教师和学生方可离开。

（8）若没有按要求搞好实验室清洁卫生，将根据实际情况追究责任，情节严重的将取消值日组别实验资格，并报相关部门处理。

（9）实验室没课或其他特殊情况下，实验室卫生由实验室管理员负责完成。

11.2.2.4　学生实验室守则

（1）遵守实验室管理制度，营造和保持安全、卫生的实习环境。

（2）严禁携带任何食品、雨具等有损实验室卫生和安全的物品进入实验室。

（3）请勿设置计算机密码，请勿随意删除、移动文件或修改系统的设置。

（4）节约用电、节约实验材料，保护实验环境，自觉维护实验设施（仪器、设备、实验桌），请勿乱动实验设备和在设备上堆放实习资料。

（5）请勿携带实验设备、用品材料出实验室；请勿使用与实习内容无关的设备、设施；爱护所用的实验仪器设备，不得野蛮操作，若设备因人为原因（违反操作规程等）损坏、丢失，追究使用人的责任。

（6）提前五分钟进入实验室，除了与实习相关的材料等必需物品外，其他物品一概不能带入实验室或按规定存放在实验室指定的位置。

（7）每天工作前认真检查仪器设备，若发现设备、设施异常，应及时报告实验指导教师或实验室管理员，不得擅自处理。

（8）请按照实习步骤和操作方法进行工作，注意安全，请勿违规操作。

（9）听从实验指导教师和实验室管理员的指挥，服从座位分配，不准串位，未经允许不得私自调换实验仪器设备。

（10）每天下班后，按操作顺序关好设备电源开关，并将实验设备、设施复位，并做好清洁整理工作。

若违反《学生实验（训）室守则》，将根据情节轻重处以警告、书面检讨、取消实习资格、赔偿、罚款等处分，并报相关部门处理。

第⓬章
企业经营仿真实习考核办法

企业经营仿真实习，作为经管类专业大学生在历经三年专业学习后所进行的一次校内大规模集中仿真实习教学过程，具有专业覆盖面广泛、能力训练综合、实习期跨度长、重视团队协作等多重特点。为激励学生们更认真地对待实习工作，提高经管类大学生实践能力培养效果，特制定此实习考核办法。

企业经营仿真实习考核成绩分为仿真企业学生成绩考核办法和仿真外围机构学生成绩考核办法两部分。

12.1 仿真企业学生成绩考核办法

仿真企业学生的期末总成绩 = 仿真企业学生经营成绩 ×60% + 该生仿真实习文档总成绩 ×40% − 考勤、纪律扣分

12.1.1 仿真企业学生经营成绩考核

在企业经营仿真实习中，仿真企业的实习是由学生组成团队经营企业，生产商企业会给予 1000 万元人民币的初始资金，渠道商企业会给予 3000 万元人民币的初始资金。经过仿真实习期间的企业经营，在仿真实习结束时，我们以“企业估值”的高低作为企业经营结果的考核，以学生最终所拥有的“个人资产”作为学生参与企业经营结果的考核。仿真企业学生的个人资产等于其所持有的企业股权比例乘以企业估值（见图 12 − 1）。

12.1.1.1 个人持有的企业股权比例

个人持有的企业股权比例是仿真企业学生在实习结束时所拥有的企业的股份除以企业总股本所得到的比例。仿真企业学生拥有的企业股权来源有三个：一是团队构建时获得的股权，二是经营企业获得的股权激励，三是其他途径获得的股权。

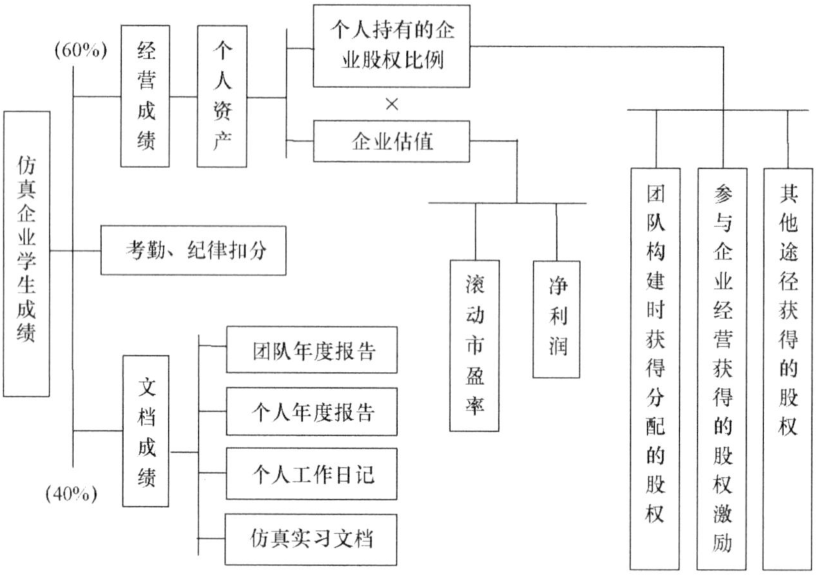

图 12－1　仿真企业学生成绩构成框架简图

12.1.1.1.1　团队构建时获得的股权

在每一个企业经营团队构建时，初始分配给整个经营团队 20% 的企业股权。这 20% 的企业股权由企业的 CEO 在构建团队时根据每个成员面试时表现出的个人能力及应聘的岗位进行分配，能力较强并且愿意承担重要岗位（重要岗位意味着要承担较大的责任）的成员，可获得较多的股权分配份额。

如果因为学生退学等原因，导致团队成员人数未达到规定人数，少 1 人，初始分配给整个团队的企业股权在 20% 的基础上减去 2%，即为 18%；少 2 人，初始分配给整个团队的企业股权在 20% 的基础上减去 3%，即为 17%。不允许缺少更多人。

12.1.1.1.2　经营企业获得的股权激励

在仿真实习中，假设指导老师是企业的大股东，在初始阶段拥有企业 80% 的股权。为了更好地激励经营团队，大股东每年都会以赠予的方式对企业经营团队的成员进行股权激励。股权激励的过程分为两步：第一步是确定整个经营团队可获得的年度股权激励份额，第二步是根据团队成员在企业经营过程中的贡献度，确定每个团队成员的股权激励份额。

（1）团队年度股权激励份额。团队年度股权激励份额的最大值为本企业总体股本的 15%，最小值为本企业总体股本的 10%。具体的计算方法如下：

$$团队年度股权激励份额 = 企业总股本 \times \left(100\% + \frac{A1 + A2}{100} \times 5\%\right)$$

其中，A1 为审计资料评分，A2 为平台活动评分。

审计资料评分由审计事务所根据企业提交的审计资料是否及时以及是否有误，分别对 A 区 24 家生产制造企业，A 区 12 家品牌渠道企业，B 区 24 家生产制造企业，B 区 12 家品牌渠道企业分别进行排名。然后根据排名，对每个企业进行打分。

平台活动评分由赛事活动部根据每个团队参加分享会和平台赛事活动的情况进行汇总并评分。

（2）团队成员的年度股权激励份额。在确定了团队年度股权激励份额后，根据各成员在本年度企业运营过程中的团队贡献度，对总的股权激励份额在团队成员之间分配，企业经营仿真实习一共进行 3 年，故在仿真实习期间会进行三次股权激励（见图 12－2）。团队年度股权激励份额在各成员之间进行分配的原则是看团队各成员在本企业经营过程中的"贡献度"大小。

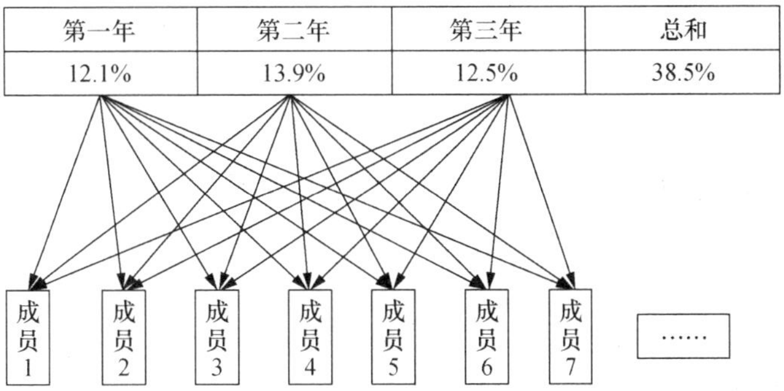

图 12－2　股权激励份额在团队成员之间分配

各团队成员的"贡献度"等于各成员企业内部考核评分除以所有成员考核评分的总和。各团队成员的贡献度之和等于 1。用团队的年度股权激励份额乘以贡献度得到团队成员个人的年度股权激励份额。

表 12－1　贡献度与个人股权激励份额

成员	考核评分	评分合计	贡献度	团队成员股权激励份额
CEO	X1	X	X1/X	团队年度股权激励份额 × CEO 的贡献度
CFO	X2	X	X2/X	团队年度股权激励份额 × CFO 的贡献度
CMO	X3	X	X3/X	团队年度股权激励份额 × CMO 的贡献度
物流主管	X4	X	X4/X	团队年度股权激励份额 × 物流主管的贡献度
人事主管	X5	X	X5/X	团队年度股权激励份额 × 人事主管的贡献度
会计主管	X6	X	X6/X	团队年度股权激励份额 × 会计主管的贡献度
制单会计	X7	X	X7/X	团队年度股权激励份额 × 制单会计的贡献度
出纳	X8	X	X8/X	团队年度股权激励份额 × 出纳的贡献度

表 12－1 中的岗位可以根据实际团队中学生人数的多少，对岗位设置做相应的增减，经营团队中各成员的贡献度考核由 CEO 和人事主管负责，评分依据是个人所承担的工作职责大小及职责完成情况。对 CEO 的考核评分需要指导老师参与。

通过上述步骤，我们最终得到了每个仿真企业经营团队中每个学生通过企业经营所获得的股权激励份额。

12.1.1.1.3　其他途径获得的股权

其他途径获得的股权主要来自两个方面：第一个是针对 CEO 的，CEO 是仿真实习中最重要的学生群体，是仿真实习的中流砥柱，在仿真实习前期的团队构建以及在仿真实习期间调动所有仿真实习成员的积极性等方面有着举足轻重的作用。为了激励优秀的学生积极承担 CEO 的职责，对 CEO 以赠与的方式给予本企业总股本 3% 的股权激励。这一部分的股权激励并不是一定要执行的，根据 CEO 在仿真实习期间的表现，如果指导老师认为其表现不称职，可取消其这部分股权激励。第二个是针对仿真企业优秀员工的，在仿真实习活动结束时，由企业的团队成员进行投票，选出本企业的最佳员工，对最佳员工给予本企业总股本 2% 的股权激励。这一部分的股权激励也不是一定要执行的，如果企业无法推选出最佳员工，或指导老师认为企业推选出的最佳员工不合格，可取消这一部分的股权激励。

将上述三部分股权份额相加，可得到仿真企业经营团队中每个学生最终拥有的股权份额，用股权份额除以总股本得到个人的持股比例。

12.1.1.2　企业估值

采用相对估值法对企业进行估值。相对于现金流贴现等企业估值方法，相对估值法简单、容易操作，也更容易理解。

12.1.1.2.1　确定企业估值模型

相对估值法中常用市盈率估值指标倍数对企业进行估值，即认为企业的股权价值是企业净利润的倍数。按照市盈率对企业估值的公式如下：

企业股权价值 = 净利润 × 市盈率

模型中的净利润是指企业估值前最近 4 个季度的净利润，这里的净利润应是可持续的净利润，企业因变卖资产等途径获得的一次性的利润需要剔除。模型中的市盈率为滚动市盈率，仿真实习中企业股权价值评估的核心在于市盈率的确定。

12.1.1.2.2　确定市盈率

上市公司的市盈率保持在 20 ~ 30 倍是正常的，而非上市企业的估值，根据企业的具体情况，常见的企业建议使用 6 ~ 8 倍这个区间[①]。仿真实习中的企业我们选择 7 倍作为

---

① 崔凯．投融资那点事儿［M］．北京：人民邮电出版社，2015.

市盈率的初始值。

市盈率是预期增长率、风险和红利支付率的函数①。仿真实习中的企业一般处于相同的行业，若干家企业在相同的市场环境下进行竞争，执行相同的红利支付政策。在仿真实习中，企业市盈率的影响因素就只有预期增长率和企业经营风险。因此，我们在初始的7倍市盈率基础上，根据不同仿真企业的预期增长和经营风险情况进行调整，确定企业估值的市盈率倍数。市盈率倍数的公式如下：

$P/E = 7 + M1 - M2$

其中，M1表示仿真企业排名变动对市盈率的影响，企业排名上升时M1为正值，企业排名下降时M1为负值。M2表示风险对市盈率的影响，M2取正值。

（1）仿真企业排名变动对市盈率的影响。在仿真实习中，利润增长速度、销售额增长速度等指标无法真正反映一家企业的增长前景。比如，会出现如下情景：某企业在仿真实习过程中经营业绩较差，每一年的利润排名都是最后一名，但是由于净利润的基期数据太小，其净利润的增长速度反而可能是最快的。因此，用净利润或销售额的增长速度作为市盈率倍数的影响因素，在仿真企业的估值中是不合理的。然而，在仿真企业净利润排名的上升，是需要企业展现足够的竞争力才能实现的，更能够体现经营团队的能力以及企业的增长前景。因此，选择净利润排名的变动作为反映企业增长潜力的指标更加合适。排名上升越多的企业，其市盈率应相对较高；排名倒退越多的企业，其市盈率应相对较低。

（2）风险对市盈率的影响。在仿真实习中，企业面临的风险，主要是无法获取订单以及经营过程中的业务出错，这些风险因素最终导致的结果是出现资金断流或无法正常履行合同。因此，我们可以将仿真企业资金断流的次数、金额的大小以及合同违约的次数和严重程度等作为风险因素，对市盈率的倍数产生影响。资金断流及合同违约的次数越多、金额越大，M2的值越大，反之M2的值越小。

12.1.1.3　仿真企业学生的经营成绩计算

对参与仿真企业实习的学生，在仿真实习结束时，拥有的个人资产多少作为其参与仿真企业经营的成绩考核。

个人资产等于个人持股企业股权的比例乘以企业估值，企业估值等于净利润乘以市盈率。

得到仿真企业经营团队中每个学生的个人资产后，分别对A区生产制造企业、A区品牌渠道企业、B区生产制造企业、B区品牌渠道企业的学生按照个人资产的高低进行排名，第一名为满分，最后一名60分，其他人的分值按与第一名的比率计算。最后一名的分数可有一定弹性，如果指导教师发现本期学生普遍认真，可适当提高最低成绩。

① 埃斯瓦斯·达莫达兰．估值：难点、解决方案及相关案例［M］．北京：机械工业出版社，2015.

表 12－2　仿真企业学生经营成绩计算举例

姓名	班级	学号	个人资产	学生企业经营成绩
			14830067	90.56
			9023175	74.53
			13967312	88.41
			8900032	74.14
		个人资产排名第一 →	18923219	100.00
			8675456	73.42
			10359871	78.59
			6000000	64.04
		个人资产排名最后 →	5000000	60.00
			9000000	74.45

12.1.2　仿真企业学生文档成绩考核

12.1.2.1　企业经营过程文档考核

（1）考核内容。生产商主要考核生产排程、财务预算、运输排程、会计核算等文档资料；渠道商主要考核仓储运输、财务预算、物流排程、会计核算等文档资料。依据重要性原则，针对实习中存在的突出问题，每周可选择一种实习文档作为考核对象。

（2）考核指标与权重（见表 12－3）。

表 12－3　实习文档考核指标

指标	完整性（D）	规范性（E）	真实性（F）	科学性（G）
权重（%）	30	30	30	10

（3）考核办法。

其一，各团队实习文档得分由指导教师评定。

其二，各团队实习文档得分 N＝D＋E＋F＋G。

12.1.2.2　仿真企业学生撰写文档考核

仿真企业学生需撰写的文档包括团队报告、个人报告和个人工作日志。团队报告和个人报告按照经营年度撰写，个人工作日志按照仿真实习天数撰写。由指导教师评分。

12.1.3　仿真企业学生考勤、纪律扣分

在仿真实习期间，发现学生代课现象，一经发现，按不及格处理；学生迟到和早退，

每人/次扣 2 分；旷课每人/次扣 5 分。

无故离开教室较长时间每人/次扣 2 分；在仿真实习期间不务正业（上网打游戏、网购、看视频等）每人/次扣 2 分。

在仿真实习期间，不按照职责完成自己的本职工作，不认真配合团队成员完成任务，经指导教师劝导后仍然态度不端正者，指导教师可酌情扣 2～10 分。

12.2 仿真外围机构学生成绩考核办法

某外围机构学生期末总成绩 = 团队考核成绩 ×60% + 个人考核成绩 ×40% – 考勤、纪律扣分。仿真外围机构学生的成绩考核体系如图 12 – 3 所示。

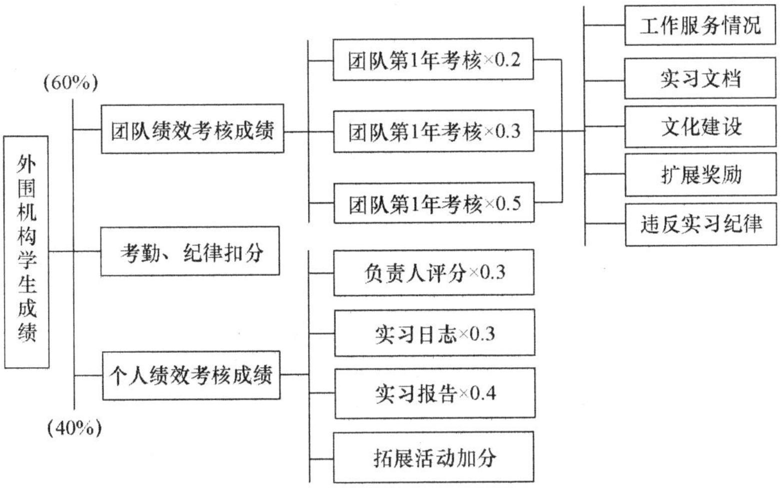

图 12 – 3 仿真外围机构学生成绩构成框架简图

12.2.1 仿真实习外围机构团队绩效考核

某外围机构团队绩效考核成绩 = （工作服务得分 + 团队实习文档得分 + 文化建设与管理得分）/3 + 拓展活动获奖得分 – 违纪扣分

12.2.1.1 工作服务情况

本项由服务对象按年度给各区外围机构打分。

表 12－4　服务对象对各外围机构打分指标

指标	工作效率（A）	服务态度（B）	便民措施（C）
权重（%）	40	40	20

12.2.1.2　团队实习文档

12.2.1.2.1　考核内容

市场信息汇总表、区域信息汇总表、各厂商信息汇总表、赛事活动记录与影像等工作流程文档资料。依据重要性原则，针对实习中存在的突出问题，每周可选择一种实习文档作为考核对象。

12.2.1.2.2　考核指标与权重

表 12－5　实习文档考核指标

指标	完整性（D）	规范性（E）	真实性（F）	科学性（G）
权重（%）	30	30	30	10

12.2.1.2.3　考核办法

（1）各团队实习文档得分由指导教师评定。
（2）各团队实习文档得分 N = D + E + F + G。

12.2.1.3　团队文化建设与管理水平

团队文化建设与管理水平得分为团队出勤情况、工作例会情况和工作纪律遵守情况三项得分之和。

12.2.1.3.1　出勤情况（40 分）

按周考核，由指导教师评定得分。学生迟到和早退，每人/次扣团队分 1 分；旷课每人/次扣团队分 2 分。

12.2.1.3.2　工作例会情况（30 分）

（1）工作例会情况考核内容与权重。
（2）按周考核，由指导教师评定得分。

12.2.1.3.3　工作纪律遵守情况（30 分）

按周考核，由指导教师评定得分。工作期间玩手机、玩游戏、看视频，以及擅离岗位者视为违纪，每人次扣团队分 1 分。学生无故离开教室较长时间每人/次扣团队分 1 分；在仿真实习期间不务正业（上网打游戏、网购、看视频等）每人/次扣团队分 1 分。

表 12－6　工作例会考核内容及权重

指标	制度执行情况	记录真实性	例会质量
权重（%）	40	30	30

12.2.1.4　拓展活动奖励

（1）外围机构总评比中获优秀服务奖的机构获团队奖励 5 分。
（2）外围机构总评比中获最佳贡献奖的机构获团队奖励 5 分。
（3）团队中有成员参与高峰论坛讲演者，该团队奖励 5 分。
备注：该项加分统计在团队该年度考核表－拓展活动－获奖加分处。

12.2.1.5　违反实习纪律处罚

在实习中不遵守实习规程、不按正常程序处理经济业务、虚增收入、虚减成本、偷税漏税等，均视为违纪。依违纪严重程度，1 次扣团队分 2～10 分。违纪严重程度由总指挥部确认。

12.2.2　外围机构学生个人绩效成绩的构成

实习生个人绩效成绩由实习生所在团队机构负责人评分、个人实习日志和个人总结报告三部分组成。

表 12－7　实习生个人考核内容与权重

指标	机构负责人评分	个人实习日志	个人总结报告
权重（%）	30	30	40

各外围机构负责人对团队每位成员分年度评分，机构负责人由指导教师评分。

12.2.3　对实习生个人拓展活动的考核

外围学生在仿真实习结束时被评为优秀个人，奖励 5 分；参与高峰论坛讲演者，奖励 5 分。

备注：该项加分统计在个人考核表获奖加分处。

12.2.4　仿真外围机构学生考勤、纪律扣分

在仿真实习期间，发现学生代课现象，一经发现，按不及格处理；学生迟到和早退，每人/次扣2分；旷课每人/次扣5分。

无故离开教室较长时间每人/次扣2分；在仿真实习期间不务正业（上网打游戏、网购、看视频等）每人/次扣2分。

在仿真实习期间，不按照职责完成自己的本职工作，不认真配合团队成员完成任务，经指导教师劝导后仍然态度不端正者，指导教师可酌情扣2~10分。

第⓭章 企业经营仿真实习赛事与论坛

为更好地促进学生在企业经营仿真实习得到锻炼，将根据教学需要举办赛事与论坛活动。根据 2018 年企业经营仿真实习每期 4 周的时间安排，主要开展的赛事活动为 CI 设计大赛，主要开展的论坛活动为高峰论坛。

13.1 企业经营仿真实习赛事

2014 年至今，在企业经营仿真实习中开展过的赛事活动有 CI 设计大赛、产品广告设计大赛、品牌广告设计大赛、电子商务大赛等。从 2018 年起，企业经营仿真实习周期调整为 4 周，赛事活动也进行相应调整。这里主要介绍 CI 设计大赛的相关内容。

CI 设计大赛于实习初期进行，目的在于增强生产商和渠道商实习学生的品牌意识、提炼企业战略方向，树立团队协作精神。CI 设计大赛活动具体章程包括五部分。

13.1.1 CI 设计大赛活动目标

使虚拟企业设计能够反映企业文化特征的商业品牌；思考企业长远战略，确立企业发展定位目标；设计符合企业业务类型、企业文化特征与发展定位目标的 MI、BI、VI。

13.1.2 CI 设计大赛组织方式

（1）活动进行时间。综合仿真实习运作第一周 CI 设计，第二周评选评比。

（2）活动参加主体。综合仿真实习平台上所有生产商和渠道商。

（3）活动评选方式：教师评分和学生代表（营销策划人员）评分相结合。

13.1.3 CI设计大赛活动内容

13.1.3.1 品牌名称设计

设计一个符合业务类型、表现文化特征、具有较强特色的品牌名称。

13.1.3.2 企业理念识别（MI）设计

集合团队智慧，撰写《×××公司理念识别设计策划书》，主要内容包括：企业经营理念、经营信条、企业使命目标、企业精神、企业文化、座右铭和经营战略等。

13.1.3.3 企业视觉识别（VI）设计

构思以标志、标准字、标准色为核心展开的完整的、系统的视觉表达体系。将上述的企业理念、企业文化、服务内容、企业规范等抽象概念转换为具体符号，塑造出独特的企业形象。并将此视觉符号与公司LOGO、名片、信封、徽标、工作证等形象设计相结合。成果形式不限，可用电脑绘制，也可以手绘。

13.1.4 CI设计大赛评选与评价方法

13.1.4.1 品牌名称评价标准

◆品牌名称要符合大众心理，能激发消费者的购买动机。

◆品牌名称应注意服务受众群体习惯的差异性。

◆为产品取名实际上是选择适当的词或文字来代表商品，帮助消费者识别和记忆商品。中英文名称要求好听好记。

◆品牌名称力求清新高雅，不落俗套，充分显示商品的高品位。

13.1.4.2 《×××公司理念识别设计策划书》评价标准

◆企业经营目标的合理性与可行性。

◆企业文化特征对外能否构筑优良的营销环境，对内能否激发员工动力。

◆制定仿真实习为期三年的发展规划的前瞻性与可操性。

◆经营信条、座右铭等是否符合企业经营目标与文化特征，富有力量与哲理。

13.1.4.3 视觉识别（VI）设计评价标准

◆VI与品牌名称的贴切度。

◆VI形象符号是否能够体现较高营销价值取向，反映产品内涵特征。

◆VI形象是否美观、协调、易记忆。

◆VI 形象融入公司 LOGO、名片、信封、徽标、工作证等的整体美观。
◆VI 形象符号的设计精美程度。

13.1.4.4　CI 设计大赛评分权重（见表 13－1）

表 13－1　CI 设计大赛评分权重

序号	学生评分		教师评分	
	评分项目	权重（%）	评分项目	权重（%）
1	品牌名称	10	品牌名称	20
2	理念识别设计	10	理念识别设计	20
3	视觉识别设计	25	视觉识别设计	15
4	小计	45	小计	55

13.1.5　CI 设计大赛奖项

CI 设计大赛生产商、渠道商所有企业都要参加，实习大区（A 区和 B 区）分别设一等奖 1 名、二等奖 3 名、三等奖 5 名，会获得团队加分，分别为 5 分、4 分、3 分。

13.2　企业经营仿真实习论坛

2014 年至今，在企业经营仿真实习中开展过的论坛活动主要有各年度各机构的分享会和高峰论坛。各年度各机构分享会的主题较灵活机动，根据实习过程需要进行相应调整。这里主要介绍高峰论坛的相关内容。

高峰论坛于实习结束时进行，目的在于增强生产制造商、品牌渠道商和外围机构实习学生经验总结归纳意识，锻炼公众演讲表达能力。

13.2.1　CI 高峰论坛活动目的

开展企业经营策略研讨；分享企业经营仿真实习感悟；促进理论知识与实践经验碰撞。

13.2.2　高峰论坛组织方式

（1）活动进行时间。企业经营仿真实习结束运营时进行。
（2）活动参与主体。所有生产制造商、品牌渠道商、外围机构。

（3）活动评选方式。分区选拔—总体预选—高峰论坛演讲。

13.2.3 高峰论坛活动内容

13.2.3.1 企业经营策略研讨

在经历3年企业经营仿真实习后，生产制造商、品牌渠道商、外围机构可进行企业经营策略的经验总结与提炼、策略反思与提升。例如，产品策略、市场策略、广告策略、竞争合作策略、产能策略、战略规划与实施等。

13.2.3.2 分享企业经营仿真实习感悟

不论是在生产制造商、品牌渠道商还是外围机构，不论是担任CEO、部长、局长、行长还是主管或职员，只要认真投入实习工作中，都将有深刻的感悟。大多数学生的感悟都是聚集于自我认知与个人成长、团队合作与协作、人际沟通与交流等方面。

13.2.3.3 促进理论知识与实践经验碰撞

“纸上得来终觉浅，绝知此事要躬行。”大学三年学过的专业理论知识、管理理论知识在经过1个月的企业经营仿真实习实践后，会激发怎样的碰撞和新知，高峰论坛将为此提供展现平台。

13.2.4 高峰论坛奖励

每位参加高峰论坛预演讲个人获得2分个人考核分的奖励；每位参加高峰论坛的成员个人及小组均获得5分的奖励。

第⓮章 企业经营仿真实习成果

从2014年到2017年四年间，企业经营仿真实习取得了相应的成果。本章从成果内容和成果形式两方面介绍。

14.1 企业经营仿真实习成果内容

企业经营仿真实习成果内容主要围绕企业经营仿真实习过程中的“教”与“学”两大模板。“教”的模块主要包括教师在实习教学中的工作状态及教学成果，培养了一支拥有20余名具有较强实验实践教学能力的师资队伍等。“学”的模块主要包括学生在实习中的工作状态及实习成果，开设了15期仿真实习，共有13318名经管学生参与并获得相应能力提升。

实习成果聚焦企业经营仿真实习平台运行管理、教师管理、学生管理三大方面，具有三大特色。一是实践应用导向。在企业经营仿真实习平台上，学生能够较充分地将通用知识与技能、专业知识和技能、跨专业知识与技能进行实践操作与应用。二是复合创新导向。在企业经营仿真实习平台上，学生的综合运用复合能力、创新创业能力都能得到积极的锻炼和提升。三是职业发展导向。通过企业经营仿真实习，学生将更加明确自身的职业规划与职业发展方向。

14.1.1 企业经营仿真实习“教”的成果

企业经营仿真实习“教”的成果具体内容主要包括两方面：一是企业经营仿真实习各类教学资料。例如，制鞋产业为背景的仿真市场环境，仿真市场运行规则设计，仿真市场各类经营主体相关岗位业务流程与规则设计，企业经营仿真实习的组织设计和运行效果教学资料文件。二是企业经营仿真实习教学教研成果资料。例如：仿真实习学生学习团队构建研究报告，仿真实习教学应用系统的完善方案，仿真实习流程构建研究报告；仿真实习成果展现形式研究报告；仿真实习平台赛事组织水平提升和活动流程优化研究报告，仿真实习平台厂商财务研究报告，仿真实习平台教师团队与学生团队绩效考核研究报告；仿真实习活动与学生能力培养研究报告等。

14.1.2 企业经营仿真实习“学”的成果

企业经营仿真实习“学”的成果最主要体现为拥有大规模的经管专业学生参与了仿真实习。四年来各专业参与仿真实习人数如表 14－1 所示。具体内容主要包括五方面：第一，对跨专业综合仿真实习平台中典型企业的经营管理思维、过程与精华以及外围服务机构的优秀服务风采进行展示，并形成研究报告、服务风采、企业品牌与文化、企业经营策略等系列汇编及企业经营案例库；第二，展示优秀企业团队、优秀个人的成长过程，并形成企业汇报书及个人成长专辑等书面展示材料；第三，筛选实习平台所举办的赛事（活动）的精彩画面（片段）及对比赛作品进行展示，形成活动汇编及视频；第四，展示学生团队的劳动成果，比如不断完善的仿真实习规则建议、平台业务流程和师生互动的主题分享会等；第五，将各期总结表彰大会进行录像，并制作成专辑。

表 14－1　2014～2017 年企业经营仿真实习各专业人数汇总表

序号	期数	市场营销	物流管理	信息管理	人力资源管理	国际贸易	国际商务	财务管理	会计学	每期合计	每年合计
1	2014 年第 1 期	109	132	0	0	122	0	128	359	850	2712
2	2014 年第 2 期	114	0	0	0	252	0	128	393	887	
3	2014 年第 3 期	124	0	0	136	130	95	0	490	975	
4	2015 年第 1 期	135	0	0	74	198	0	0	551	958	3771
5	2015 年第 2 期	122	0	0	75	132	43	55	548	975	
6	2015 年第 3 期	41	60	0	0	199	0	109	524	933	
7	2015 年第 4 期	97	53	0	71	140	0	108	436	905	
8	2016 年第 1 期	93	52	0	60	122	53	128	327	835	3418
9	2016 年第 2 期	110	0	0	57	129	0	126	458	880	
10	2016 年第 3 期	37	52	0	0	194	0	184	368	835	
11	2016 年第 4 期	54	0	0	62	193	0	125	434	868	
12	2017 年第 1 期	51	48	0	59	57	49	65	525	854	3417
13	2017 年第 2 期	50	47	0	116	0	49	67	520	849	
14	2017 年第 3 期	75	0	0	116	0	49	63	581	884	
15	2017 年第 4 期	48	0	38	180	0	0	66	498	830	
合计		1260	444	38	1006	1868	338	1352	7012	13318	13318

14.2 企业经营仿真实习成果展示

14.2.1 企业经营仿真实习成果展示形式与途径

企业经营仿真实习成果展示形式主要分为“动”和“静”两种形式。用照片、文本等静态的纸质媒介展示学生虚拟企业经营过程与业绩，用短片、微电影等动态的多媒体媒介展示师生教学互动及学生工作状态等。

从展示场所来分，企业经营仿真实习成果展现途径分为室内展示和室外展示。例如设立专门的成果展览室，展览室内以“沙盘”为中心，以仿真实习平台“产—销—外部服务”业务流程为主线，形成了“生产商经营过程与业绩”“渠道商经营过程与业绩”“外围服务机构服务过程与效果”“企业文化与活动”“平台文化与活动”五大室内展示模块。室外展示则在教学楼内人流通过频次高的楼道张贴系列成果展示海报。

从展示媒介来分，企业经营仿真实习成果展现途径分为线上媒介展示和线下媒介展示。线上媒介主要以微信公众号和网站为主，线下媒介以各类仿真实习团队报告、个人心得、经营过程纸质版资料为主。

从展示受众来分，企业经营仿真实习成果展现途径分为仿真实习学生和兄弟院校及企事业单位。2014 年至今，共有近 40 家兄弟院校及企事业单位来企业经营仿真实习平台参观交流。例如，德勤中国、浙江万里学院、新华学院、松田学院、广州瑞友公司、西安培华学院、台湾铭传大学、香港中文大学、台湾亚洲大学等。

14.2.2 企业经营仿真实习成果展示实现方法

企业经营仿真实习成果展示实现方法主要有：情景模拟法、角色扮演法、团队学习法、演绎归纳法。

14.2.2.1 情景模拟法

在仿真实习平台，模拟和构建一个纵向包括产品设计与研发、原材料采购、产品生产与制造、成品营销与推广、物资仓储与运输、人才招聘与培养等环节完整的供应链体系，横向模拟 3 ~4 年的经营活动周期，使国际贸易、国际商务、财务管理、会计学、人力资源管理、市场营销、物流管理等多个相关专业，近千名学生在同一仿真实习平台同时进行实习。

14.2.2.2 角色扮演法

学生在仿真实习中扮演生产商、渠道商、银行、工商局、税务局、海关、物流中心、审计师事务所等各种角色。角色扮演有助于学生将抽象的理论知识转化为深刻的经验体会。

14.2.2.3 团队学习法

团队学习法是培养学生创新实践能力及团队精神的重要实现途径。在仿真实习平台中，学生通过团队学习寻求帮助、寻求反馈，敢于尝试，从而相互提升，共同进步。

14.2.2.4 演绎归纳法

在仿真实习平台中，关于平台管理、教师管理、学生管理的各项实施方案既有在总结个别经验的基础上进行归纳，也有在相关基础理论基础上进行个案实践。

14.2.3 企业经营仿真实习学生心得体会节选

企业经营仿真实习心得体会最能直观反映学生的收获与成长，如表 14－2 所示。

表 14－2 企业经营仿真实习学生心得体会节选

基本信息	心得体会
2014 年第 1 期仿真实习 2011 级财务管理 1 班 钟晓茵 福禧皮鞋股份有限责任公司 BS20 会计主管 心得关键词：提升自我认知	我坚信通过这一段时间的仿真实习，所获得的实践经验对我终身受益，它也让我更加懂得了做人与做事的道理，真正懂得学习的意义，时间的宝贵和人生的真谛，让我更清楚地感到了自己肩上的重任，看到了自己的位置，看清了自己的人生方向。这些实践在我毕业后的实际工作中将不断得到验证，我会不断地理解和体会实习中所学到的知识，在未来的工作中我将把我所学到的理论知识和实践经验不断的应用到实际工作中来，充分展示自我的个人价值和人生价值，为实现自我的理想和光明的前程努力
2107 年第 2 期仿真实训 2014 会计 13 班 林芷婷 走吧有限责任公司 AQO6CEO 心得关键词：心态蜕变，注重诚信	在试运营一开始，其实我是抱着“咸鱼”的心态的，但是前两天的培训中，老师有一句话点醒了我，CEO 的态度就是一个组的态度。是的，如果我一个人抱着“咸鱼”的心态，对公司的事情不上心，那对组员来说是很不公平的，我要学会对组员负责 在这样的环境中，我庆幸的是，我们从一开始到现在，并且会一直保持下去的“良心”！凭着良心做事，凭着真诚谈合作，凭着实力争第一。我们与生产商的合作是建立在真诚的基础上的，凭借着我们的真诚，树立起了口碑，从而使得“小人”从中无法挑拨离间。并且，我们想争第一，是想凭自己的真实能力，拿个名副其实的第一，而不是算计得到的第一。在这个平台上，应该学到的是社会所要求的能力，而不是社会上负面的算计。初心不改，明确知道自己想要的，坚持下去能走得更远

续表

基本信息	心得体会
2015 年第 3 期仿真实习 2012 本物流管理 1 班　许智华 诺步有限责任公司 AQ08 物流主管 心得关键词：理论与实践的结合与运营能力	实训是难得的一次体验，通过实训，使我自觉主动地把学校学到的理论知识与工作实践相结合，在实践中提高运用知识的能力。了解物流的特点，能根据实际工作情况找出自己学习的差距，提高独立思考、分析问题、解决问题的能力，也为将来的工作奠定良好的基础。我喜欢这种实训的学习方式，因为它不是枯燥的理论学习，它使你学到的知识得以运用、操作。把理论知识实际化，能够做到学以致用是一件很令人产生自豪感的事情
2016 年第 1 期仿真实习 2013 本人力资源管理 1 班　梁润泰 B 区人才交流中心局长 心得关键词：团队协作能力的锻炼	仿真实训，于我而言都是受益匪浅。最重要的一点就是团结协作，在一个组织之中，很可能出现组内成员各方面能力参差不齐的情况，作为一个领导者，此时就需要很好的凝聚能力，能够把大多数组员各方面的特性凝聚起来，同时也要求领导者要有很好地与不同的人相处与沟通的能力，要加强与他人的合作，首先就必须保证集体成员是有责任心的，有意志力的，而且，还要有着对于自身团队的荣誉感、使命感。同时，领导者也要有领导者的风范，工作上对成员严格要求，在生活上也要关心成员，做好团队成员之间的沟通和协调工作，使整个团队像一台机器一样，有条不紊地和谐运转
2017 年第 1 期仿真实习 2014 本会计学 5 班　曾东英 正弦有限责任公司　AQ01CEO 心得关键词：综合能力与素养的提升	三年的经营我收获了很多，也成长了很多。在这一次仿真实训里我的领导能力、综合实践能力、市场竞争的意识和能力，以及语言与文字的表达能力都得到了进一步的提升。这一个月来，是我熬夜次数最多的一次，似乎凌晨两点才睡觉已经成了常事，每晚带着组员加班，下班后回到宿舍还要写各种报告，做各种的 PPT、编辑文档，做 PPT、打字的速度、熬夜的能力在这一个月里已经得到了锻炼。
2017 年第 1 期仿真实习 2014 本市场营销 1 班　卢文彪 叻叻猪有限责任公司　BQ07CEO 心得关键词：综合能力与素养的提升	在这短短的一个月时间内，我学会了很多东西，我把自己市场营销专业的知识充分运用到实训之中，并不断总结提升，让书本知识与现实生活相结合。作为 CEO，除了要统筹公司发展，还要负责整个团队的公司报告以及制作 PPT。这对我本身的文案能力提升有一定的帮助。通过仿真实习，我也体验了朝九晚六的上班模式，当然重要的是学会了人际关系的处理，提升了自己领导团队、协调工作的能力。再次感谢仿真实训的平台，使我的能力和素质得以提高，感谢我的好团队，给我不一样的大学回忆。祝愿学校实训平台越办越好
2017 年第 3 期仿真实习 2014 本会计 26 班　关思欣 赛事活动策划部部长 心得关键词：对文字写作能力锻炼的领悟	这周里，我参加了一个“实习报告，实习日记的点评与分享”会议，会议主要由总指挥贺老师主持，会议的中心话题主要也是围绕着如何编写一份优秀的个人报告、团队报告。的确，很多人都会在平台实习期间轻视个人日记、个人报告。他们认为不重要，因此也会延迟编写，最后导致接近上交时间才匆匆忙忙地赶做报告，草草了事。但是这样的敷衍应付真的对我们有好处吗？这是一个值得反思的问题，也正如贺老师所说的，如果我们在面试的时候也能拿出一份像样的工作报告，或许 HR 会对我们另眼相看，所以，认真对待个人报告还是很有必要的

后　记

本书是为广东财经大学华商学院开展大规模的经管类跨专业“企业经营综合仿真实习”而编写。本书匹配课程为本校人才培养方案中的《校内仿真综合实习》，3 学分，160～200 课时，每年有近 4000 名学生使用。

本书共分为导论、规则篇、流程篇、表单篇、组织管理与成果篇五部分。其中，导论介绍了跨专业综合仿真实习平台建设的背景、目标、搭建运行及效果；规则篇介绍了跨专业综合仿真实习三大主体即生产制造商业务规则、品牌渠道商业务规则、辅助外围机构的业务规则；流程篇介绍了跨专业综合仿真实习三大主体的岗位职责与业务流程；表单篇介绍了跨专业综合仿真实习中的生产制造商、品牌渠道商、辅助外围机构的实习表单；组织管理与成果篇介绍了跨专业综合仿真实习的组织与管理模块，具体如学生团队的构建、教师团队的构建、学生团队的管理与考核、教师团队的管理与考核、实习赛事活动与实习成果简介。

本书由广东财经大学华商学院企业经营综合仿真实习指导教师团队编著。其中，郭银华教授担任主编，负责本书统稿，并编写导论；贺嫦珍协助主编进行所有章节的统稿与校稿，并编写第 13 章和第 14 章，参编第 11 章；魏攀编写第 1 章、第 2 章、第 3 章、第 12 章，参编第 4 章与第 7 章，并协助校稿以上章节；李志凤编写第 5 章，参编第 7 章；吴彬彬编写第 6 章；苏县龙参编第 4 章和第 7 章；陈岫、赵彬琰、向婷、张丽娟参编第 7 章；王玉编写第 8 章、第 9 章和第 10 章；陈庆锐、曾志区参编第 11 章。

由于时间和水平有限，本书在编写过程中难免有疏漏之处，我们真诚欢迎广大读者提出宝贵意见。

编者

2018 年 5 月